国家社科基金项目"社会主义核心价值体系视域中的公民意识教育研究"（编号：12BKS054）结项成果

寇东亮◎著

三维公民意识论

SANWEI GONGMIN
YISHILUN

人民出版社

目　录

引　言

一

历史地看，我国公民意识教育起步于19世纪末20世纪初。19世纪末，近代启蒙思想家严复（1854—1921）提出"鼓民力、开民智、新民德"的救国思想，并翻译出版了一系列西方哲学社会科学著作，如《天演论》《原富》《法意》《群学肄言》《群己权界论》等，被誉为"西学第一人"，倡导自由、平等、独立、民主、自治、富强、创新等新的国民意识，这可谓中国公民意识教育的萌芽。20世纪初，康有为（1858—1927）、梁启超（1873—1929）发表大量文章传播新思想。1902年，康有为在《新民丛报》发表《公民自治篇》，提出"公民"概念，主张在中国建立公民制度，强调"立公民"是变法的第一要务。1902年至1906年间，梁启超在《新民丛报》连续发表《新民说》，提出"新民"概念，强调公德、国家思想、进取冒险、权利、自由、自治、进步、自尊、合群、生利分利、毅力、义务、尚武、私德、民气、政治能力等公民意识要素。这可谓中国公民意识教育的初步自觉。

辛亥革命结束了中国两千多年的封建皇权专制制度。革命胜利后，中华民国临时政府于 1912 年 3 月颁布实施《中华民国临时约法》和其他一系列法规政令。其中，约法明确规定中华民国主权在民，全体国民一律平等，依法享有选举、参政、居住、言论、出版、集会、信教等各项权利，从而为中国公民意识教育创造了初步的政治的、法律的和社会的条件。以中华民国第一任教育总长蔡元培（1868—1940）为代表的资产阶级民主派借鉴西方教育理论，提出公民意识教育思想。1912 年 7 月，蔡元培主持召开中央教育会议。他强调：

> 当民国成立之始，而教育家欲尽此任务，不外乎五项主义：即国民教育、实利主义、公民道德、世界观、美育是也。五者以公民教育为中坚。①

蔡元培所说的"公民道德"，主要指法国大革命所标榜的资产阶级自由、平等、博爱等理念。蔡元培把"自由""平等""博爱"这三个理念与中国传统道德中的"义""恕""仁"等同起来。②同年 9 月，中华民国临时政府教育部门按照蔡元培的这一教育理念，先后颁布实施《普通教育暂行办法》《普通教育暂行课程标准》等法令。这可谓我国公民意识教育第一次进入国家政策层面，在制度方面得以实施。当时，有人在《教育杂志》大声疾呼："共和立宪之国民，果当以如何方法以养成之乎？则余敢直接解答曰：'非实施公民教育不可'，'我知根本方针，舍公民教育，决无有当者也'。"③1913 年，上海群益书社翻译出版了《美

---

① 欧阳哲生编：《中国近代思想家文库·蔡元培卷》，中国人民大学出版社 2014 年版，第 182 页。

② 欧阳哲生编：《中国近代思想家文库·蔡元培卷》，中国人民大学出版社 2014 年版，第 109 页。

③ 转引自檀传宝等：《公民教育引论——国际经验、历史变迁与中国公民教育的选择》，人民出版社 2011 年版，第 130 页。

国公民学》。这是我国最早引进的公民意识教育读本。1917 年 1 月，商务印书馆推出刘大绅编、教育部门审定的共和国教科书《公民须知》，供国民学校修身科学生使用，这是最早以"公民"命名的初级教科书。1919 年，全国教育联合会第五届年会发出的"编写公民教材案"通函，提出凡是国民都应具有公民知识，因此应当将包括公民知识、公民常识、公民应负责任的内容纳入公民教材，这些提议推进了我国公民意识教育的进一步发展。1923 年，全国教育联合会制定了《新学制课程标准纲要》，公民科取代修身科正式进入国家教育的课程体系。这是中国近代第一次由国家主导，试图通过学校教育造就现代公民的尝试，可谓中国公民教育课程化的开端。同年，商务印书馆出版了熊子容编写的《公民教育》。这是中国人编辑出版的最早的公民教育教材。① 此后，商务印书馆在不同时期曾出版了多种公民教科书。

20 世纪 20—30 年代，在陶行知（1891—1946）、晏阳初（1890—1990）、梁漱溟（1893—1988）等人的努力下，我国公民意识教育一度在实践中得以积极展开和推进。陶行知组织和领导"大众教育"运动。所谓大众教育，就是广大群众的教育，是真正实现民有、民治、民享的教育。陶行知强调，要培养"自主、自立、自动的共和国民"，使他们养成以自由、平等、民胞为信条的"共和之精神"。② 晏阳初大力倡导平民教育，认为平民教育要以识文断字教育为起点，而公民教育则是平民教育的目的和核心。他认为人人都有做公民的资格，都有接受公民教育的权利，强调开展"平民的公民教育""民众的公民教育"，认为"教育的正当目的，不仅是养成良好的个人，更是养成健全的公民"。③ 晏

---

① 尚红娟：《台湾地区公民教育发展中"文化认同"变迁之研究》，上海人民出版社 2014 年版，第 49 页。

② 胡晓风等编：《陶行知教育文集》，四川教育出版社 2007 年版，第 13 页。

③ 晏阳初：《平民教育概论》，高等教育出版社 2010 年版，第 73 页。

阳初把培养公民意识作为平民教育发展计划第一阶段的主要任务。他提出"四大教育"的构想，即以文艺教育攻"愚"，培养知识力；以生计教育攻"贫"，培养生活力；以卫生教育攻"弱"，培养强健力；以公民教育攻"私"，培养团结力。这四种教育中，公民教育是根本的根本，因为公民教育涉及人与人的关系问题，旨在使人们懂得一个人与社会的关系，以发扬他们的公共心。① 晏阳初强调：

> 平民的公民教育，其最大最要的目的有二：（一）在一切社会的基础上，培养民众的团结力、公共心，期望受过平民教育的人，无论处任何团体，皆能努力成为一个忠实而有效率的分子；（二）在人类普遍固有的良心上，发达民众的判断力、正义心，期望受过平民教育的人，无论对何种事体，皆能有自决自信、公是公非的主张，这是必要的根本的精神。②

梁漱溟则从乡村建设的角度出发，认为乡村既是中国"国命"的核心，也是解决中国一切问题的前提和本质，还是复兴中国文化的阵地和依托。因此，梁漱溟极力倡导并积极开展乡村建设和乡村教育运动。乡村建设与乡村教育互为依托，是一体两面的关系，乡村建设以乡村教育为手段和方法，乡村教育则以乡村建设为目的和内容。

总的来看，20 世纪上半叶的公民意识教育主要涉及个人修养和公民品行等，后来扩展到强调政党意识、经济社会问题、国际关系等方面。当时的公民意识教育取得了较好效果，很多受过公民意识教育的人，国家意识和社会责任感都较强。

---

① 晏阳初：《平民教育概论》，高等教育出版社 2010 年版，第 160—164、239—262 页。
② 晏阳初：《平民教育概论》，高等教育出版社 2010 年版，第 138 页。

二

中华人民共和国成立后，我国公民意识教育进入新的历史时期。1949 年 9 月 29 日，中国人民政治协商会议第一届全体会议通过的《中国人民政治协商会议共同纲领》（以下简称《共同纲领》）在文化教育政策方面提出了新的见解，其中第四十二条明确规定："提倡爱祖国、爱人民、爱劳动、爱科学、爱护公共财物为中华人民共和国全体国民的公德。"《共同纲领》在新中国成立初期对团结和教育人民起了重要的指导作用，第一次提出了具体的社会主义国民公德意识，并以此为依据在全国广泛开展"五爱"教育活动。1954 年 9 月 20 日，第一届全国人民代表大会第一次会议颁布《中华人民共和国宪法》，明确规定：中华人民共和国公民有受教育的权利和义务；国家设立并逐步扩大各种学校和其他教育机关，以保证公民享受这种权利。这为公民身份的确认提供了法律上的依据，使公民意识教育具备了法制上的前提条件。随后，1958年 9 月颁布的《中共中央、国务院关于教育工作的指示》中提出，要在全国所有学校中培养教师和学生的"五种观点"，即"工人阶级的阶级观点（同资产阶级进行斗争），群众观点和集体观点（同个人主义观点进行斗争），劳动观点即脑力劳动与体力劳动结合的观点（同轻视体力劳动和体力劳动者、主张劳心劳力分离的观点进行斗争），辩证唯物主义的观点（同唯心主义和形而上学的观点进行斗争）"。[①] 但由于受极左思潮等因素的影响，中华人民共和国成立 30 年间的公民意识教育经历了艰难曲折的过程。

---

① 教育部社会科学司组编：《普通高校思想政治理论课文献选编（1949—2006）》，中国人民大学出版社 2007 年版，第 38 页。

　　改革开放以来，随着我国市场经济、民主政治、大众文化以及世俗生活的不断发展，社会主义政治文明建设和精神文明建设有了更高和更为深刻的要求，公民意识教育日益成为不可或缺的社会共识和大众实践，公民意识教育进入一个全新的阶段。1982年，第五届全国人大第五次会议通过的《关于中华人民共和国宪法修改草案的报告》提出，要"养成社会主义的公民意识"。同年，党的十二大报告提出，要"加强宪法和公民权利、公民义务、公民道德的教育"。1985年8月，中共中央发出了《关于改革学校思想品德和政治理论课程教学的通知》，决定在初中开设公民课，并组织编写了公民教育教学大纲和教材。但由于种种原因，公民课程计划未能如愿实施。1986年9月，十二届六中全会通过的《中共中央关于社会主义精神文明建设指导方针的决议》提出，为适应社会主义现代化建设的需要，必须培育有理想、有道德、有文化、有纪律的社会主义公民，并强调指出，增强社会主义的公民意识，使人们懂得公民的基本权利和义务，懂得与自己工作和生活直接有关的法律和纪律，培养守法遵纪的良好习惯。1995年2月，国家教育委员会颁布《中学德育大纲》，明确规定了中学德育工作的最基本任务，就是要切实增强对全体学生的公民教育，以培养他们成为热爱社会主义祖国的具有社会公德、文明行为习惯的遵纪守法的公民。《中学教育大纲》拓展了德育的内容，把公民教育作为学生教育的重要组成部分，在强调公民权利与义务相统一的同时，着重要求培养公民的责任感与义务感。1996年10月，十四届六中全会通过的《中共中央关于加强社会主义精神文明建设若干重要问题的决议》再次重申，培育有理想、有道德、有文化、有纪律的社会主义公民，是我国社会主义精神文明建设的总要求之一；强调要显著提高以思想道德修养、科学教育水平、民主法制观念为主要内容的公民素质，这是我国社会主义精神文明建设的主要目标之一。

　　进入21世纪后，公民意识教育在新的历史条件下得到党和政府的高度重视以及全社会的广泛关注。2001 年 9 月，中共中央印发《公民道德建设实施纲要》的通知，确认了社会主义公民道德意识及其教育的目标和任务，就在于要通过不断深化和拓展公民道德建设，逐步形成与发展社会主义市场经济相适应的社会主义道德体系。2003 年 9 月，中央精神文明建设指导委员会决定，每年 9 月 20 日（2001 年 9 月 20 日《公民道德建设实施纲要》颁布日）为"公民道德宣传日"。2004 年 9 月，中宣部、中国伦理学会等主办"首届中国公民道德论坛"，发表《首届中国公民道德论坛宣言》。其中提出，不论士农工商，不论男女老幼，不论职位高低，人就是公民，是公民道德建设的根本，每个人都有责任、有义务、有力量、有条件为公民道德建设作出自己的贡献。2007 年 10 月，党的十七大首次在党的全国代表大会政治报告中提出：

> 加强公民意识教育，树立社会主义民主法治、自由平等、公平正义理念。①

报告将公民意识教育的重要性提到一个新的历史高度，强调公民意识教育是"扩大人民民主，保证人民当家作主"的重要内容，是"培养有理想、有道德、有文化、有纪律的社会主义公民""提高全体社会成员政治素质、建设社会主义政治文明"的基础性环节，凸显了公民意识教育和公民道德建设在当代中国日益重要的社会地位和意义。2010 年 5 月颁布的《国家中长期教育改革和发展规划纲要（2010—2020）》，确认我国德育教育改革和发展战略主题的主要内容之一就是：

> 加强公民意识教育，树立社会主义民主法治、自由平等、

---

① 《十七大以来重要文献选编》（上），中央文献出版社 2009 年版，第 910 页。

公平正义理念，培养社会主义合格公民。①

三

20世纪中后期以来，公民意识及其教育成为国内外学界关注的热点问题。国外对公民意识及其教育问题的研究，主要集中在有关公民身份、公民文化、公民德性等问题的探讨上。英国社会学家 T.H. 马歇尔（1893—1981）发表《公民身份与社会阶级》（1949）等论著，提出一种基于公民身份的现代公民权利意识三要素理论，这三个要素分别是民事的要素、政治的要素和社会的要素。民事的要素由个人自由所必需的权利组成，包括人身自由，言论、思想和信仰自由，拥有财产和订立有效契约的权利以及司法权利；政治的要素是公民作为政治权力实体的成员或这个实体的选举者，参与行使政治权力的权利；社会的要素是从某种程度的经济福利与安全到充分享有社会遗产并依据社会通行标准享受文明生活的权利。② 美国学者加布里埃尔·A. 阿尔蒙特和西德尼·维巴出版《公民文化》（1963）、《重访公民文化》（1980）等论著，提出村民型、臣民型、参与型态度混合构成与民主制度相适应的公民文化，凸显了公民意识之于民主政治的价值和意义。

美国学者汉娜·阿伦特（1906—1975）和约翰·罗尔斯（1921—2002）、德国思想家哈贝马斯（1929—　）等，提出一种基于公共领域论、正义论、交往理性论的公民公共意识学说。汉娜·阿伦特在《人的境况》（1958）等著作中，通过对劳动、工作与行动及其关系的阐

---

① 《十七大以来重要文献选编》（中），中央文献出版社2011年版，第869页。
② ［英］T.H. 马歇尔：《公民身份与社会阶级》，载郭忠华、刘训练编：《公民身份与社会阶级》，江苏人民出版社2007年版，第7—8页。

释，揭示了"公共领域"成长中的公民公共意识问题。罗尔斯在《正义论》(1963)、《政治自由主义》(1993)、《作为公平的正义——正义新论》(2001)等论著中，提出公共理性、重叠共识等理念。哈贝马斯在《历史唯物主义的重建》(1976)、《交往行为理论》(1981)、《包容他人》(1996)等著作中，针对传统理性观的内在缺陷，提出汲取马克思交往思想，重建历史唯物主义、交往理性、主体间性等思想，揭示了公民公共意识的形成机制。美国伦理学家阿拉斯戴尔·麦金太尔（1929— ）在《德性之后》(1981)、《谁之正义？何种合理性？》(1988)等论著中，提出一种基于德性论的社群主义公民美德意识构想，强调忠信、勇敢、奉献、友谊、博爱、宽容、公正、爱国等公民美德及其在现代社会的价值和意义。美国政治学家罗伯特·普特南（1941— ）等，提出一种基于社会资本论的公民参与意识理论。西方马克思主义阶级意识、市民社会理论、文化领导权、社会批判理论等，都涉及公民意识及其教育问题。其中，日本、韩国等东亚各国学者持续关注公民意识尤其是公民公共意识问题，日本成立"公共哲学共同研究会"，定期举办"公共哲学京都论坛"，出版《公共哲学》系列丛书。

欧美学者的研究主要沿着自由主义与共和主义两条思路展开，他们不仅仅关注自由、平等、人权、公正等传统公民意识要素，还探讨了现代性意义下的公民身份意识、参与意识、权责意识、生态意识和全球意识等，提出诸多可行的公民意识教育设想和方案。这些成果给我国学界探索公民意识及其教育问题提供了诸多有益借鉴。但是，欧美学者持有强烈"西方中心论"倾向，企图把西方式公民意识作为一种"普世价值"推广到全球，贬低、拒斥甚至否定马克思主义思想资源，这是我们必须要警惕和批判的。

改革开放以来，我国学术界持续关注公民意识及其教育问题。国内有关公民意识及其教育问题的研究，呈现多学科介入、多角度切入、多层面深入的格局，主要沿三条路径展开：一是引介国外公民意识教育理论资源和实践经验，并探索其在中国的运用。如由肖滨、郭忠华编译出版"西方公民理论书系"十余种（吉林出版集团有限责任公司于 2010 年版）；郭台辉、余慧元编译出版《历史中的公民概念》（天津人民出版社 2013 年版）等。二是反思中国近代公民意识及其教育思想。如陈永森的《告别臣民的尝试——清末民初的公民意识与公民行为》（中国人民大学出版社 2004 年版）和杨贞德的《转向自我：近代中国政治思想上的个人》（生活·读书·新知三联书店 2012 年版），梳理了中国近代公民意识从整体性到个体性再到阶级性的发展轨迹。三是开拓公民意识及其教育研究的问题领域。如蒋笃运等编写的《公民意识研究》（郑州大学出版社 2009 年版），沈明明等编写的《中国公民意识调查数据报告》（中国社会科学出版社 2009 年版），何齐宗等编写的《青少年公民意识教育研究》（人民出版社 2011 年版），章秀英的《公民意识评价与培育机制》（中国社会科学出版社 2012 年版），陈联俊的《网络社会青年公民意识的发生与引导》（中国社会科学出版社 2015 年版），郭忠华的《公民身份的核心问题》（中央编译出版社 2016 年版）等，这些成果分别探究了我国公民意识教育的内涵、性质、功能、内容及途径，以及公民意识教育进程中面临的问题、根源及对策，特定群体公民意识教育等问题，提出诸多新观点，形成了较为浓厚的学术氛围。

综观国内有关公民意识及其教育问题的研究，仍存在三个突出问题：一是理论基础有待夯实。对西方思想资源的路径依赖、过度移植和超时空解读，对马克思主义公民意识教育思想深入系统研究的不足，导致研究的理论基础偏颇，存在"非意识形态化"倾向。二是研究方法有待完善。建构主义等方法为主导，偏于公民意识的逻辑—理论分析，疏于公民意识的历史—实践考察。西方理论范式和方法盛行，马克思主义方法论介入不够。三是理论内容有待深化。偏于演绎"公民意识应是什么"，疏于解答"公民意识是什么"，对公民意识教育的本土化研究尚有欠缺不足，存在泛化或虚置公民意识教育的倾向。为了克服这些偏颇，本书从公民意识教育的理论基础、指导思想和公民意识的三位一体结构以及公民意识教育的路径和方法等角度，回答了"当代中国需要何种公民意识，如何培育这种公民意识"这一主题。

第一章　公民意识：文明中国的精神元素

从世界范围看，公民意识及其教育历史悠久、源远流长。在西方，古希腊罗马时代，公民意识及其教育就已较为发达。但严格地说，公民意识是一种现代性意识，是伴随现代市场经济、民主政治、理性文化和市民社会的诞生和发展而产生和发展的。公民意识及其教育，是我们今天面临的重大理论课题和实践任务。由于公民意识与公民、公民身份两个概念有着内在关联性，所以，正确理解公民概念，是准确理解公民意识的前提和基础。因此，要厘清公民意识的内涵，首先需对公民概念进行梳理。

一、公民概念的历史衍化

"公民"（Citizen）既是一个与政治公共领域相关联的政治学概念，也是一个与人的主体性相关联的哲学概念，既是一个权利—义务意义的法律概念，也是一个规范论意义的伦理道德概念。从源头上看，公民概念的产生与古希腊城邦制度与政治活动密不可分。从古希腊时期的柏拉图到亚里士多德，从古罗马时期的西塞罗到近代的霍布斯（1588—

1679)、洛克（1632—1704）和卢梭（1712—1778），从康德（1724—
1804）、黑格尔（1770—1831）到马克思（1818—1883），再到当代的罗
尔斯、哈贝马斯等，这些思想家都对"公民"一词进行了系统论述和阐
释。西方的公民概念传入我国，最早始于19世纪末期。20世纪晚期以
来，公民学在中国学界备受关注，众多学者在借鉴西方公民学研究成果
的同时，积极推进了中国公民学研究和公民概念的澄清。

（一）西方公民概念史

在西方，Citizen（公民）一词源自拉丁语"civis"，指城邦共同体
的成员。古希腊时期，城邦与公民是合为一体的。作为一种独特的国家
组织形式，城邦是公民自治团体。在那时，公民既是一种资格（能参与
国事、有选举权的自由民），又是一种能力（参政、捍卫城邦），更是一
种品格（成人之善德）。古希腊人从政治角度理解公民，"公民身份的
目的在于以一种共生的关系将个体与国家联系在一起，以创立和维持
一个公正而稳定的共和国整体，使个体能够享受到真正的自由"①。柏拉
图（前427—前347）在《理想国》中指出，公民是能够履行国家职责
的自由人，应当拥有节制、勇敢、大度、智慧等美德。亚里士多德（前
384—前322）强调人是"政治动物"，公民体现了人的"政治动物"本性。
他说：

> 凡有权参加议事和审判职能的人，我们就可以说他是那
> 一城邦的公民⋯⋯公民通常的含义是参与统治和被统治的

---

① 　[英]德里克·希特：《何谓公民身份》，郭忠华译，吉林出版集团有限责任公司
2007年版，第52页。

人。不同的政体有不同的公民，但在最优良的政体中，公民
指的是为了依照德性的生活，有能力并愿意进行统治和被人
统治的人。①

可见，公民兼有治人与治于人的特性，禀赋内在美德、参与共同治
理、追求良善生活。柏拉图和亚里士多德阐述了一种共和主义的公民概
念，即以美德和责任心积极参与公共事务，以行动的能力、智慧和技术
对共同体表现出至上的忠诚、勇敢等品德的自由人。

但是，在古希腊，"公民"同时也是一个极具差别性、排斥性或不
平等性的概念，与地位观念密切相关。在那时，"公民身份是一种令
人觊觎的地位，一种倍加珍惜的特权，因此，一直为富裕的精英所拥
有"②。公民身份在一开始就意味着阶层本身的特权和阶层之间的排斥，
"毫不夸张地说，公民身份的主要作用之一是作为歧视的一种动因或原
则"。"公民身份的形成，最早是首领用来寻求把忠诚和杰出的人物从
共同体的非正式成员中区别出来的一种方式"。③ 比如，在古希腊时代
的任何城邦，公民"决不是指全体成年居民而言。妇女不是公民，奴
隶不是公民，农奴不是公民，边区居民不是公民，外邦人也不是公民。
即使除去奴隶、农奴、边区居民和外邦人而外，祖籍本城的成年男子，
能够取得公民权利的资格，在各邦的各个时期也宽严不一"④。恩格斯
（1820—1895）在论述雅典国家的产生时指出："雅典全盛时期，自由公

---

① ［古希腊］亚里士多德：《政治学》，吴寿彭译，商务印书馆 1965 年版，第 109、
99—100 页。

② ［英］德里克·希特：《何谓公民身份》，郭忠华译，吉林出版集团有限责任公司
2007 年版，第 87 页。

③ ［美］彼得·雷森伯格：《西方公民身份传统——从柏拉图至卢梭》，郭台辉译，
吉林出版集团有限责任公司 2009 年版，第 4、19 页。

④ 《顾准文集》，中国市场出版社 2007 年版，第 8 页。

民的总数，连妇女和儿童在内，约为 9 万人，而男女奴隶为 365000 人，
被保护民——外地人和被释奴隶为 45000 人。这样，每个成年的男性公
民至少有 18 个奴隶和 2 个以上的被保护民。"①

亚里士多德虽然也允许平民百姓有被称为公民的可能性，但他
认为他们不可能成为"真正的公民"。在亚里士多德看来，真正的公
民只能是那些拥有一定财产因而有时间参与公共事务的自由人。城
邦国家的公民以公共事务为基础，直接参与公共事务。城邦政治是
一种伦理政治，它关心的核心问题是如何建构一个体现正义和善的
国家，追求的是共和。共和即一种将公民参与政治生活的自由与为
公共的善服务的德性合二为一。② 在这种共和主义公民概念中，"人
们最大的挑战和最崇高的构想可能总是倾向于由德性概念所召唤的
行动"③。212 年，古罗马帝国颁布了《万民法》，把公民权从罗马公

① 《马克思恩格斯文集》第 4 卷，人民出版社 2009 年版，第 136 页。

② 严格地说，古希腊时代的雅典和斯巴达产生了两种不同的公民概念。雅典的
公民概念是阳光的、儒雅的，强调一种有限的公共参与，除了参与公共事务，雅典
人的生活中还有人文教育、商业和艺术等。斯巴达的公民概念则是在战争与惧怕叛
乱的背景下形成的，是阴暗的和禁欲主义的，是一种"战士—公民"，强调一种完全
自我牺牲的公共参与，公民在生活中没有时间和空间把任何情感留给妻子儿女和财
产，良善的生活就是艰苦奋斗的生活，公民成为一种令人敬畏和恐惧的战士，他们
统治着大多数被排斥出公共生活的人。斯巴达式的公民理想在罗马和中世纪共同体
中起了非常重要的作用，这种作用一直延续到近代的马基雅维里时代，以及专制主
义和军国主义等。参见 [美] 彼得·雷森伯格：《西方公民身份传统——从柏拉图至
卢梭》，郭台辉译，吉林出版集团有限责任公司 2009 年版，第 20—62 页。中世纪公
民概念的人文主义和法条主义，分别体现了雅典和斯巴达两种类型的公民概念。人
文主义以托马斯·莫尔与哈林顿为代表，经马基雅维里的强力推进，延伸到狄德罗、
孟德斯鸠、卢梭等；法条主义由布丹首创，经格劳修斯修正，延伸到霍布斯等。参见
郭台辉：《公民概念如何通向现代？——一段学术史的考察》，《武汉大学学报（哲学
社会科学版）》2012 年第 1 期。

③ [美] 彼得·雷森伯格：《西方公民身份传统——从柏拉图至卢梭》，郭台辉译，
吉林出版集团有限责任公司 2009 年版，第 8 页。

民拓展至包括异邦人在内的一切自由民，公民的范围逐渐扩大。到了17、18世纪，公民涵盖的范围更为广阔，其主体是由中世纪城市中形成的市民等级，即bourgeoisie阶层演化而来的。法语中的词根bourg同德语Burg，都指的是城堡、要塞或城镇，而法语中的bourgeois和德语中的Burger，指的是生活在解放了的城市或城镇中的市民，即商人、自由民等。

据考证，公元1290年，civil一词首次在法语中出现，指称民法、市民、公民、民用等含义。1594年，在英语中，civil一词以civil society这一形式出现。[①] 中世纪后期的公民一词与城市紧密联系在一起，公民不再是古希腊那种直接参与政治活动并具有内在美德的自由人，而是包括了在城市聚居的所有成员。这个时期，公民一词有时会与市民、居民、自由民或者臣民等词相混用。后来，公民一词逐渐演变为指称居住在某个城市或其他自治城市的有产阶层，即从事经济活动而不参与公共事务的人，从而使公民概念物质化和个体化，这种变化适应了领土国家和君主主权的兴起。在16世纪的英国，把公民局限于城市居民的观点非常普遍，公民就是城市中的自由民。公民概念被等同于中世纪的市民概念，市民成为现代公民的源泉。法国思想家卢梭（1712—1778）批判性地审视了中世纪这一通行的理解，认为把公民和市民混为一谈是个错误。他从个人与共同体关系的视角，指出公民是主权权威的参与者，体现的是参与的权利；臣民是国家法律的服从者，体现的是服从的义务；人民是公民结合者，是集体性概念。[②] 在卢梭看来，公民与臣民是相互重合、二位一体的概念，既是政治生活中的权利主体，又是服从国家法律的义务主体。这样的理解更切合现代民族国家意义的公民内涵。

---

① 方朝晖：《市民社会的两个传统及其在现代社会的汇合》，《中国社会科学》1994年第5期。

② 参见［法］卢梭：《社会契约论》，何兆武译，商务印书馆1980年版，第21页。

资本主义的发展使得公民身份不再仅仅与城市联系在一起，而是与国家形成紧密联系。历史地看，近代国家不再是一种城邦国家，而成为民族国家。国家的力量不再是基于个人的力量，而是基于权威的力量或专制的力量。国家以民族利益和权力为基础，而不再以公民的自我完善和全面发展为基础。正是在这个意义上，马基雅维里（1469—1527）认为，国家是以建立和维护统治权为核心的，为了保持国家权力，君主可以不受道德约束而不择手段。政治关乎"敌我"，而非"善恶"。在这里，"政治"成了不被正义所关怀的、带有一定贬义色彩的词汇。霍布斯则把近代国家比喻为"利维坦"、比喻为"人造的人"、比喻为"人为的上帝"，它能吞噬一切，包括个人的权利。

问题在于，面对强大的"利维坦"，个人是否还能够拥有以及如何拥有古典城邦时代的那些德性和品质。这个问题成为近现代思想家探讨公民概念时面临的一个根本问题。从笛卡尔（1596—1650）到康德的启蒙思想家，承接文艺复兴关于人的独立性的思想，把其扩展为关于人的自我治理的思想。这种自我治理的立论根据是人的天赋理性。正是以理性主义的理性观和人的自治思想为基础，产生了近代的公民概念。其核心是公民自治，由此延伸出的基本内涵是，理性独立、责任自负、谨慎细微、维护权利等。同时，欧洲近代社会发生巨大变化，其中之一就是，政治（国家）从伦理（宗教）中解放出来，经济在社会中获得举足轻重的影响力，直到最终使社会成为一个市场社会。① 政治与经济逐步分离，政治附属于经济，个人的发展不再是纯

---

① 在西方历史上，这个过程经历了三个阶段：第一阶段是罗马法的复兴，使得古代希腊的商品经济规则在欧洲进一步发展起来；第二阶段是古代自然法哲学思想，强化了古代市民社会的政治思想；第三阶段是古典经济学作为资本主义的自我理解与历史意识，直接把市民社会理解成为市场社会，认为这种社会形态最符合"自然秩序"。参见王浩斌：《市民社会的乌托邦——马克思主义的社会历史哲学阐释》，江苏人民出版社2011年版，第15页。

粹政治意义上的，而是更加表现在经济意义上。亚当·斯密（1723—1790）等经济学家系统化地描述了近代市场社会的结构，并把人理解为经济动物，即自私自利的、理性的市民，他们着力探讨人在市民社会中的发展问题。

公民概念在近代西方的复兴，与17世纪出现的社会危机以及对这种危机的全面反思有关。市场经济的发展、地理大发现、欧美革命等都对已有的社会秩序和权威模式提出质疑和挑战。到18世纪，人们开始越来越认识到，不能诉诸外部或超验的对象来建构社会秩序，而必须从社会自身的运行来解释社会秩序的存在，人们试图证明社会秩序的道德源泉存在于社会内部，社会行为和动机的新形式建立在自我利益的基础上，个体之间的相互关系不可能建立在传统社会那种共享的宇宙秩序观上，而是建立在理性的自我利益的原则上。于是，利己与利他的关系及其协调成为一个重大的现实问题和理论课题。沙夫茨伯里（1621—1683）等苏格兰启蒙思想家为此提出了道德情感和自然同感的思想。于是，一种基于与某种公共利益观相一致的新型的、自主的个体利益的个体概念出现了。① 黑格尔在《精神现象学》中描述了这一变化，他说："普遍物已破裂成了无限众多的个体原子，这个死亡了的精神（指古代伦理精神——引者注）现在成了一个平等（原则），在这个平等中，所有的原子个体一律不等，都像每个个体一样，各算是一个个人。"② 马克思也洞察到这一变化：

---

① 这种个体概念在近代西方经历了一个过程。洛克在《政府论》中率先把个人权利作为社会的本体。当然，由于洛克的论证总体上带有浓厚的神学色彩，他的思想具有过渡性。18世纪中期，在苏格兰启蒙运动的推动下，哈奇森、弗格森等对个体存在作出了新的阐释，个人与社会、私人与公共、利己与利他、理性与情感等之间的对立，被视为现代社会的基本事实。

② ［德］黑格尔：《精神现象学》下册，贺麟、王玖兴译，商务印书馆1981年版，第33页。

我们越往前追溯历史，个人，从而也是进行生产的个人，就越表现为不独立，从属于一个较大的整体，到了 18 世纪，在"市民社会"中，社会联系的各种形式，对个人来说，才表现为只是达到他私人目的的手段，才表现为外在的必然性。①

西方近代公民概念以这种个人概念和道德原则为理论基础。西方近代以来，个人成为理解人及其本质的基本单元。瑞士历史学家雅各布·布克哈特（1818—1897）把中世纪的文艺复兴概括为"精神的个体代替种族的成员"的过程。他说：

> 人类意识的两个方面——内心自省和外界观察都一样——一直是在一层共同的纱幕之下，处于睡眠或半醒状态。这层纱幕是由信仰、幻想和幼稚的偏见织成的，透过它向外看，世界和历史都罩上了一层奇怪的色彩。人类只是作为一个种族、民族、党派、家族或社团的一员——只是通过某些一般的范畴，而意识到自己。在意大利，这层纱幕最先烟消云散；对于国家和这个世界上的一切事物作客观的处理和考虑成为可能了。同时，主观方面也相应地强调表现了它自己；人成了精神的个体，并且也这样来认识自己。②

从 17 世纪中叶到 19 世纪初，许多思想家把抽象的、孤立的个人作为出发点。在这个意义上，他们把个人描绘成一种有着既定需要、目的、愿望以及兴趣的人。这些启蒙思想家抽象掉现存社会中存

---

① 《马克思恩格斯全集》第 30 卷，人民出版社 1995 年版，第 25 页。
② ［瑞士］雅各布·布克哈特《意大利文艺复兴时期的文化》，何新译，商务印书馆 1979 年版，第 143 页。

在的一切人为关系，把它还原为一种纯粹的自然的状态，以此考察个体的生存状况、分析人之为人的必要条件、探究国家的合法性来源等问题。"对于启蒙（运动）来说，我们在历史过程中所遇到的人，基本上都是相同的人；各个时代的差别首先是由于它们所达到的启蒙的程度不同"①。在启蒙运动中，霍布斯、洛克、卢梭是三个极具代表性的人物。在他们那里，原初个体的基本特征是独立、自由、平等、理性，这些特征正是人之为人的必要条件，如果放弃这些条件，实际上就是放弃做人的资格。霍布斯把体力、经验、理性和激情视为人在自然状态中拥有的四种最重要禀赋。洛克认为，"property"有比"财产"更丰富的含义，是使个体成为人的最为基本的条件。这些条件包括生命、健康、自由和财产等，前三者是个体成为人的本质要素，表现出个体的自然状态；而财产则是个体的劳动成果，通过财富量的差异区别不同个体。对于社会发展进程中呈现出来的各种差异，启蒙思想家通过构思社会契约论力图表明，要维持个体作为"人"的条件，就必须合理设计个体的理性。从这个层面上来说，现代政治是个体之间理性建构的结果，它通过强化政治权力来保证个体独立、平等、自由、正义的条件。因此可以说，个体是公共性与私人性的复合体，既有理性、独立、平等、自由等公共性的一面，又有容貌、激情、兴趣、民族、阶级、身份等私人性的一面。从个体的公共性与私人性相统一出发，公民承载了个体的公共性，是对个体个性的抽象，在政治社会中是享有平等权利和承担平等义务的政治主体。当一个人被称作"公民"时，就表明这个人具有一系列政治上的权利；当一个社会内部的公民达到最多数时，就表明这些公民所代表的权利或声称的主张具有了神圣性和不可侵犯性。"公民"是进入"公众领域"之民，这样的"民"

---

① ［德］H.科殷：《法哲学》，林荣远译，华夏出版社 2002 年版，第 27 页。

不是"道德人"，而是一个"公约人"，是由一般具有个体性的现实个
人而形成的。先作为一个"个人"，然后经由"公约"，才作为一个"公
民"。如此看来，这些启蒙思想家的理想就体现在个体、公民和政治
三者之间的关系上：个体往往优先于政治，是公共性与私人性的统一
体；公民是个体公共性的纯粹表达，是对个体的抽象；政治是个体以
公民的身份所从事的活动，目标在于保障所有个体维持自由、平等、
独立、正义等人之为人的条件。①

　　亚当·斯密的《国富论》（1776）问世以后，功利主义取代自然法
和社会契约论，成为政治思想的基础。从此，政治理念的核心价值元素
从公平正义走向功利主义，从平等走向自由。与市民社会从政治社会走
向经济社会和市场社会相伴的是，"市民社会"一词从英语的 civil soci-
ety、法语的 civile societe 和拉丁文的 civilis societas 一词②，转换为德语
的 Bourgeoisie Gesellschaft，从 citoyen（公民）变成了 bourgeosi（市民）。
这一转换反映了现代社会本身所包含的政治与经济内涵，即经济市场
化与政治民主化。civilis societas 与 Bourgeoisie Gesellschaft 表征了现代
社会的二重性，即 civilis societas 表征政治共同体，Bourgeoisie Gesell-
schaft 表征市场化社会。黑格尔把市民社会与政治国家区别开来，认为
市民社会是一种"非政治性的社会"，它的成员不是"国家公民"，而是

---

　　① 郭忠华：《个体·公民·政治——公民的当代境遇与公民身份的政治责任》，载
［英］德里克·希特：《何谓公民身份》，中译者序，郭忠华译，吉林出版集团有限责任公
司 2007 年版，第 1—14 页。
　　② "civil society"这个词使用于 16 世纪末到 18 世纪的英国。后来所表达的意思被
其他词汇代替，在很长一段时间里成为死语。它作为社会学的一个基本概念在英语圈复
生，再次被广泛使用的年代并不久远。死而复生的诱因是 1989 年发生的东欧革命。"civil
society"主要指由最亲密的圈子组成的团体，包括联合、社会运动、公共交流等诸多领
域。因此，"civil society"指的不是"市民社会"，而是一些在特定领域中的具体组织，
译为"市民团体"、民间团体，或许更为贴切和易于理解。参见［日］植村邦彦：《何谓"市
民社会"——基本概念的变迁史》，赵平等译，南京大学出版社 2014 年版，第 3—8 页。

单个的私人或个人。① 于是，古希腊政治伦理意义上的"citoyen"（公民），变成了现实生活中的"bourgeois"（自私自利的市民）。马克思称这一时代是"一个产生孤立的个人"的时代。德语中的市民（Burger）没有了公民（civil）所特有的文明内涵和温情脉脉的面纱，仅仅指自私自利的"资产者"。之所以如此，是因为在18世纪的德国已经出现了公民的角色，但他们主要在市镇层级发挥作用，更多像是市民而不是公民。由于尚未形成民族国家，许多中产阶级成员曾尝试改变，试图追求一种不局限于这种市民意义的公民身份，一些德国思想家吸收了启蒙运动的世界主义精神，用"世界公民"概念表明他们对更精准更广泛的公民身份的期望。

（二）马克思语境中的公民概念

马克思对公民概念的解读建立在对资产阶级政治革命所导致的人的二重化及其克服的分析之上。人在现代社会面临"公"与"私"的二元分裂，马克思认为这是资产阶级政治革命中人的政治异化。在资产阶级政治革命中，人是通过政治国家这个中介得到解放的。人的解放集中体现为每个社会成员获得国家通过法律所赋予的公民身份。"政治解放一方面把人归结为市民社会的成员，归结为利己的、独立的个体，另一方面把人归结为公民，归结为法人"②。在青年马克思看来，公民以"公"为本，关心公共利益，参与公共事务，体现人的社会性、类本质等"公人"特质。公民呈现了人的未来性、理想性和超越性，是"真正的人"。所以，马克思称政治解放为"公民的解放"，是人"作为公民得到解放"。

---

① ［日］植村邦彦：《何谓"市民社会"——基本概念的变迁史》，赵平等译，南京大学出版社2014年版，第3—8页。

② 《马克思恩格斯文集》第1卷，人民出版社2009年版，第46页。

资产阶级政治革命的重要指向就是塑造"自由公民"。①

　　政治解放消除了宗教的人神依附关系和封建的人身依附关系，使社会成员的各种特殊的和个别的因素如自然出身、宗教信仰、私有财产等，被驱逐出政治国家领域而成为非政治的、社会的差别，确立了个体在政治和法律上的自由、平等。在资产阶级政治革命中，"当国家宣布出身、等级、文化程度、职业为非政治的差别，当它不考虑这些差别而宣告人民的每一成员都是人民主权的平等享有者，当它从国家的观点来观察人民现实生活的一切要素的时候，国家是以自己的方式废除了出身、等级、文化程度、职业的差别"②。所谓"每一成员都是人民主权的平等享有者"，就是每一个人都获得公民身份。作为政治国家成员，公民是脱离了个体的一切特殊规定性的普遍的、平等的"人"。这是人的社会身份的一次历史性跃迁。1843 年 3 月，马克思在致阿尔诺德·卢格（1802—1880）的信中对资产阶级革命后荷兰人的公民身份大加赞赏，认为一个最底层的荷兰人与一个最有权势的德国人相比，仍然是一个公民。

　　马克思揭示了公民身份的积极意蕴。其一，公民身份意味着个体在政治意义上获得人格独立和主体地位。对每一个社会成员来说，"他要成为现实的国家公民，要获得政治意义和政治效能，就应该走出自己的市民现实性的范围，摆脱这种现实性，离开这整个组织而进入自己的个体性，因为他那纯粹的、明显的个体性本身是他为自己的国家公民身份找到的惟一的存在"③。其二，公民身份意味着人与人之间在政治上的身份平等。"市民社会的成员在自己的政治意义上脱离了自己的等级，脱离了自己真正的私人地位。只有在这里，这个成员才获得人的意义，或

---

　　① 《马克思恩格斯文集》第 1 卷，人民出版社 2009 年版，第 21、25、27 页。
　　② 《马克思恩格斯文集》第 1 卷，人民出版社 2009 年版，第 29—30 页。
　　③ 《马克思恩格斯全集》第 3 卷，人民出版社 2002 年版，第 97 页。

者说,只有在这里,他作为国家成员、作为社会存在物的规定,才表现为他的人的规定"①。其三,公民身份意味着人与人之间在政治上的平等权利,"这种权利的内容就是参加共同体,确切地说,就是参加政治共同体,参加国家。这些权利属于政治自由的范畴"②。马克思很早就在黑格尔理性自由主义国家观的意义上,强调公民的言论自由、思想自由、表达自由、写作自由等权利。在关于林木盗窃法的辩论中,马克思特别关注穷人的公民权利,呼吁国家必须把每一个社会成员都视为自己的公民。马克思曾借助公民身份和公民权利来反对古典自由主义人权概念的个人主义本质,认为人权是脱离了社会、在绝对私有财产基础上建立的自私的个人权利的概念。人权本质上是私权,这种私权利具有利己主义、自我封闭、相互分离等特征。

但马克思也质疑和批判英法自由主义公民观。由于以私有制为基础的市民社会决定和支配着政治国家,因而在现实性上,对于个体来说,"'成为国家的成员'这一规定是他们的'抽象的规定',是并未在他们的活生生的现实中实现的规定"③。在市民社会中,个体因私有财产的存在而处于经济的、社会的不平等的等级状态。资产阶级政治革命通过建构公民身份,仅仅是把同现实生活分离的"抽象普遍性"赋予了个人。"在国家中,即在人被看做是类存在物的地方,人是想象的主权中虚构的成员;在这里,他被剥夺了自己现实的个人生活,却充满了非现实的普遍性"④。在马克思看来,在资产阶级政治国家中,公民身份由于其并不包含任何有关个人的具体的、有差别的真实内容而成为有关个人存在的纯粹概念,个体作为公民,"只是抽象的、人为的人,寓意的人,法

① 《马克思恩格斯全集》第 3 卷,人民出版社 2002 年版,第 101 页。
② 《马克思恩格斯文集》第 1 卷,人民出版社 2009 年版,第 39 页。
③ 《马克思恩格斯全集》第 3 卷,人民出版社 2002 年版,第 148 页。
④ 《马克思恩格斯文集》第 1 卷,人民出版社 2009 年版,第 31 页。

人"①。对于生活在市民社会中的现实的人来说，"公民"只是人的一种形式存在，更多地呈现的是人的一种理想主义愿景。公民身份和公民权利反映了资本主义社会中人们在政治上幻想出来的作为类生活的幸福。② 同时，在现实社会生活中，公民身份和公民权利常常被贬低为维护市民利己主义的一种手段，"citoyen[公民] 被宣布为利己的 hornme[人] 的奴仆；人作为社会存在物所处的领域被降到人作为单个存在物所处的领域之下；最后，不是身为 citoyen[公民] 的人，而是身为 bour-geois[市民社会的成员] 的人，被视为本来意义上的人，真正的人"③。

在马克思看来，资产阶级自然法思想家批判神学政治论的理论基础是"人"的概念，但这个"人"是抽象的自然人或理性人。马克思认为，近代欧洲的启蒙思想家没有把个人看作是历史的产物，而是看作历史的起点，启蒙思想家的这种看法可以说是一种"美学上的想象"。事实上，"18 世纪的个人，一方面是封建社会形式解体的产物，另一方面是 16 世纪以来新兴生产力的产物"④。

马克思修正了黑格尔对人的理解。在黑格尔看来，市民社会中的人，不过是精神展开过程中出现的一个阶段，市民社会成员作为"私人"，把自身利益当作自己的目的，说明他们不过是"具体的观念"，处于精神发展的低级阶段，因而，市民社会中的人不是现实的存在。马克思则认为，尽管市民社会中的人是有种种缺陷的人，但只有这样的人才是现实的人。他说：

> 社会不是由个人构成的，而是表示这些个人彼此发生的那

---

① 《马克思恩格斯文集》第 1 卷，人民出版社 2009 年版，第 46 页。
② 郭忠华：《公民身份的核心问题》，中央编译出版社 2016 年版，第 187 页。
③ 《马克思恩格斯文集》第 1 卷，人民出版社 2009 年版，第 43 页。
④ 《马克思恩格斯文集》第 8 卷，人民出版社 2009 年版，第 5 页。

些联系和关系的总和。这就好比有人这样说：从社会的角度来看，并不存在奴隶和公民，两者都是人。其实正相反，在社会之外他们才是人。成为奴隶或成为公民，这是社会的规定。①

在马克思看来，资产阶级学者所谓的没有差别的"市民"，只是一种抽象的方法论假设，实际生活中的人具有阶级属性，都是"政治人"。在马克思主义创始人看来，"对抽象的人的崇拜……必定会由关于现实的人及其历史发展的科学来代替"②。他们这里所说的"科学"，就是唯物史观。

马克思在谈到"人"的概念时，大多数情况下使用的是"个人""现实的个人""社会的个人""每一个人"等。然而，马克思的"个人"概念不是费尔巴哈（1804—1872）所说的那种"内在的、无声的、把许多个人纯粹自然地联系起来的共同性"，即"类"，也不是麦克斯·施蒂纳（1806—1856）所说的"唯一者"，马克思强调的是"现实的个人"。在分析评论黑格尔关于"人的自我的产生"观点时，马克思说："他抓住了劳动的本质，把对象性的人、现实的因而是真正的人理解为他自己的劳动的结果。"③在马克思看来，"现实的人"就是在现实世界谋求生存、发展和自我实现的"人"。马克思进一步指出，人的存在包括了一个广阔范围的多样性活动和对世界的实际关系，"凡是有某种关系存在的地方，这种关系都是为我而存在的；动物不对什么东西发生'关系'，而且根本没有'关系'；对动物来说，它对他物的关系不是作为关系存在的"④。在德语中，"关系"（Verhltnis）这个名词来源于发生关系的"行为"（vethalten）这一动词。通过这一语源学的认识，马克思强调，"行

---

① 《马克思恩格斯全集》第 30 卷，人民出版社 1995 年版，第 25 页。
② 《马克思恩格斯文集》第 4 卷，人民出版社 2009 年版，第 295 页。
③ 《马克思恩格斯文集》第 1 卷，人民出版社 2009 年版，第 205 页。
④ 《马克思恩格斯文集》第 1 卷，人民出版社 2009 年版，第 533 页。

为"是"关系"的来源，只有现实的人才能在同周围世界打交道的"行为"中产生各种各样的"关系"，也就是马克思所说的"现实的本质"的社会关系。① 这种根源于人的谋求生存、发展和自我实现的行为，集中表现为"生产"。"在社会中进行生产的个人，——因而，这些个人的一定社会性质的生产，当然是出发点"；"说到生产，总是指在一定社会发展阶段上的生产——社会个人的生产"。②

马克思认为，在现代社会，不存在无差别的市民阶层，市民阶层必然分化为资产者与无产者。"各个人的社会地位，从而他们个人的发展是由阶级决定的，他们隶属于阶级"③。对以劳动人民为主体的无产者的价值关怀，是马克思的根本政治立场。马克思在学生时代就怀有对人类的普遍关怀，他说："在选择职业时，我们应该遵循的主要指针是人类的幸福和我们自身的完美。不应认为，这两种利益会彼此敌对、互相冲突，一种利益必定消灭另一种利益；相反，人的本性是这样的：人只有为同时代人的完美、为他们的幸福而工作，自己才能达到完美。"④ 马克思认为，在资本主义社会普遍存在着人的自我异化，"资本"扮演着加速"异化"的角色。"在资产阶级社会里，资本具有独立性和个性，而活动着的个人却没有独立性和个性"⑤。在资本主义生产方式中，资本家和雇佣工人，"本身不过是资本和雇佣劳动的体现者，人格化，由社会生产过程加在个人身上的一定的社会性质，是这些一定的社会生产关系的产物"⑥。但是，马克思认为，"有产阶级在这种自我异化中感到幸福，

---

① 参见李文堂：《马克思关于"人"的概念》，《南京大学学报（哲学·人文科学社会科学版）》2010 年第 6 期。

② 《马克思恩格斯文集》第 8 卷，人民出版社 2009 年版，第 5、6—9 页。

③ 《马克思恩格斯文集》第 1 卷，人民出版社 2009 年版，第 570 页。

④ 《马克思恩格斯文集》第 1 卷，人民出版社 2009 年版，第 459 页。

⑤ 《马克思恩格斯文集》第 2 卷，人民出版社 2009 年版，第 46 页。

⑥ 《马克思恩格斯文集》第 7 卷，人民出版社 2009 年版，第 996 页。

感到自己被确证，它认为异化是它自己的力量所在，并在异化中获得人的生存的外观。而无产阶级在异化中则感到自己是被消灭的，并在其中看到自己的无力和非人的生存的现实"①。因此，马克思更为关注和关怀作为弱势群体的被统治阶级，即无产阶级。在他看来，在以私有制为基础的阶级对立社会，所谓的公民自由不过是"对那些在统治阶级范围内发展的个人来说是存在的，他们之所以有个人自由，只是因为他们是这一阶级的个人"②。

马克思进一步强调，个人之所以隶属于阶级，是因为他的生活状况、生活条件等与这一阶级的其他成员有共同性，他们有着共同的利害关系。"单个人所以组成阶级只是因为他们必须为反对另一个阶级进行共同的斗争"。个人要实现自己的利益，必须把自己融入阶级整体之中，只有依靠阶级的力量，才能最终实现个人利益。然而，应当注意的是：

> 阶级对各个人来说又是独立的，因此，这些人可以发现自己的生活条件是预先确定的：各个人的社会地位，从而他们个人的发展是由阶级决定的，他们隶属于阶级。③

可见，阶级本身是对个人自由的限制。因此，马克思提出消灭阶级的任务，这种超越古典自由主义"公民"视域而进入"阶级"分析，就是希望通过无产阶级解放来实现人类的自由和解放。所以，马克思认为，19 世纪德国解放的实际可能性"就在于形成一个被戴上彻底的锁链的阶级，一个并非市民社会阶级的市民社会阶级，形成一个表明一切等级解体的等级，形成一个由于自己遭受普遍苦难而具有普遍性质的领

---

① 《马克思恩格斯文集》第 1 卷，人民出版社 2009 年版，第 261 页。
② 《马克思恩格斯文集》第 1 卷，人民出版社 2009 年版，第 571 页。
③ 《马克思恩格斯文集》第 1 卷，人民出版社 2009 年版，第 570 页。

域……形成一个若不从其他一切社会领域解放出来从而解放其他一切社会领域就不能解放自己的领域，总之，形成这样一个领域，它表明人的完全丧失，并因而只有通过人的完全回复才能回复自己本身。社会解体的这个结果，就是无产阶级这个特殊等级"①。对于剥削阶级和被剥削阶级来说，阶级都是对个人自由的限制。尽管无产阶级作为主体的国家将会"提供合理的环境，使阶级斗争能够以最合理、最人道的方式"② 进行，但终究存在着阶级和阶级斗争，以及阶级对于个人的束缚。所以，马克思把消灭阶级本身作为人类解放的根本标志。

（三）公民概念的中国语义

在汉语语境中，从先秦到清代，"公民"一词一般指"为公之民""君主之民""公家之民"，是"公—私"与"官—民"两组相关范畴的结合。在词源学意义上，"公"和"民"含义丰富。比如说，"公"是会意字，从"八"从"厶"，"八"表示相背，"厶"是"私"的本字，表示"个人""自我"，合起来表示"与私相背"，即"公正无私"的意思。"公"有多种含义，如平分、公正、共同、公共、公家、公众、雄性的等。"民"也有多种解释，泛指人，指黎民百姓，平民，与君、官对称。《左传·昭公七年》曰：

> 天有十日，人有十等。下所以事上，上所以共神也。故王臣公，公臣大夫，大夫臣士，士臣皂，皂臣舆，舆臣隶，隶臣

---

① 《马克思恩格斯文集》第1卷，人民出版社2009年版，第17页。当然，直到《〈黑格尔法哲学批判〉导言》，马克思的"无产阶级"概念还主要是一个人类学概念，而不是一个经济学、社会学概念。

② 《马克思恩格斯文集》第3卷，人民出版社2009年版，第198页。

僚，僚臣仆，仆臣台。

君、臣、民是中国传统社会三种最基本的政治角色，也构成了三大社会政治等级。在古代，民即"氓""萌"，指卑贱的人，后世有贱民、下民、草民、子民等称呼。后来按照尊卑次序，把民划分为士、农、工、商。《春秋·穀梁传》曰："古者有四民：有士民、有商民、有农民、有工民。"秦以后基本沿用了四民的划分。普遍认为，"公"和"民"组合起来作为一个新的词，是近代以后从西方传入中国的。中国传统文化中并不存在"公民"这一概念，① 德国思想家马克斯·韦伯（1864—1920）曾指出："公民这一概念在西方之外却从未存在过。"②

"公民"一词自19世纪末20世纪初传入我国后，频频出现在近代仁人志士介绍西方思想的著作中。1860年前后，美国传教士丁韪良（1827—1916）翻译的《万国公法》等著作，citizen被译为公民、国民甚至臣民。康有为于1902年在《新民丛报》上发表《公民自治篇》一文，较早提出近代意义的"公民"概念，认为中国需要建立公民制度。对此，康有为着重从公德、国家思想、进取冒险、权利思想、自由、自治、进步、自尊、合群、生利分利、毅力、义务思想、尚武、私德、民气、政治能力这16个方面阐述公民概念的价值观意蕴。当清政府推行新政时，康有为积极鼓吹公民自治，提出国家要"立公民"。这里的"公

---

① 在中国，韩非子（前280—前233）最早提到"公民"这个词。《韩非子·五蠹》曰："民之政计，皆就安利而辟危穷。今为之攻战，进则死于敌，退则死于诛，则危矣。弃私家之事而必汗马之劳，家困而上弗论，则穷矣。穷危之所在也，民安得勿避？故事私门而完解舍，解舍完而远战，远战则安。行货赂而袭当涂者则求得，求得则私安，私安则利之所在，安得勿就？是以公民少而私人众矣。"[清] 王先慎：《韩非子集解》，中华书局2013年版，第452页。这里的"公民"是指"为公之民"，与"为私之民"相对，指为国出力的人。

② [德] 韦伯：《新教伦理与资本主义精神》，于晓等译，生活·读书·新知三联书店1987年版，第13页。

民"指的是君主立宪政体下有选举权和被选举权的国民。"人人有议政之权，人人有忧国之责，故命之曰公民。"在阐述其社会理想的《大同书》中，康有为建构了一个"去九界"（去国界、去级界、去种界、去形界、去家界、去产界、去乱界、去类界、去苦界）的乌托邦世界，提出无论男女，"为公之世，凡属人身，皆为公民"。①

辛亥革命后，在 1914 年的《中华革命党总章》中，孙中山（1866—1925）规定了革命时期党员的三种公民身份，即"首义党员""协助党员"和"普通党员"三种等级身份。他说：

> 凡于革命军未起义之前进党者，名为首义党员；首义党员悉隶为元勋公民，得一切参政、执政之优先权。凡于革命军起义之后，革命政府成立以前进党者，名为协助党员；协助党员得隶为有功公民，能得选举及被选举权利。凡于革命政府成立之后进党者，名曰普通党员；普通党员得隶为先进公民，享有选举权利。至于非党员，在革命时期内，不得有公民资格，必待宪法颁布之后，始得从宪法而获得之。②

这三种党员身份虽然各自享有不同的政治权利，但都具备公民资格，而党员和非党员之间的区别就是公民和非公民的区别。

1934 年，第二次全国苏维埃代表大会修改通过的《中华苏维埃共和国宪法大纲》（以下简称《宪法大纲》）中出现"公民"一词。这是"公民"概念在中国共产党相关文件中的首次出现。《宪法大纲》第 4 条明确指出："在苏维埃政权领域，工人、农民、红色战士及一切劳苦

---

① 康有为：《大同书》，中州古籍出版社 1998 年版，第 159 页。
② 《孙中山全集》第三卷，中华书局 2006 年版，第 98 页。

民众和他们的家属，不分男女、种族、宗教，在苏维埃法律面前一律平等，皆为苏维埃共和国的公民。为使工农兵劳苦民众真正掌握着自己的政权，苏维埃选举法特规定：凡上述苏维埃公民，在十六岁以上者皆有苏维埃选举权和被选举权，直接派代表参加各级工农兵苏维埃的大会，讨论和决定一切国家的地方的政治事务。"第13条中再次使用"公民"一词："一切苏维埃公民有反宗教宣传之自由，帝国主义的教会只有在服从苏维埃法律时才能许其存在。"《宪法大纲》指出："苏维埃政权属于工人、农民、红色战士及一切劳苦民众"，但在规定选举权和"政权公共利益"时使用公民概念，这说明公民概念在党的政策文件中的重要政治地位。

新中国诞生之际制定的《中国人民政治协商会议共同纲领》（以下简称《共同纲领》），不仅继续沿用"人民"作为基本权利的享有主体，而且在主权归属主体上也同样使用"人民"。《共同纲领》中第12条明确规定："中华人民共和国的国家政权属于人民。"除了"人民"概念之外，《共同纲领》也同时采用"国民"概念。比如第4、5条在规定各项权利时，采用的是"人民"一词；而在第8条规定义务时采用"国民"一词；在第42条提倡公德时，也采用"国民"一词，并强调"提倡爱祖国、爱人民、爱劳动、爱科学、爱护公共财物为中华人民共和国全体国民的公德"。由此可见，在《共同纲领》中，"人民"更多是权利主体，"国民"则更多是义务主体。1949年9月22日，周恩来（1898—1976）在中国人民政治协商会议第一届全体会议上的讲话中指出：

"人民"与"国民"是有区别的。"人民"是指工人阶级、农民阶级、小资产阶级、民族资产阶级，以及从反动阶级觉悟过来的某些爱国民主分子。而对官僚资产阶级在其财产被没收和地主阶级在其土地被分配以后，消极的是要严厉镇压他们中间的反动活动，积极的是更多地要强迫他们劳动，使他们改造成为新人。在改变以前，他们不属于人民范畴，但仍然是中国的一个国民，暂时不给他们享有人民的权利，却需要使他们遵守国民的义务。①

1953 年 3 月颁布的《中华人民共和国全国人民代表大会及地方各级人民代表大会选举法》(以下简称《选举法》)，是新中国最早使用"公民"概念的规范性文件。《选举法》第 4 条规定："凡年满十八周岁之中华人民共和国公民，不分民族、性别、职业、社会出身、宗教信仰、教育程度、财产状况和居住期限，均有选举权和被选举权。"但通篇仅此一处用了"公民"一词。在 1954 年 9 月 20 日颁布的《中华人民共和国宪法》中，"公民"一词既用来表示基本权利的享有者，也用来表示基本义务的承担者。但是，直到 1982 年 12 月 4 日颁布的《中华人民共和国宪法》(第四部)中，"公民"一词的含义才得以明确规定。其中，第 33 条规定："凡具有中华人民共和国国籍的人都是中华人民共和国公民。"第 24 条规定："国家提倡爱祖国、爱人民、爱劳动、爱科学、爱社会主义的公德，在人民中进行爱国主义、集体主义和国际主义、共产主义的教育，进行辩证唯物主义和历史唯物主义的教育，反对资本主义的、封建主义的和其他的腐朽思想。"这些条款表明，公民既是一个法律概念，又是一个伦理道德概念。作为一个法律概念，"公民"指具有中华人民共和国国籍并依据我国宪法和法律的规定享有一定权利并承担一定义务的人；作为一个伦理道德概念，"公民"指坚持爱祖国、爱人民、爱劳动、爱科学、爱社会主义等美德的人。

---

① 《周恩来选集》上卷，人民出版社 1980 年版，第 368—369 页。

二、何谓公民意识

在现代社会，公民概念是一个具有普适性意义的主体概念。主体的逻辑起点即笛卡尔所说的"我思"或"意识的内在性"，这种"意识的内在性"是人之成为公民的主观性因素。黑格尔认为，就现实性而言：

> 人实质上不同于主体，因为主体只是人格的可能性，所有的生物一般说来都是主体。所以人是意识到这种主体性的主体，因为在人里面我完全意识到我自己，人就是意识到他的纯自为存在的那种自由的单一性。①

马克思也强调："动物不把自己同自己的生命活动区别开来，它就是自己的生命活动，人则使自己的生命活动本身变成自己意志的和自己意识的对象。他具有有意识的生命活动。"② 可见，意识和自我意识是人特有的属性，也是人区别于动物的最重要标志之一。具有自觉的公民意识，是人成为公民的一个主体要件。

(一) 公民存在的观念建构

马克思、恩格斯指出："意识在任何时候都只能是被意识到了的存在，而人们的存在就是他们的现实生活过程。"③ 意识不是自生的和自足的，而是在人的现实生活过程中不断被生产出来的。恩格斯说："我们

---

① [德]黑格尔：《法哲学原理》，范扬、张企泰译，商务印书馆1961年版，第46页。
② 《马克思恩格斯文集》第1卷，人民出版社2009年版，第162页。
③ 《马克思恩格斯文集》第1卷，人民出版社2009年版，第525页。

的主观的思维和客观的世界遵循同一些规律，因而两者的结果最终不能互相矛盾，而必须彼此一致。这个事实绝对地支配着我们的整个理论思维。这个事实是我们的理论思维的不以意识为转移的和无条件的前提。"①

我们可以从不同角度、从不同层面对意识及其本质进行不同的解读和界定。意识指人的觉知状态，即人对自身、外部世界以及自己与世界关系的觉知状态。黑格尔赋予意识在人的存在中本体论地位和意义。他说：

> 人获得了自信，信任自己的那种作为思维的思维，信任自己的感觉，信任自身以外的感性自然和自身以内的感性本性；在技术中、自然中发现了从事发明的兴趣和乐趣。理智在现实的事物中发荣滋长；人意识到了自己的意志和成就，在自己栖身的地上、自己从事的行业中得到了乐趣，因为其中就有道理、有意义。②

他进一步指出："凡是应当在世界上起作用的、得到确认的东西，人一定要通过自己的思想去洞察；凡是应当被认为确实可靠的东西，一定要通过思维去证实。"③ 在人的存在感和自我感意义上，"意识，从其最基本水平到最复杂水平，就是把客体意象的显现和自我感的形成聚集在一起的那个统一的心智模式"④。弗洛伊德认为，人有两种无意识，一种是潜伏的前意识，是处于遗忘状态的意识，但最终能够变成意识；一

① 《马克思恩格斯文集》第9卷，人民出版社2009年版，第538页。
② ［德］黑格尔：《哲学史讲演录》第4卷，贺麟译，商务印书馆1978年版，第4页。
③ ［德］黑格尔：《哲学史讲演录》第4卷，贺麟译，商务印书馆1978年版，第60页。
④ 李恒威：《意识：从自我到自我感》，浙江大学出版社2011年版，第60页。

种是被压抑的意识，只要压抑不消除，这种无意识就不能变成意识。

　　与心理分析主义不同，现象学强调意向性是意识的基本结构，认为意识体验的一个根本特性是自显现，体验的自给予性是意识体验的存在模式或内在结构。与无意识相对而言，意识就是使原本处于无知无觉状态的心智活动显现给主体，这个显现能力就是觉知。意识的本性就是觉知（awareness）。觉知是体验上的，而不是知识上的。觉知不同于且独立于觉知的内容，觉知并不是思想、情绪、意象、感觉、愿望、记忆等心智功能或内容，而更像是一种"场地"，心智的内容在这个场地上出现或消失。觉知是自觉知的（self-awareness），即觉知是反身性的，觉知是第一人称体验中自明的东西。觉知是一个主体性的现象，个人存在的自我感或主体感的根源是因为觉知。意识是"我"于第一人称的、当下体验中的那份对某事物的觉知及其自觉知。在意识学说史上，"光"是形容意识的一个强有力的隐喻。作为"光"，意识不仅照亮了宇宙中他者的意象，而且也使生命主体的意象在自身中显现出来。在意识事件中，觉知既以认知的方式显示客体意象，也以感受方式指示主体状态。所谓客体就是各种各样的实体，所谓意象就是人与客体相互作用时，人所建构起来的关于客体的心智模式。意识涉及两个问题，即客体意象的显现和自我感的形成。但是，觉知在某种意义上是独立的，它既非客体意象也非主体感受，而是显现客体意象和主体状态从而使自我获得自我感的"光亮空间"。有意识的心智，就是一种被赋予了自我的心智。从生命自我到有自我感的生命，这是意识赋予生命的第一缕也是最耀眼的光辉。①

　　在人的存在论意义上，"公民"可谓人的一种存在方式，是人的一

　　① 参见李恒威：《意识：从自我到自我感》，浙江大学出版社2011年版，第1—38页。

种公共存在方式。公民意识首先是人作为公民的一种存在感和自我感。人的存在感和自我感是以人的意识为前提和基础的，是与人的意识同在的。因为，"人一旦有了意识，人就具有了一种解释自己记忆中的过去、解释将要参与的未来和解释自己所遭遇的世界的结构"①。公民概念集中呈现了现代人的一种特定的角色存在。角色就是由主体间的相互作用规定的人们在特定的社会关系和社会结构中的地位、功能和义务，它是个体社会性和社会化的一种方式。只要人类存在，就有角色存在，就有个体的角色化问题。个体的角色化过程就是个人的社会化过程，个人通过角色进入社会。每一个人以其在社会结构网络中的具体位置而获得其角色的具体规定性。这种规定性作为一种角色要求，对于个人来说是先在的，它表达的不过是为了完成社会作为一个整体所要求的某种特定功能，是社会对于其成员的要求。个体可以一定程度地选择自己的角色位置，但他无法选择角色要求。所以，黑格尔指出："一个人必须做些什么，应该尽些什么义务，才能成为有德的人，这在伦理性的共同体中是容易谈出的：他只需做在他的环境中所已指出的、明确的和他所熟知的事情就行了。"②马克思强调："作为确定的人，现实的人，你就有规定，就有使命，就有任务。"③一个人在社会生活中如何选择自己的行为、评价活动结果，最直接最有效的根据就是做好自己作为社会角色所应当做的，在角色认同中培育角色美德，通过角色美德强化角色认同。

　　公民意识反映公民存在，是公民存在及其特性的观念形态。这种观念形态不是零散的、经验的，而是整体的、理念的，是对公民存在的理

------

① ［美］A.马塞勒等：《文化与自我》，任鹰等译，浙江人民出版社1988年版，第82页。

② ［德］黑格尔：《法哲学原理》，范扬、张企泰译，商务印书馆1961年版，第168页。

③ 《马克思恩格斯全集》第3卷，人民出版社1960年版，第329页。

论掌握。马克思说：

> 整体，当它在头脑中作为思想整体而出现时，是思维着的头脑的产物，这个头脑用它所专有的方式掌握世界，而这种方式是不同于对于世界的艺术精神的，宗教精神的，实践精神的掌握的。①

公民意识是一个人作为公民对自己的公民存在方式及其意义的自觉认知，对公民权利和义务及其实现方式的自觉理解，以及对于民主、自由、平等、正义等现代公民价值理念的自觉认同。

（二）公民身份的自我认同

个体身份认同，是现代人面临的重大生存问题之一。英国社会学家安东尼·吉登斯（1938— ）认为，现代人常常处于一种"本体性焦虑"或"存在性焦虑（existential anxieties）"状态。这种焦虑实际上也就是人对"我是谁""我从哪里来""我往何处"等问题的焦虑，也是人对自我的不确定性或非同一性的焦虑。这样的焦虑不仅存在于现代人的身上，在前现代社会尤其是少数智者那里也存在，但那时身份焦虑还没有成为一个普遍的社会性问题。而对于现代社会的大多数人来说，这种焦虑就是普遍存在的社会性问题。现代人的身份、角色、地位、任务、使命、职责等，都是由社会结构赋予的，个体自我与社会结构完全同一，个体的身份明确并且相对固定，个体的行为受传统和习惯的支配和导向。因此，在现代社会之前，"人们并不谈论

---

① 《马克思恩格斯文集》第 2 卷，人民出版社 2009 年版，第 25 页。

‘同一性’和‘认同’，并不是人们没有（我们称为的）同一性，也不是由于同一性不依赖于认同，而是由于那时它们根本不成问题，不必如此小题大做"①。然而，现代社会及其结构有着复杂多变的特征。一方面，自我同一性和自我认同成为一种普遍性的个人要求。宗法性或宗教性的控制力大大减弱甚至被摧毁，人们普遍追求自由、平等、尊严等观念，人们对自身的存在，以及存在的价值和意义格外关注。另一方面，个体的不确定性和异化倾向明显增大。现代社会及其组织结构在其演进中增加了更多的不确定性和不稳定性，个体在社会变化进程中的异化倾向更为明显。在我国，"农民""工人""市民""公民""国民""人民""老百姓"等，是国人用以识别和确认自己社会身份的一些不同符号。但是，这些不同符号所内蕴的意旨，存在着交叉、重叠甚至冲突，这导致国人在面对这些不同符号时，常常产生身份焦虑。

与传统社会相比较，现代人在精神生活与物质生活、整体利益与个体利益、社会价值与自我价值、义务与权利、贡献与索取等问题之间遭遇的矛盾和冲突明显更加激烈和尖锐。在这种情形下出现的认同危机，往往是围绕着个体与"自我"本身的关系和个体与"他者"（他人和社会）的关系两个方面展开的，是个体的"一种严重的无方向感的形式，人们常用不知他们是谁来表达它"②。可以说，认同危机是个体对自我不确定性的疑虑，是个体对自我身份感丧失、价值感衰落和归属感迷失的焦虑。这样的疑虑和焦虑促使个体强烈地要求自我认同，从而使个体认同成为更加普遍的社会性需求。从这个层面来看，认同（identity）是一个反思性的自我意识概念，是对"我是谁""我在哪里"等问题的反思

---

① ［加］查尔斯·泰勒：《现代性之隐忧》，程炼译，中央编译出版社2001年版，第55页。

② ［加］查尔斯·泰勒：《自我的根源——现代认同的形成》，韩震等译，译林出版社2001年版，第37页。

性理解。就个体而言，认同是个人社会行为的持久动力，是个人对自我的社会角色或身份得到理性确认的目标和愿望。安东尼·吉登斯的"自我认同"概念就属于这个层面，它指"个体依据个人的经历所反思性地理解到的自我"①。

一般地说，公民身份就是个体在政治共同体中所承担或扮演的角色，是个体在政治共同体中的成员地位。公民身份概念虽然早在古希腊罗马时代就已出现，但在那时公民是一个极具差别性、排斥性或不平等性的概念，它意味着阶层本身的特权和阶层之间的排斥，为富裕的精英所拥有。在古希腊城邦社会，公民身份并不赋予全体居民，妇女、奴隶、农奴、边区居民、外邦人等都不具有公民身份。在那时，人的身份是由血缘关系或共同血统决定的，身份是等级的标志和不平等的尺度，不存在对所有人来说都一样的、由其作为国家成员所拥有的社会身份。只是随着资产阶级政治革命的兴起，随着现代国家的出现，随着市场化、民主化、法治化、城市化进程的推进，公民身份才日益成为一切社会成员所拥有的社会身份。

公民身份制度历史久远，其中所蕴含的共性也体现在公民意识中，并使不同历史时期的公民意识呈现出一些共同要素和基本规定。② 首先，公民意识超越了个体因血缘联结而产生的对家庭和亲属的归属，将认同对象指向更大的共同体，在古希腊时期是城邦，在古罗马帝国时期是罗马帝国，在中世纪是城市，而在现代则是民族国家，这种认同感和归属感是联结公民情感的牢固纽带。其次，公民身份制度一般按照社会成员对政治共同体的贡献赋予公民资格，

---

① ［德］安东尼·吉登斯：《现代性与自我认同》，赵旭东等译，生活·读书·新知三联书店 1998 年版，第 275 页。

② 章秀英：《公民意识评价与培育机制》，中国社会科学出版社 2012 年版，第 277—278 页。

并享受荣誉、权利和较高社会地位，以获得成员的忠诚和承诺。公
民意识体现着公民对共同体成员应享受的权利和履行的义务的自觉
认同。最后，公民身份涉及的是"个体—公民—国家"的关系，包
含着公共善和私人善内容，不同性质的国家制度对两者的界限存在
不同的理解和界定。而公民身份制度所体现的历史也是一部抗争史，
是公共善与私人善不断斗争、公共善不断缩小领域而私人善不断扩
大领域的历史。

　　对于现代个人来说，公民身份是最重要的社会身份。在现代社会，
公民概念成为一个具有普适性意义的主体概念，凸显了个体的自主与独
立。"公民"呈现的是人的政治属性，是现代政治赋予人的一种社会身
份特性。现代公民身份概念是表示个人在国家中的正式成员资格，表明
个体在国家中拥有的"正式成员"身份，以及由这种正式成员身份而带
来的权利义务、情感认同等。公民身份概念包括国籍、权利、义务、德
性、行动实践、统治阶级的策略等要素，国籍是公民身份的最基本要
素；权利、义务的统一表明公民身份既是个体与国家之间的联系纽带，
又呈现个体与国家之间的契约关系；公民德性是现代社会最重要的黏合
剂，公民身份是动态的和变动的，公民身份是统治阶级进行政治控制的
一种策略。由此可确认公民身份的基本内涵，个体在国家的正式成员资
格构成了公民身份的来源，成员资格（国籍）因此构成了公民身份的第
一层含义。个体在政治共同体中的政治成员资格衍生出公民身份的第二
层含义，体现在权利、义务、认同、德性等方面。前两个要素体现了公
民身份的制度性内涵，后两个要素则体现了公民身份的心理内涵。行动
则构成了公民身份核心内涵的第三层含义。[①] 在现代社会，公民身份是
由国家赋予个体的。"公民身份"意味着，国家对个体以及个体相互间

_____

　　① 郭忠华：《公民身份的核心问题》，中央编译出版社 2016 年版，第 21—33、58 页。

的经济地位、政治地位、文化地位的平等性确认，意味着个体获得了平等的权利。

公民意识是一种公民身份认同意识，是一个人对于自己作为国家"正式成员"的角色及其价值的自觉理解、把握和认同，对公民身份及其内在价值的了解和认定，对自己在国家中的政治、法律地位的认识和对公民与国家、公民与其他公民之间关系的认识和认同。

（三）公民行动的实践智慧

行动或实践，是公民身份的核心要素之一。公民身份既是一种静态的身份和制度，也是一种动态的行动和实践。没有前者，公民身份便失去了它的相对稳定性，成为不可捉摸的东西；没有后者，公民身份则成为无源之水、无本之木。按照公民身份行为的观点，谁是公民、谁不是公民，关键不是取决于他是否已取得公民身份，而是取决于他是否改变和创新了既有的公民身份制度。① 公民身份反映的是个体在政治共同体中的成员地位，富有行动和实践意蕴，呈现的是一种随个体与共同体的关系变迁而变化的行为方式和实践规范体系。从这个意义上说，公民意识是公民行动和实践的主观体现，是公民行动的实践智慧。

在思想史上，虽然学者们更多关注的是国籍、权利、义务、德性等公民身份的"静态"要素，但传统的实践哲学却孕育着丰富的与公民身份的行动和实践意蕴相关联的思想。在西方思想史上，亚里士多德首次建构了实践哲学理论。他把人类的知识经验分为三类：理论的知识经验（又称作理论的智慧）、实践的知识经验（又称作实践的智慧）

---

① 郭忠华：《公民身份的核心问题》，中央编译出版社2016年版，第30—31页。

和制作的知识经验（又称作制作的智慧）。他认为，实践并不指向人类所有的行为，而主要涉及经济、伦理和政治等活动，因此，实践智慧处理的是与善恶有关的人的活动目的与方式。亚里士多德的实践哲学凸显了人的以自身为目的、自主选择的行为或活动领域。在亚里士多德观点的基础上，康德认为，实践智慧就是实践理性，其涉及的领域主要在道德和政治领域。在康德看来，实践理性就是纯粹理性的意志功能，它是按照对于规律的观念、按照理性自身的法则而自己决定自己的行动的理性能力。如果人类理性只有理论理性的功能，那么它仍然不过是自然存在物，因为它不可能超越自然的限制而具有自由的品格。人类理性的实践运用真正体现了人之为人，人不同于一切自然存在物的价值和尊严。实践理性涉及的是"我应该做什么"的问题。人之所以为人，人的尊严、价值和人格，不取决于我们知道什么，而取决于我们应该做什么以及怎样去做，取决于我们的意志自由和道德完善的程度。在康德看来，人为自然立法（知识），是人类理性的基本目的；人为自由立法（道德），则是人类理性的最高目的。人不同于动物，只知服从规律；人也不同于神，只知颁布规律。人是自己服从自己颁布的规律。实践理性使人获得了自由，也获得了做人的尊严和价值，并具有了真正的人格。

　　进入20世纪，阿伦特的"行动"思想、罗伯特·帕特南(1941—　)的"社会资本"理论等，更明显地呈现了一种行动和实践意义的公民身份理论和公民意识学说。阿伦特把人的活动区分为劳动、工作和行动，分别对应人与自然、人与文明和人与人之间的关系。她认为，劳动(labor)是与人的身体生物过程相应的活动，是一种维持人的生命的动物化活动。劳动是为了维持人的生命，满足消费和繁殖的生理需要。所以，在劳动中，人并未摆脱其动物性的自然存在，劳动属于私人领域。工作(work 也可译为"生产""制作""制造"等)，主要指人的技艺性的制作活动，工作遵循手段、目的方式和意识，是一种非自然的活动，它改造和利用自然，进行生产，建立和维持一个人们居于其中、有别于自然世界的人工世界。人通过劳动所制作出来的东西具有一定的持久性，既可以用来消费，又可以加以储存避免损耗。但是，人在工作中面对的依然只是物的世界，而不是人的世界。人与他人的交往、人的社会关系的生产往往受到个体工作能力的限制，这是普遍存在的，也是偶然有限的，只是人的生产活动，而不能算是人的政治活动。行动 (action) 才是真正的政治活动，是唯一不需要借助任何中介所进行的人的活动，是人类群体中的交往活动。行动的人所面对的，是与他一样摆脱了物役的自由个体。行动展现人的特性与人的平等，彰显行动者的身份，实现人的自由，并由此赋予人的生存的意义。

20 世纪 80 年代，罗伯特·帕特南从人际互动关系和社会行动结构对经济活动影响的角度出发，明确提出了与物质资本、人力资本相对应的一个崭新的理论概念——社会资本。随后，"社会资本"成为一个被经济学、社会学、人类学、政治学等多学科所普遍言谈和广泛运用的跨学科概念。在跨学科意义上，"社会资本是关于互动模式的共享知识、理解、规范、规则和期望，个人组成的群体利用这种模式来完成经常性活动"①。这就是说，社会资本是指人与人之间、人与组织之间、组织与组织之间，在长期交往和互利合作中所形成的一系列认同关系，以及由这些认同关系所衍生出来的历史传统、社会规范、价值理念、理想信仰和行为范式等，这种认同关系及其衍生物可以视为一种社会资源，它们有利于社会成员之间的有效合作和互利性协作行动。罗伯特·帕特南在

---

① 曹荣湘选编：《走出囚徒困境——社会资本与制度分析》，上海三联书店 2003 年版，第 27 页。

其代表作《使民主运转起来》中对意大利不同行政区进行了研究，他发现，公民意识较高、社会资本较发达的地方，人们推崇团结、公民行动和社会整合，他们彼此信任对方，办事公正，并遵守法律；而在"没有公民精神"或"无公民心"的地方，公共事务则被看成是"老板"或"政治家"的事，而不是自己的事。

三、公民意识的文明意义

一般地说，文明是人类摆脱蒙昧和野蛮的一种存在状态，是人类所创造的物质财富和精神财富的总和。文明能够增强人的认知能力和精神追求，涵盖物质、精神、行为、制度、生态等多个层面，因而有物质文明、精神文明、行为文明、制度文明、生态文明等。

就政治文明发展而言，公民意识是社会主义民主政治建设的观念先导。国家作为明确的政治主体出现时，表示权力、掌握权力的人或把权力作为自己的工具使用的统治机构，不包括被统治者。在不同社会形态，社会治理的模式必然不同。在农业社会，统治型社会治理模式形成的是"权威—依附—服从"的权力机制；在工业社会，管理型社会治理模式形成的是"契约—协作—纪律"的法律机制；在后工业社会，多中心治理运作构建的是"服务—信任—商谈"的伦理机制。①"统治使人最终走向孤独，成为'寡人'；管理使人变得寂寞，使他与他人之间的沟通在情感方面完全丧失，人与人之间除了例行的程序性的机械应答之外，被隔离的如此之远，人与人之间的距离达到遥不可见、互不相识的

---

① 孔繁斌：《公共性的再生产——多中心治理的合作机制建构》，江苏人民出版社2008年版，第10、117页。

极端。只有合作的相互服务才会使人们之间密切地联系起来，使人与人之间实现心灵的沟通和相互印证。"① 现代政治是民主政治，民主政治的运作需要全体公民积极主动的参与。公民意识是民主政治确立和发展的思想先导，是民主政治和法治国家建设的心理基础和社会文化基础。对于民主化以及保障稳定的民主制度来说，除了政治、经济、社会制度的作用以外，一种微妙而复杂的价值、态度以及技能等，都具有重要作用。美国学者加布里埃尔·A.阿尔蒙德和西德尼·维巴在《公民文化》一书中，着力研究了人的价值、态度以及技能等在民主政治中的地位和作用。他们认为，"政治文化"是"被内化于该社会成员的认知、情感和评价之中的政治体系"，政治认知包括人们对政府重要性的看法、了解和接触政治及公共事务的程度、对政治信息的掌握以及是否愿意对政治问题做出选择或表达自己的看法等；政治情感包括体系感情即国家自豪感、输出感情即人们对受到政府对待方式所抱有的预期以及输入感情即人们对公共选举机构和公共政策制定的感情。

> 在一个国家中，感情状态或政治情绪也许是对政治体系合法性最重要的测试。它也是政治疏离与政治热情的最重要衡量标准。②

对政治活动和政治体系的认知、情感和评价等，是政治文化的基本要素，也是公民政治意识的重要内容。人民当家作主是社会主义民主政治的本质与核心。实现人民当家作主，一个重要方面是加强公民意识教育，使公民具有与当家作主要求相适应的思想和素质。在建设社会主义

---

① 张康之：《公共管理伦理学》，中国人民大学出版社 2003 年版，第 321 页。
② ［美］加布里埃尔·A. 阿尔蒙德、西德尼·维巴：《公民文化》，张明澍译，商务印书馆、人民出版社 2014 年版，第 13、65 页。

民主政治和法治国家中我国所遇到最大困难和问题之一，就是缺乏足够的合格的主体，即缺乏足够的合格的现代公民。进入 21 世纪以来，我国公民参与公共事务的愿望和要求日益增强。党的十七大报告明确提出，扩大公民有序政治参与。公民意识是公民有序政治参与的主体要件。

就经济文明发展而言，公民意识是社会主义市场经济发展的观念支撑。经济实力是当代综合国力最重要的构成要素。当前，经济的竞争成为国际社会中综合国力竞争的中心内容。经济实力的提升，有赖于公民经济意识的健全和完善。20 世纪 90 年代，英国与荷兰的两位学者查尔斯·汉普登 - 特纳和阿尔方斯·特龙佩纳斯合著《国家竞争力——创造财富的价值体系》一书，通过对美国、英国、瑞典、法国、日本、荷兰和德国七个资本主义国家经济发展的考察和分析，指出这七个国家的经济发展有相似之处，但彼此也存在很大差异，造成这种差异的最深刻的根源是七个国家在文化上的差异。他们指出：

> 国家文化的来源则是该社会深层的信念结构，这些信念结构是规范一个社会经济活动的根本力量。社会的文化偏好或价值观，是国家认同的基石，也是一国经济力量或弱点的根源。①

市场经济的发展需要良好有序的市场秩序与环境，需要市场主体公平竞争、诚信无欺，要求市场主体具有自由的意志，要求个体以一种平等的身份和资格参与社会经济生活。这是现代公民增强自主意识和平等

---

① ［美］查尔斯·汉普登 - 特纳等：《国家竞争力——创造财富的价值体系》，徐联恩译，海南出版社 1997 年版，第 6 页。

观念的必然体现，这就要求培育公民的自律意识、公德意识和法治精神。公民意识通过肯定人的主体性而满足了市场经济对于市场主体独立性的要求，通过契约精神的彰显而有助于市场经济中契约关系的确立，通过法治意识的弘扬而保证了市场经济的规范运行。

就精神文明发展而言，公民意识是社会主义先进文化建设的观念内核。精神是文明的魂，文明集中表现为人类精神的进步和提升。日本近代著名启蒙思想家、教育家福泽谕吉（1835—1901）在其《文明论概论》中指出，文明论是探讨人类精神发展的理论，因此可称为精神发展论。他把文明分为"外在的事物"与"内在的精神"两个层面，认为"内在的精神"是文明的本质规定；而在"内在的精神"中，智德是决定性的，"文明就是人类智德进步的状态"①。在 20 世纪 80 年代，我国把文明分为物质文明与精神文明，在表述国家发展战略目标时，用"富强"指称"物质文明"，重在强调社会物质生产的进步和人民物质生活的改善；而"文明"一般被用于指称"精神文明"，重在强调社会教育、科学文化的发达和人民思想道德水平的提高。公民意识是人的观念现代化的重要标志。公民意识不仅使现代人更加崇尚自由、平等、民主等人文理性，而且还培养了现代人对于公共性价值的热切关注和深刻体会。

就社会文明发展而言，公民意识是社会主义社会治理的观念动力。就其动力而言，社会主义社会治理有赖于德才兼备的合格公民的不断涌现。公民意识的强弱，是合格公民的最重要标志之一。现代社会治理需要公民加强自我管理、自我约束、自我教育、自我服务。社会管理归根到底是对人的管理和服务，对人的管理主要是对人行为的管理和对人心的管理。对人行为的管理是"由外而内"对社会成员进行管理，即依靠

---

① ［日］福泽谕吉：《文明论概论》，北京编译社译，商务印书馆 1960 年版，第45 页。

法律制度的强制力量，通过奖励和惩罚的手段，改变行为的成本和收益，从而影响人们行为的内在价值和意愿。对人心的管理就是"由内而外"对社会成员进行管理，即通过道德教化引导和塑造人们的内在价值和思想观念，从而指导和规范人们的外在行为。最好的社会管理应该是人心管理与行为管理相互配合、相互补充，人心管理是行为管理的内在基础，行为管理则是人心管理的外在保障，二者缺一不可。①加强公民意识教育，是管理人心的主要途径之一。增强自主、自觉、自律、自为的公民意识，是加强社会管理、维护社会稳定、构建和谐社会的基石。社会生活本质上是公共生活，需要公共意识来支撑。但是，在现代社会生活中，私人性、多元化等现象也日益凸显。个人利益至上、极端个人主义、不断膨胀的"自我中心主义"等，使人与人之间相互隔离、冷漠甚至敌视。利益追求、生活方式、思想观念等多元化，加剧了社会关系的紧张、矛盾和冲突，削弱了共识形成的条件。公民对公共事务和公共利益漠不关心，缺乏参加公共生活的动力，公共意识面临沦丧的危险。从社会学意义上说，我国目前正处于从传统身份社会向现代法理社会的转型期。身份社会是一种熟人社会，在这种社会，个体意识建立在血缘、家族、地域、单位等基础之上，同情、怜悯、友爱、关怀、忠诚、服从、奉献等是这种社会中个体意识的基本价值取向。在法理社会，人员流动频繁，利益分化剧烈，人们需要经常与陌生人打交道。这种社会的个体意识建立在其成员对自身合理利益的明确意识以及对他人和社会合理利益的承认与尊重的基础之上，注重权利和义务对等的公民意识就成为这种社会的个体意识的基本形式，自由、公正、平等、自立、自尊、自强、共生等，也相应地成为公民意识的基本价值取向。

就生态文明发展而言，公民生态意识是社会主义生态文明建设的观

---

① 李强、胡宝荣：《人心管理：社会管理的重中之重》，《河北学刊》2012年第5期。

念助力。2007 年 10 月，党的十七大报告首次提出要在全社会牢固树立生态文明观念，并将"建设生态文明"作为实现全面建设小康社会奋斗目标的新要求之一。建设生态文明，就是要建设以资源环境承载力为基础、以自然规律为准则、以可持续发展为目标的资源节约型、环境友好型社会。十八大以来，提出创新、协调、绿色、开放、共享的新发展理念，强调绿色是永续发展的必要条件和人民对美好生活追求的重要体现。十九大报告提出建设"美丽中国"，进一步推进绿色发展。绿色发展就是要解决好人与自然和谐共生问题。树立绿色发展理念，就必须坚持节约资源和保护环境的基本国策，坚持可持续发展，坚定走生产发展、生活富裕、生态良好的文明发展道路，加快建设资源节约型、环境友好型社会，形成人与自然和谐发展现代化建设新格局，推进美丽中国建设，为全球生态安全作出新贡献。人是生态文明的主体，生态文明是由人主导和建设的文明，本质上体现的是人的文明。加强公民生态意识教育，是生态文明建设的主体条件，更是公民完善自我、提升自我和实现自我价值的重要环节。

四、国家软实力的内源性要素

美国学者约瑟夫·奈（1937— ）把一个国家的综合实力分为"硬实力"与"软实力"。硬实力即通过有形的、强制性手段来影响他人（他国）的能力，包括国土扩张力、军事威慑力、科技支撑力、经济发展力等；软实力即通过非强制性手段来影响他人（他国）的能力，包括文化感召力、价值观吸引力、道德影响力、意识形态控制力等。软实力"通常与某些无形资产联系在一起，比如富有魅力的人格、文化、政治价值观和制度，以及那些在他人眼里具有合法性和道德权威的政策等等"①。

就对综合国力的贡献来讲，"硬国力"是基础，而"软国力"则决定"硬国力"的有效发挥程度。因此，"软国力"和"硬国力"对综合国力的影响是不一样的。但是，"软国力"与"硬国力"二者相互关联、相互依存、相互制约和相互促进，具有很强的互补性。习近平指出："实现我们的发展目标，不仅要在物质上强大起来，而且要在精神上强大起来。"② 在社会主义建设进程中，发展物质力量的同时应搞好精神力量的建设，两者缺一不可。习近平强调：

> 只有物质文明建设和精神文明建设都搞好，国家物质力量和精神力量都增强，全国各族人民物质生活和精神生活都改善，中国特色社会主义事业才能顺利向前推进。③

"硬国力"是综合国力的物质基础，"软国力"作用的发挥需要"硬国力"作为载体。但如果忽视增强和发展"软国力"，"硬国力"也很难持续发展。事实上，许多物质产品都负载着丰厚的文化内涵，传达着丰富的文化信息，并在使用中展现其精神效用。

"软国力"在综合国力中的地位日益提高，对综合国力的影响日益增强。约瑟夫·奈强调，经济、军事和软实力这三种力量相互关联，随着信息革命所引发的经济社会的进一步发展，"软实力"的地位在这三者中将会越来越突出。当前，随着世界多极化、经济全球化、文化多样化、社会信息化的拓展，国际关系及其未来走向的"不确定性"日益增加。面对这样的"不确定性"，除了传统、现实的国际政治外交活动外，

---

① [美]约瑟夫·奈：《软实力》，马娟娟译，中信出版社 2013 年版，第 9 页。

② 《习近平谈治国理政》，外文出版社 2014 年版，第 46 页。

③ 《习近平谈治国理政》，外文出版社 2014 年版，第 153 页。

国际上试图解决"不确定性"的各种描述、分析、预测和设计现在及未来国际关系与秩序的主义、理论和思潮也应运而生。这些主义、理论和思潮主要来自 20 世纪 90 年代以来的西方，如美国学者塞缪尔·亨廷顿（1927—2008）的"文明冲突论"和弗朗西斯·福山（1952— ）的"历史终结论"、英国前首相托尼·布莱尔（1953— ）的"第三条道路"等等。

文化"软实力"已经成为综合国力的重要内容。美国等西方国家为建立维护其利益和主导地位的"世界新秩序"，不断加大在全球范围内推行西方思想、文化价值观、制度规则等的力度，而经济全球化和信息技术的发展则加剧了西方思想文化价值观的广泛传播和渗透，以及西方长期主导的一些重大国际制度规则的强制推行。20 世纪 80 年代，日本前首相中曾根曾提出"建立文化发达国家"的战略构想，力图把日本建成世界性的文化基地。1992 年 9 月，美国前总统布什在《美国复兴日程》计划中也强调，我们的政治和经济联系由于美国文化对全世界的吸引力而得到补充。这是一种新的我们可以利用的软力量。法国高度注重文化战略，期望增强欧洲自身的文化凝聚力，前总统希拉克提出了"文化欧洲"的构想，以期建立欧洲文化共同体。2000 年初，时任俄罗斯代总统的普京着手实施"文化扩张"战略，确定了俄罗斯的对外文化政策。美国学者约瑟夫·奈在《美国定能领导世界吗?》一书中谈到软力量的作用时明确指出，经济实力与国力的其他形式一样，不能简单地用有形资源来衡量，值得考虑的问题是国力的另一面。约瑟夫·奈认为，一个国家的文化和意识形态具有吸引力，那么，别的国家就会争相效仿。

作为一种意识形态，公民意识是"软国力"的重要构成要素，而且是一种带基础性和全局性的国力要素。政治文明是一个国家软实力的重要内容。政治文明标志人类政治生活的进步状态，是社会文明的重要组成部分。人的思维方式和行为方式是决定政治模式的最为直接的因素。

一如前述，公民意识是标志社会主义政治文明发展水平的重要内容，也是推动社会主义政治文明的源动力。意识形态是政治文明的内核。意识形态反映一个社会中特定群体或集团的利益和价值追求，为特定群体或集团的行为提供合理性、合法性根据，规范和约束社会成员的言行。意识形态往往与特定的政治权力相结合。一个社会的统治阶级凭借政治权力把自己的意识形态或有利于维护自己统治的其他意识形态推向全社会，使这种意识形态获得最大多数社会成员的理解、认同和信仰。核心价值观是意识形态和国家文化软实力的灵魂。习近平指出：

> 核心价值观是文化软实力的灵魂、文化软实力建设的重点。这是决定文化性质和方向的最深层次要素。一个国家的文化软实力，从根本上说，取决于其核心价值观的生命力、凝聚力、感召力。[1]

因此，我们必须"提高国家文化软实力，要努力传播当代中国价值观念"[2]。自由平等、民主法治、公平正义等，是社会主义公民意识的基本价值理念。

国民综合素质是国家软实力的重要内容，也是国家软实力的主体标志。人类社会发展的历史表明，任何一个民族的发展、国家的腾飞，不仅取决于国家经济发展势头的良好，而且取决于国民综合素质的提高。国民综合素质包括很多方面内容，主要包括思想道德素质、科学文化素质、身体素质和心理素质等。现代观念的养成，是国民素质提高的重要标志。独立、自主、宽容、平等、民主、法治、人权、责任等，都是国

---

① 《习近平谈治国理政》，外文出版社 2014 年版，第 163 页。

② 《习近平谈治国理政》，外文出版社 2014 年版，第 161 页。

民现代观念的重要因素。从人的现代化意义上说，公民意识是一国国民综合素质的核心要素之一。

五、中国精神的现代性特质

2013 年 3 月 17 日，习近平在十二届全国人大一次会议闭幕会上的讲话中明确指出：

> 实现中国梦必须弘扬中国精神。这就是以爱国主义为核心的民族精神，以改革创新为核心的时代精神。这种精神是凝心聚力的兴国之魂、强国之魄。爱国主义始终是把中华民族坚强团结在一起的精神力量，改革创新始终是鞭策我们在改革开放中与时俱进的精神力量。全国各族人民一定要弘扬伟大的民族精神和时代精神，不断增强团结一心的精神纽带、自强不息的精神动力，永远朝气蓬勃迈向未来。①

中国梦的实现，需要走中国特色社会主义道路，需要弘扬以民族精神、时代精神为核心的中国精神，需要凝聚中华儿女变革中国、富强中国的中国力量。中国道路、中国精神、中国力量是实现中国梦的三大要素和三大战略。"中国精神"作为一个确定的概念和理念，有其特定的内涵外延和思想特质。我们今天所说的中国精神，是实现"中国梦"的中国精神。我们要从实现"中国梦"的中国道路、中国精神、中国力量相统一的语境中，理解中国精神及其思想特质。中国精神是国家软实力

---

① 《十八大以来重要文献选编》（上），中央文献出版社 2014 年版，第 235 页。

的核心要素之一，也是国家形象的重要标志之一。

从主体存在形态来说，精神是个体、群体和类的统一。黑格尔认为，精神首先是个体化的和切己的，是个人存在的深层本质。"精神的最初的和最简单的规定就是：精神是自我。"① 一个人有了一种精神，他才真正拥有一个"自我"，他才会成为一个主体。但在黑格尔看来，个人精神必须超越自身而进入人与人的关系，归于团体精神，方可实现其现实性、真实性和自由性。黑格尔认为，"精神"在其历史发展过程中经历了意识、自我意识、理性、精神、宗教、绝对知识六个阶段。在《精神现象学》中，黑格尔描述了精神演进的历程，即从意识、自我意识和理性等主观精神，走向道德、伦理、法等客观精神，最后达致宗教、绝对知识等绝对精神，绝对精神是主观精神和客观精神的统一。"精神的整个发展过程无非是它自己本身提高为真理的过程。"② 真理是大全，是普遍性，精神的真理呈现于民族、国家、社会组织等团体中。团体精神是个人精神的真理，是个人精神的依托和归宿。

中国精神既是一种国家精神，也是一种民族精神，更是一种中国人精神。作为一种国家精神，中国精神显示一个国家的精神特质和国家形象。中国是社会主义国家，社会主义是中国国家的根本性质。富强、民主、文明、和谐是社会主义核心价值观在国家层面的价值取向，它反映了社会主义的价值取向，呈现了中国作为社会主义国家所特有的精神气质。作为一种民族精神，中国精神是中华民族共同创造、相互依托、代代传承的文化精神、价值观念的总和。习近平指出：

　　为什么中华民族能够在几千年的历史长河中生生不息、薪

---

① ［德］黑格尔：《精神哲学》，杨祖陶译，人民出版社2006年版，第14页。
② ［德］黑格尔：《精神哲学》，杨祖陶译，人民出版社2006年版，第8页。

火相传、顽强发展呢？很重要的一个原因就是中华民族有一脉相承的精神追求、精神特质、精神脉络。①

民族精神是中国精神的根基，民族精神形塑了中国精神的民族特质。民族精神是在一定历史发展进程中孕育、形成和演进的，与一定文化传统的发生、发展息息相关，是一个民族文化传统的精神支柱与守护神，民族精神有其历史传统基础和历史形式。中华民族精神在中华文明的跃迁中不断发展、丰富和提升。中国精神更是一种中国人精神，显示中国人的精神特质和人格理想。习近平指出：

我们生而为中国人，最根本的是我们有中国人的独特精神世界。②

中国精神不是一种静止的、既定的存在样态，而是历史的和发展的，需要不断建构。1840 年鸦片战争后，当时不少国人只愿意承认中国落后于西方的仅是"器物"，即"硬文化"，而认为中国在"道"即"软文化"方面则是西方人望尘莫及的，因而提出"师夷长技以制夷"的主张。后来的"中体西用"渊源于此，各种分歧只在于各方侧重点的不同。冯桂芬、王韬、郑观应等侧重于学习"长技"的"西用"方面，张之洞、李鸿章、曾国藩等侧重于维护伦常名教的"中学"方面。于是，"西方物质—中国精神"成为许多人进行中西文化对比的范式，他们力图用中国的"精神文明"批判和消解西方的"物质文明"。辜鸿铭（1857—1928）在《中国人的精神》（1915）中强调，中国人

---

① 《十八大以来重要文献选编》（中），中央文献出版社 2016 年版，第 133 页。
② 《十八大以来重要文献选编》（中），中央文献出版社 2016 年版，第 5 页。

的精神是心灵与理智完美结合的产物，要从中国文明中找到解决战后欧洲文明困境的钥匙。辜鸿铭认为，真正的文明的标志是有正确的人生哲学。由此衡量，欧洲由于没有正确的人生哲学，而没有真正的文明，中国因有正确的人生哲学而拥有真正的文明。西洋文明还是一个正在建筑当中而未成形的屋子，东洋文明则是一种建成的屋子，是一种成熟了的文明。

严复较早提出"道器统一"主张，强调对西方的"硬文化"和"软文化"都要学习，开启了自觉重构中国人精神世界的历史进程。新文化运动以后，鲁迅、陈独秀、李大钊、瞿秋白、胡适等反对和批判"西方物质—中国精神"范式。1918 年，李大钊（1889—1927）在《东西文明根本之异点》一文附录中批评辜鸿铭的观点。他说："吾人对于欧人之注意辜说，惟当引以自愧，切不可视为'惊动欧人之名论'以自荣"。"吾人所当努力者，惟在如何以吸收西洋文明之长，以济吾东洋文明之穷。"①1921 年，鲁迅（1881—1936）在《阿 Q 正传》中通过描述所谓"精神胜利法"，批判了中国精神文明优胜的文化心态。鲁迅说，阿 Q"是永远得意的：这或者也是中国精神文明冠于全球的一个证据了"②。在对中国精神的思考、探索和重塑中，思想家们常常把特定的现代价值元素作为中国精神的根本，如严复提出"民力、民智、民德"，梁启超强调"公德、自由、自治、自尊、进步、毅力、尚武、进取、冒险、权利、义务"等，孙中山提出"民族、民权、民生"，新文化倡导者强调"自由和个性"，"五四"健将强调"爱国、进步、民主、科学"，等等。历史地看，近现代思想家对中国精神的思考和探索，是与公民意识教育在我国的积极展开和推进相一致的。

---

① 《李大钊全集》第二卷，人民出版社 2006 年版，第 219 页。
② 《鲁迅全集》第一卷，人民文学出版社 2005 年版，第 524 页。

1904年2月，梁启超在《新大陆游记》中指出中国人的优缺点，优点包括爱乡心甚盛、不肯同化于外人、义侠颇重、冒险耐苦、勤、俭、信等，缺点包括无政治能力、保守心太重、无高尚之目的、有族民资格而无市民资格、有村落思想而无国家思想、只能受专制不能享自由等。梁启超赞美美国美好繁荣的一面，认为西方精神以"好美心""社会之名誉心"和"宗教之未来观念"三者为根本，认为这些精神是中国人所最缺乏的。①1915年9月15日，陈独秀（1879—1942）在《敬告青年》一文中提出"新青年"的六大特质：自主的而非奴隶的，进步的而非保守的，进取的而非退隐的，世界的而非锁国的，实利的而非虚文的，科学的而非想象的。②陶行知认为，自由、平等、民胞，是共和的三大信条，是"共和之精神"。③1919年7月，陶行知在《新教育》一文中提出要造就"自主、自立、自动的共和国民"，培养中国学生的现代精神，即"用科学的精神在事上去求学问，用美术的精神在事上去谋改善，用大丈夫的精神在事上去锻炼应变"。④晏阳初强调：

> 平民的公民教育，其最大最要的目的有二：（一）在一切社会的基础上，培养民众的团结力、公共心，期望受过平民教育的人，无论处任何团体，皆能努力为一个忠实而有效率的分子；（二）在人类普遍固有的良心上，发达民众的判断力、正义心，期望受过平民教育的人，无论对何种事体，皆能有自决自信、公是公非的主张。这是必要的根本的精神。⑤

---

① 梁启超：《新大陆游记》，商务印书馆2014年版，第128、147页。
② 参见《陈独秀著作选编》第一卷，上海人民出版社2010年版，第158—163页。
③ 《陶行知教育文集》，四川教育出版社2007年版，第13页。
④ 《陶行知教育文集》，四川教育出版社2007年版，第111、49页。
⑤ 晏阳初：《平民教育概论》，高等教育出版社2010年版，第138页。

1920 年前后，李大钊（1889—1927）从中西文明比较角度，呈现了传统中国人的精神特质，即自然的、安息的、消极的、依赖的、苟安的、因袭的、保守的、直觉的、空想的、艺术的、精神的、为灵的、向天的、自然支配人间的等①。李大钊强调：

> 一切解放的基础，都在精神解放……解放运动的第一声，就是"精神解放！"……精神改造的运动，就是本着人道主义精神，宣传"互助"、"博爱"的道理，改造现代堕落的人心，使人人都把"人"的面目拿出来对他的同胞；把那占据的冲动，变为创造的冲动；把那残杀的生活，变为友爱的生活；把那侵夺的习惯，变为同劳的习惯；把那私营的心理，变为公善的心理。②

1935 年，林语堂（1895—1976）的《中国人》一书出版。在这本书中，林语堂从中国人的性格、心灵、生活、理想等方面，分析了中国人的精神特质。他概括了中国人的八种性格，即老成温厚、遇事忍耐、消极避世、超脱老猾、和平主义、知足常乐、幽默滑稽、因循守旧等；分析了中国人心灵的六个方面，即智力、女性化、缺乏科学、逻辑、直觉、想象等；指出了中国人社会头脑的缺乏、特权意识、等级意识等缺点。1949 年，梁漱溟提出要"认识老中国，建设新中国"。他认为，"老中国"的"民族精神"主要有两点，一是向上之心强，一是相与之情厚。同时，他也揭示了"老中国"的国民品性，即自私自利、勤俭、爱讲礼貌、和平文弱、知足自得、守旧、马虎、坚忍及残忍、韧性及弹性、圆熟老到等。对此，梁漱溟指出，要培养中国人的团体精神，这种团体精

---

① 《李大钊全集》第二卷，人民出版社 2006 年版，第 211—212 页。
② 《李大钊全集》第三卷，人民出版社 2006 年版，第 177、12 页。

神以公共观念、纪律习惯、组织能力、法制精神为基本元素。①

1949 年，毛泽东（1893—1976）指出：

> 自从中国人学会了马克思列宁主义以后，中国人在精神上
> 就由被动转入主动。②

马克思主义在中国的传播和发展是中国思想文化发展史上一场前所
未有的最广泛而深刻的精神启蒙和精神革命。作为一种现代社会的科学
理论，马克思主义蕴含丰富而深刻的现代精神，如唯物主义精神、实
践精神、辩证批判精神、主体精神、群众精神等。马克思主义进入中
国后，对自觉建构中国人的现代精神形态有着导向性和指导性的意义。
1922 年 5 月 23 日，陈独秀在《马克思的两大精神》一文中，把"实际
研究的精神"和"实际活动的精神"视为马克思的两大精神，并认为
"这两大精神都是中国人所最缺乏的"。③ 在中国革命、建设和改革开放
进程中，马克思主义与中国传统优秀文化，以及现代人类精神文明成果
有机结合，进一步塑造了中国人的现代精神。新民主主义革命时期，中
国共产党倡导和弘扬"彻底为人民服务"的张思德精神、"毫不利己专
门利人"的白求恩精神等。新中国建立初期，党和国家提出要培养爱祖
国、爱人民、爱劳动、爱科学和爱护公共财物的"五爱"公民。1955 年，
毛泽东在《〈中国农村的社会主义高潮〉按语选》中强调，集体主义是
社会主义精神。他写道：

> 反对自私自利的资本主义的自发倾向，提倡以集体利益和

---

① 《梁漱溟全集》第三卷，山东人民出版社 2005 年版，第 133、30—31、68 页。
② 《毛泽东选集》第四卷，人民出版社 1991 年版，第 1516 页。
③ 《陈独秀著作选编》第二卷，上海人民出版社 2010 年版，第 453—454 页。

个人利益相结合的原则为一切言论行动的标准的社会主义精神，是使分散的小农经济逐步地过渡到大规模合作化经济的思想的和政治的保证。①

世界各国和国际社会是通过中国人的言行来感受中国形象的。改革开放以来，中国作为一个世界大国在国际交往中的地位和作用越来越显现，越来越多的中国人开始有机会走出国门。自 2012 年起，中国连续多年成为世界第一大出境旅游消费国。根据国家旅游局的统计，2016 年中国公民出境旅游人数达到 1.3 亿人次。中国大陆旅客在欧美、日本、东南亚和我国台湾地区都很受欢迎，原因是他们的消费能力强，能够促进当地的消费和经济发展。在这个过程中，中国人一方面展示了自己的勤劳、坚韧、睿智、开放等形象特质，但另一方面也显示了围观、争先恐后、大声喧哗、赤膊、不爱惜公物、随地吐痰、随地乱丢纸屑等一些不文明的形象特质。加强公民意识教育，是提升中国人素质、塑造中国人良好形象的重要途径。改革开放初期，党和国家在全社会倡导"五讲四美三热爱"，提出要大力培养有理想、有道德、有文化、有纪律的社会主义"四有"新人。进入 21 世纪以来，党和国家一方面出台《公民道德建设实施纲要》，要求加强公民道德建设，大力倡导爱国守法、明礼诚信、团结友善、勤俭自强、敬业奉献的社会主义公民道德规范，大力增强公民的"自立意识、竞争意识、效率意识、民主法制意识和开拓创新精神"，积极培养公民"解放思想、实事求是，与时俱进、勇于创新，知难而进、一往无前，艰苦奋斗、务求实效，淡泊名利、无私奉献"的时代精神；另一方面强调加强公民意识教育，树立社会主义自由平等、民主法治、公平正义理念，培养社会主义的合格公民。公民意识

---

① 《毛泽东文集》第六卷，人民出版社 1999 年版，第 450 页。

是现代中国人精神的内核，现代中国人精神的重塑要以公民意识的培育和弘扬为前提和基础。

党的十八大报告所确认的"富强、民主、文明、和谐，自由、平等、公正、法治，爱国、敬业、诚信、友善"等社会主义核心价值观基本要素，也是社会主义公民意识的基本元素。这些元素同时呈现为一种精神样态，如民主精神、自由精神、法治精神、爱国精神等。这些精神元素既呈现和表征中国人的现代精神元素，又塑造和提升中国人的现代精神特质。社会主义核心价值观把涉及国家、社会和个人的价值取向融为一体，一如习近平所说：

> 富强、民主、文明、和谐是国家层面的价值要求，自由、平等、公正、法治是社会层面的价值要求，爱国、敬业、诚信、友善是公民层面的价值要求。这个概括，实际上回答了我们要建设什么样的国家、建设什么样的社会、培育什么样的公民的重大问题。①

党的十九大报告再一次确认，社会主义核心价值观是当代中国精神的集中体现，凝结着全体人民共同的价值追求。从这个意义上说，社会主义核心价值观决定和呈现了中国精神的价值取向。

六、中国形象的优良性展现

国家形象是国家"软实力"的重要组成内容，是政治、经济、社会、

---

① 《十八大以来重要文献选编》（中），中央文献出版社2016年版，第3页。

文化、历史等多因素的统一。20 世纪后期以来，几乎每个国家都致力于塑造与传播国家形象，以提升国家的综合实力和世界影响力。随着中国综合国力和经济地位的提升，中国的大国形象在世界舞台上发挥着越来越重要的作用。在经济全球化大背景下，我们日益重视中国形象的建设，更加关注如"世界如何看待中国""中国需要什么样的国家形象"以及"如何建构中国的国家形象"等问题。

西方社会的中国形象是"世界的中国形象"的主体和核心部分。在近代史上，西方社会的中国形象以启蒙运动为分界点。①启蒙运动之前，西方近现代文化先后描绘出三种截然不同的中国形象，即"大汗的大陆""大中华帝国"和"孔夫子的中国"。西方人通过这三种话语类型，从物质到制度再到观念，爱慕、赞赏和美化中国，使中国成为西方现代性社会期望中的理想楷模。这是一种肯定的、乌托邦式的中国形象，作为一种社会想象，曾经作为现代性解放力量，在西方现代性文化势力上升阶段发挥过颠覆、超越并否定传统的教会一统型文化的作用。但启蒙运动之后，西方文化又描绘出与之前相反的三种中国形象，即"停滞的中华帝国""专制的中华帝国"和"野蛮的中华帝国"。这是一种否定的、意识形态式的中国形象，其文化功能是整合和巩固权力，维护西方中心主义的现代世界秩序。经过启蒙运动和资产阶级革命，西方确立了理性、自由、进步、民主的大叙事，形成了西方中心主义文明观。在这种文明观中，东西方世界不仅是绝对差异的，而且差异秩序是不可逆转的、等级性的。中华帝国在精神上是愚昧的、道德上是堕落的、政治上是专制的、历史上是停滞的，与西方的现代性价值，诸如理性、自由、进步等完全相反。西方是绝对的主体，中国是被否定的他者，成为西方

---

① 参见王寅生编订：《西方的中国形象》，前言（周宁），团结出版社 2015 年版，第 1—13 页。

现代文明知识与权力征服的对象。

18世纪中期以后，西方思想家视野中的中国形象总体上是负面的。亚当·斯密通过分析世界不同地区与国家的劳动需求和人口生产的关系，概括出三种类型的社会，即进步的社会、衰退的社会和停滞的社会。欧美属于进步的社会，那里人口增长，但劳动需求增长更快，工资不断增高，国民财富不断增大，繁荣与富裕已经出现；英属殖民地属于衰退的社会，那里人口减少，劳动需求的减少更甚于人口减少，工资低，社会失业普遍；中国属于停滞的社会，人口生产与劳动需求维持在最低的平衡状态，千年不变，没有人失业，也没有人能够摆脱贫困。孔多塞（1743—1794）在其划分的人类历史的十个时代 ① 中，将中国冻结在第三个时代，即农业民族的进步（下迄拼音书写的发明）。孔多塞说："我们想要知道这类体制——即使是不乞灵于迷信的恐怖——能够把它们那摧残人类能力的权力推向什么地步，那么我们就必须暂时把目光转到中国，转到那个民族，他们似乎从不曾在科学上和技术上被别的民族所超出过，但他们却又只是看到自己被所有其他的民族——相继地超赶过去。这个民族的火炮知识并没有使他们免于被那些野蛮国家所征服；科学在无数的学校里是向所有的公民都开放的，惟有它才导向一切的尊贵，然而却由于种种荒诞的偏见，科学竟致沦为一种永恒的卑微；在那里甚至于印刷术的发明，也全然无助于人类精神的进步。"② 黑格尔在他

---

①　即人类结合成部落、游牧民族（由这种状态过渡到农业民族的状态）、农业民族的进步（下迄拼音书写的发明）、人类精神在希腊的进步（下迄亚历山大世纪各种科学分类的时期）、科学的进步（从它们的分类到它们的衰落）、知识的衰落（下迄十字军时期知识的复兴）、科学在西方的复兴（从科学最初的进步下迄印刷术的发明）、从印刷术的发明（下迄科学与哲学挣脱了权威的束缚的时期）、从笛卡尔（下迄法兰西共和国的形成）、人类精神未来的进步。参见［法］孔多塞：《人类精神进步史表纲要》，何兆武、何冰译，生活·读书·新知三联书店1998年版。

②　［法］孔多塞：《人类精神进步史表纲要》，何兆武、何冰译，生活·读书·新知三联书店1998年版，第36—37页。

的世界历史理论中，对中国始终持否定态度。他说："凡是属于精神的一切——绝对没有束缚的伦常、道德、情绪、内在的'宗教'、'科学'和真正的'艺术'——一概都离他们很远。"① 他认为，中国是一个只属于空间的帝国，中国处于历史之外，也就是处在时间之外，没有时间中的进步，甚至无所谓衰退。

　　就本质而言，西方的中国形象的功能不是某种程度上反映或认识中国的现实，而是作为"他者"帮助西方现代文化完成自我认同并确认西方中心的地缘文明秩序。中国作为否定性的他者形象，既巩固西方现代性大趋势、为西方现代性自我认同提供想象的基础，又构成帝国主义、殖民主义的必要成分、为西方殖民扩张提供有效的意识形态。② 19 世纪初至 20 世纪上半叶，西方学者通过对中国文化和中国人的某些特征充满质疑、批判和否定的描述和阐述，呈现出"西方的中国形象"中的西方中心主义文化傲慢与偏见。

　　马克思和恩格斯也特别关注中国，并深入研究中国问题，从世界历史视野，批判"旧中国"，构想"新中国"，探究中国未来走向。在 1850 年前后的一系列文章中，马克思、恩格斯刻画了以清王朝为代表的旧中国的基本特征和形象：旧中国的社会经济结构"以小农经济和家庭手工业为核心"；"与外界完全隔绝曾是保存旧中国的首要条件"，"正如小心保存在密闭棺材里的木乃伊"；"不顾时势，安于现状，人为地隔绝于世并因此竭力以天朝尽善尽美的幻想自欺"；没落的清王朝的封建制度是"世界上最古老国家的腐朽的半文明制度"；等等。③ 恩格斯甚

---

　　① 　[德] 黑格尔：《历史哲学》，王造时译，上海世纪出版集团、上海书店出版社 2006 年版，第 143 页。

　　② 　参见周宁：《跨文化研究：以中国形象为方法》，商务印书馆 2011 年版，第 19—43、301—315 页。

　　③ 　《马克思恩格斯文集》第 2 卷，人民出版社 2009 年版，第 641、609、632、622、609 页。

至把封建的旧中国视为"半野蛮国家",归入"几千年来没有进步的国家"。① 英国对华战争使得"天朝帝国万世长存的迷信破了产,野蛮的、闭关自守的、与文明世界隔绝的状态被打破,开始同外界发生联系","迫使天朝帝国与地上的世界接触",加快了旧中国的解体进程。中国人反对外国人的斗争是"维护中华民族生存的人民战争",它预示着,"旧中国的死亡时刻正在迅速临近……过不了多少年,我们就会亲眼看到世界上最古老的帝国的垂死挣扎,看到整个亚洲新纪元的曙光"。② 1850年1月,在《国际述评(一)》一文中,马克思恩格斯在谈到中国当时的状况时,援引德国传教士居茨拉夫的话,说明社会主义观念在中国的传播。居茨拉夫在中国居住20年之后返回欧洲,他对欧洲当时正在流行的社会主义理论和实践感到陌生,他听到人们在谈论社会主义,便问道:这是什么意思?别人向他解释以后,他惊叫起来:"这么说来,我岂不到哪儿也躲不开这个害人的学说吗?这正是中国许多庶民近来所宣传的那一套"。马克思、恩格斯称这件事是"一件值得注意的新奇事情"。他们预言:

> 当我们欧洲的反动分子不久的将来在亚洲逃难,到达万里长城,到达最反动最保守的堡垒的大门的时候,他们说不定就会看见上面写着:中华共和国 自由,平等,博爱。③

20世纪初期,强盛起来的美国形成一种自由国际主义理念,认为美国成功的经验值得世界上其他国家仿效,这导致美国对外关系中

---

① 《马克思恩格斯文集》第1卷,人民出版社2009年版,第680页。
② 《马克思恩格斯文集》第2卷,人民出版社2009年版,第608—609、622、627—628页。
③ 《马克思恩格斯全集》第10卷,人民出版社1998年版,第276—278页。

的"恩抚主义"，即美国应像慈父般那样帮助、指导其他像孩子一样未成熟的国家，使它们成为像美国一样具有基督道德、政治民主、工业现代化的国家。对于美国来说，20世纪初的中国正是一个理想的"孩子"：它有亿万不信基督教的人民等待救赎；它正处在一场文化变革之中，给美国人实现自己的文化理想提供了绝好的机会。因此，从20世纪一开始，美国人就把中国作为实现自己民族抱负的试验场，用"恩抚主义"原则，在传教士于中国收获灵魂的同时也收获财富的观念支配下，建立起浪漫化的中国形象。尤其是在1931—1949年，美国的中国形象是一种不顾中国实际、由传教士激情和卢斯媒体误导的幻象。这一时期美国人的中国形象不是基于对中国实际的了解，而是由于美国只希望接受一个按照自己的意愿塑造的中国形象。中国形象的背后其实是美国人对自身文化的认同。而美国20世纪30—40年代的对华政策很大程度上建立在这一幻象之上。美国《时代》《生活》和《财富》三大杂志的创始人、媒体大王亨利·卢斯（1898—1967），以其手中强大的媒体力量，对20世纪电视时代到来之前的美国社会产生了关键性的影响。卢斯认为，在美国人发挥巨大作用的"美国世纪"里，美国是新的中央帝国，美国要作为一个仁慈的霸权，以强烈的责任感，将自己政治、文化遗产中的精华，与其他国家分享。而"美国世纪"的实现，有赖于中国走美国化的道路。为此，卢斯媒体打造了一个追求民主、信仰基督、乐意步美国后尘的中国形象。对卢斯和众多美国人来说，他们不需要一个实际的中国，而只需要一个能够满足他们愿望、实现他们理想和抱负的中国。由于卢斯媒体及其帮助建立并主导的"美国联合援华会"对蒋介石及其政府的美化，导致美国政府制定了支持、援助蒋介石的对华政策。而第二次世界大战后，当美国的中国形象被美国无力控制的中国内战颠覆时，当美国人看到中国的实际情形同媒体宣传的大相径庭时，美国人的情绪反弹是极其激烈的，导致麦卡锡主义盛行、美国的冷战政策以及对越战争。①

西方的中国形象同中国近两三百年以来在国际地位上的变化以及西方对中国的了解程度有密切关系。从历史、文化传承的角度来看，中国展示给世界的是一个历史悠久、文化内涵深厚的文明古国形象。世界承认中国文明古国的地位，但往往停留在历史上频繁使用的武术、戏曲、剪纸、四大发明等标志性的文化"符号"。时代的进步和发展塑造了更加现代化的中国，这并不意味着西方发达国家占主导地位的世界就能够完全认识现代中国。在很长一个时期内西方国家依然刻板地认为中国还处于贫穷、愚昧和落后的状态。这一切都说明了我国现代国家形象的建构和提高还有很长的路要走。

近现代以来，在救亡图存中，中国人积极探索和建构中国的现代形象。孙中山力图确立以"民族、民权、民生"为元素的现代中国形象。陶行知提出以自由、平等、民胞为三大元素的"共和之精神"。晏阳初针对当时中国的四大问题，即愚、穷、弱、私，提出通过"四大教育"培养中国精神的现代元素，即以文艺教育攻"愚"，培养知识力；以生计教育攻"贫"，培养生活力；以卫生教育攻"弱"，培养强健力；以公民教育攻"私"，培养团结力。②1935 年 1 月，南京、上海、北平等地的十位教授联合发表《中国本位的文化建设宣言》。其中，第一句话是："在文化的领域中，我们看不见现在的中国了。"并且，指出：

> 中国在文化的领域中消失了；中国政治的形态、社会的组织和思想的内容与形式，已经失去了它的特征。由这没有特征

---

① ［美］杰斯普森：《美国的中国形象》，译者的话，姜智芹译，江苏人民出版社 2010 年版，第 1—6 页。

② 参见晏阳初：《平民教育概论》，高等教育出版社 2010 年版，第 160—164、239—262 页。

的政治、社会和思想所化育的人民，也渐渐的不能算得中国
人。所以我们可以肯定地说：从文化的领域去展望，现代世界
里面固然已经没有了中国，中国的领土里面也几乎已经没有了
中国人。要使中国能在文化的领域中抬头，要使中国的政治、
社会和思想都具有中国的特征，必须从事于中国本位的文化建
设……中国此时此地的需要就是：充实人民的生活，发展国民
的生计，争取民族的生存。故中国本位的文化建设，是一种民
族自信力的表现，一种积极的创造。①

新民主主义革命时期，毛泽东建构了一个以"独立、自由、民主、
统一、富强"为元素的新的中国形象。1940 年 1 月，在《新民主主义论》
中，毛泽东提出"我们要建立一个新中国"，这就是：

不但要把一个政治上受压迫、经济上受剥削的中国，变为
一个政治上自由和经济上繁荣的中国，而且要把一个被旧文化
统治因而愚昧落后的中国，变为一个被新文化统治因而文明先
进的中国。②

1945 年 4 月 23 日，毛泽东在党的七大开幕词《两个中国之命运》
中说：

在中国人民面前摆着两条路，光明的路和黑暗的路。有两
种中国之命运，光明的中国之命运和黑暗的中国之命运。现在

---

① 张岱年等主编：《回读百年：20 世纪中国社会人文论争》第二卷，大象出版社
1999 年版，第 657、670 页。
② 《毛泽东选集》第二卷，人民出版社 1991 年版，第 663 页。

> 日本帝国主义还没有被打败。即使把日本帝国主义打败了，也还是有这样两个前途。或者是一个独立、自由、民主、统一、富强的中国，就是说，光明的中国，中国人民得到解放的新中国；或者是另一个中国，半殖民地半封建的、分裂的、贫弱的中国，就是说，一个老中国。①

从20世纪50年代到70年代，西方的中国形象总体上来说是负面的。改革开放40年，作为世界上人口最多的国家，中国解决了温饱问题，成为仅次于美国之后的世界第二大经济实体。近年来，在关于中国奇迹、中国经验、中国模式、中国道路等问题的争论中，国际社会存在着一股"唱衰中国"的论调，一些别有用心的西方人士用"国家资本主义""新官僚资本主义""资本社会主义"等标签，描绘和表征中国的国家形象。2000年，美国高盛公司高级顾问乔舒亚·库珀·雷默认为，国家形象问题是中国当前最棘手的战略难题。中国目前最重大的战略挑战，都与其"国家形象"相关。良好的国家形象可以将巨大摩擦产生的成本降低到很小，而负面的国家形象则能使小冲突的成本放大好几倍。国家形象对于当代中国来说是最为根本的问题，国家形象在某种意义上将决定中国改革发展的前途和命运。由于中国是世界上最具活力的国家，其在维护国际秩序的和平稳定方面发挥着至关重要的作用，因而，对"中国形象"的误判，无论对于世界还是对于中国，都是相当危险的。对于世界而言，中国首先必须得到国际社会的信任。对于中国而言，必须设计一整套与中国的现状和其理想的未来相适应的观念、标识、品牌和说辞。雷默认为，中国目前没能掌控住自己的"形象主权"②。

---

① 《毛泽东选集》第三卷，人民出版社1991年版，第1025—1026页。

② ［美］乔舒亚·库珀·雷默：《淡色中国》，载《中国形象：外国学者眼里的中国》，沈晓雷等译，社会科学文献出版社2008年版，第1—42页。

随着世界多极化、经济全球化、文化多样化、社会信息化的深入推进，中国作为一个发展中国家或多民族国家，面临的最大危机是"国家的认同危机"。中国与世界的交往，首先是中国形象的确立。中国如何展现自己的国家形象，显得极为重要。西方发达国家以人权和自由为幌子不断对中国政权和内部事务提出种种批评。邓小平（1904—1997）强调，在改革开放进程中，中国必须保持自己的国格。他说：

> 国格是关系国家独立、主权和尊严的问题，是压倒一切的。①

进入 21 世纪，中国用不同的词汇向世界解释和展现自己，如和平崛起、和平发展等，但由于这些词汇及其转译的歧异性，如"崛起"一词被外国人理解为一场可能给人类带来某种灾难的"地震"，"和平"与"崛起"是内在矛盾的，从而导致外国人对中国的更大疑虑和顾虑。②2012 年 11 月，习近平在国家博物馆参观"复兴之路"展览时说：

> 每个人都有理想和追求，都有自己的梦想。现在，大家都在讨论中国梦，我以为，实现中华民族伟大复兴，就是中华民族近代以来最伟大的梦想。这个梦想，凝聚了几代中国人的夙愿，体现了中华民族和中国人民的整体利益，是每一个中华儿女的共同期盼。③

---

① 《邓小平年谱（一九七五—— 一九九七）》（下），中央文献出版社 2004 年版，第 1299 页。

② ［美］乔舒亚·库珀·雷默：《淡色中国》，载《中国形象：外国学者眼里的中国》，沈晓雷等译，社会科学文献出版社 2008 年版，第 4—7 页。

③ 《十八大以来重要文献选编》（上），中央文献出版社 2014 年版，第 84 页。

2013 年 3 月，在十二届全国人大一次会议闭幕会上的讲话中，习近平进一步阐述了"中国梦"的基本内涵。他指出："实现全面建成小康社会、建成富强民主文明和谐的社会主义现代化国家的奋斗目标，实现中华民族伟大复兴的中国梦，就是要实现国家富强、民族振兴、人民幸福，既深深体现了今天中国人的理想，也深深反映了我们先人们不懈奋斗追求进步的光荣传统。"①2013 年 8 月 19 日，习近平在全国宣传思想工作会议上的讲话中强调："要精心做好对外宣传工作，创新对外宣传方式，着力打造融通中外的新概念新范畴新表述，讲好中国故事，传播好中国声音。"②2013 年 12 月 30 日，习近平在中共中央政治局就提高国家文化软实力研究进行第十二次集体学习的讲话中强调，提高国家文化软实力，要努力传播当代中国价值观念。当代中国价值观念，就是中国特色社会主义价值观念，代表了中国先进文化的前进方向。要加强提炼和阐释，拓展对外传播平台和载体，把当代中国价值观念贯穿于国际交流和传播方方面面。可以说，中国梦是中国特色社会主义共同理想的通俗表达，也是富强、民主、文明、和谐的梦，是中国对世界的价值承诺，也是和平、发展、合作、共赢的梦。2013 年 1 月，习近平指出："和平发展道路能不能走得通，很大程度上要看我们能不能把世界的机遇转变为中国的机遇，把中国的机遇转变为世界的机遇，在中国与世界各国良性互动、互利共赢中开拓前进。"③党的十九大报告强调，坚持和平发展道路，推动构建人类命运共同体，始终做世界和平的建设者、全球发展的贡献者、国际秩序的维护者。我们正在展示给世界一个全新的中国形象。

---

① 《十八大以来重要文献选编》（上），中央文献出版社 2014 年版，第 234 页。
② 《习近平谈治国理政》，外文出版社 2014 年版，第 156 页。
③ 《习近平谈治国理政》，外文出版社 2014 年版，第 248 页。

第二章　主流意识形态：公民
意识的思想原点

　　作为一种社会意识，公民意识具有鲜明的意识形态性质。当代中国公民意识反映社会主义意识形态的本质特征，体现社会主义核心价值观的根本要求。公民意识教育是我国社会主义政治文明和精神文明建设的重要议题和基础工程，是培育和践行社会主义核心价值观的重要途径。加强公民意识教育，对于我国主流意识形态建设、依法治国、民主政治发展、公民有序政治参与、社会治理创新等，都具有重要的意义。

一、意识的"形态化"与公民意识的意识形态性

（一）意识的"形态化"与意识形态

　　在宽泛意义上，意识指一切社会形态中观念的东西，意识形态即意识的形式化、状态化，亦即对意识进行"形态化"建构。意识"形态化"的意义在于，形成和呈现意识的本质，使意识由潜在走向现实。

　　在亚里士多德"四因说"中，形式因即事物的结构或模型。形式是

说明事物的本质的，在这个意义上，形式的意义在于，形式是事物的结构，散漫而无结构的东西，是无法表现事物本质的；形式是事物的整体，事物的个别部分不能表现其本质；形式是事物的定义，规定事物是什么，也就是规定了事物的本质。亚里士多德认为，形式因先于质料因，质料是由加乎其上的形式而成为一个特定个体的，或者说，使质料具有一定的性质、形状，成为这个或那个个体的，乃是形式。形式是主动的，有了形式，事物才得以成为"是什么"。亚里士多德认为，"四因"可归结为"二因"，即质料因和形式因。动力因和目的因都可归之于形式因，因为事物所追求的目的就是它的形式的确定的表现，而目的本身就是事物变化运动的原因。所以，亚里士多德认为，事物的形成就是质料的形式化，以求达到其自身目的的过程。质料是消极被动的基质，形式才是积极能动的本质，形式给质料以规定性，使质料成为某个个体。质料本身不是任何个体，但它可以成为一切个体，它是潜在的个体，所以质料可以说是一种潜能：形式使质料确定而成一个体，使它转化为现实。因此，亚里士多德又提出，质料与形式的关系就是潜能与现实的关系，质料的形式化，或者说从质料到形式的过渡，便是从潜在的东西发展成为现实的东西的过程。

黑格尔的精神现象学又被称为"意识发展史"。对此，恩格斯评论道，精神现象学"也可叫做同精神胚胎学和精神古生物学类似的学问，是对个人意识在其发展阶段的阐述，这些阶段可以看作人类意识在历史上所经过的各个阶段的缩影"①。在黑格尔那里，意识概念有广狭之分。在广义上，意识指人的感觉、心理、思维等一切意识活动，包括自我意识、理性、精神、绝对精神等，它们是意识的诸环节。在狭义上，意识仅仅指关于对象的意识，它是精神现象学的初始阶段。当黑格尔说"意识发

---

① 《马克思恩格斯文集》第 4 卷，人民出版社 2009 年版，第 272 页。

展史""意识的诸形态"，或者说精神现象学是"关于意识的经验的科学"
时，都指的是广义的意识。黑格尔在《精神现象学》序言和导论中说："精
神现象学所描述的就是一般科学或知识的形成过程"。"意识在这条道路
上所经过的它那一系列的形态，可以说是意识自身向科学发展的一篇详
细的形成史"。① 精神现象学阐述意识获得科学或知识向科学发展的发展
史或形成史。黑格尔又把精神现象学概括为"关于意识的经验的科学"。
这里所谓的"经验"，指"经历"或发展过程。从意识发展阶段来说，意
识发展过程中的每一个阶段都可说是一个意识形态。因此，精神现象学
也就是意识形态学，它以意识发展的各个形态、各个阶段为研究的具体
对象。② 黑格尔的精神现象学既不是孤立地、现象地、简单罗列地研究
各种意识形态，也不是仅仅从时间维度去研究人的意识及其发展演变的
历史。在黑格尔精神现象学意义上，"意识形态学"所研究的意识现象既
是独特的、个别的，又是典型的、有代表性的，体现了诸意识的共性。

　　但是，在严格意义上，意识形态指在物质劳动与精神劳动的分工产
生后存在于阶级冲突和阶级对立社会的观念的东西。特定阶级的社会权
力，"每一次都在相应的国家形式中获得实践的观念的表现"③。意识形
态是由各种意识形式，如哲学、宗教、伦理、政治、法律等，构成的有
机的思想体系。在《路德维希·费尔巴哈和德国古典哲学的终结》中，
恩格斯提出了意识形态的层次性，即作为"第一个支配人的意识形态力
量"的国家、作为"一种更远的意识形态"的法、作为"更高的即更远
离物质经济基础的意识形态"的哲学和宗教。总体而言，意识形态可

---

　　①　[德] 黑格尔：《精神现象学》上卷，贺麟、王玖兴译，商务印书馆 1979 年版，
第 19、59 页。
　　②　[德] 黑格尔：《精神现象学》上卷，译者导言，贺麟、王玖兴译，商务印书馆
1979 年版，第 21 页。
　　③　《马克思恩格斯文集》第 1 卷，人民出版社 2009 年版，第 542 页。

分为三个层次：第一层次是政治、法律、经济思想，最直接反映经济基础，相互间有最密切的关系，是意识形态总体的基础部分；第二层次是社会思想、教育、伦理、艺术，离经济基础较远，但影响很大，是意识形态总体的中间部分；第三层次是哲学和宗教，离经济基础最远，是整个意识形态的灵魂。①

意识形态不是纯粹的一般主体意识，而是与具体历史实践相联系的具体历史主体意识。马克思特别关注意识形态与阶级利益之间的关系，在他看来，意识形态的功能之一就是为特定阶级利益服务的。意识形态意味着，在一个社会中，每个集团都力图把自己的生活条件和思维方式概念化和普遍化，作为理解人类和社会的唯一有效和合理的方式，希望用自己的意识形态塑造整个社会。正是在这个意义上，列宁（1870—1924）指出，在阶级对立的现代社会，问题往往是这样：

> 或者是资产阶级的思想体系，或者是社会主义的思想体系。这里中间的东西是没有的（因为人类没有创造过任何"第三种"思想体系，而且在为阶级矛盾所分裂的社会中，任何时候也不可能有非阶级的或超阶级的思想体系）。因此，对社会主义思想体系的任何轻视和任何脱离，都意味着资产阶级思想体系的加强。②

为什么会如此呢？列宁进一步解释道，原因并不复杂，因为：

> 资产阶级思想体系的渊源比社会主义思想体系久远得多，

---

① 俞吾金：《意识形态论》，人民出版社2009年版，第133页。
② 《列宁专题文集·论无产阶级政党》，人民出版社2009年版，第85页。

它经过了更加全面的加工，它拥有的传播工具也多得不能相比。所以某一个国家中的社会主义运动愈年轻，也就应当愈积极地同一切巩固非社会主义思想体系的企图作斗争，也就应当愈坚决地告诉工人提防那些叫嚷不要"夸大自觉因素"等等的蹩脚的谋士。①

意识形态这个概念在其产生的时刻起，就"联系着启蒙运动的理想，特别联系着对世界（包括社会—历史领域）理性的认识的理想，以及对人类理性自决的理想"②。现代意识形态的最大特点是革命性，这种革命性源于建构美好未来的理想追求。可以付诸实践的理想，构成现代意识形态的核心。也因此，现代意识形态才具有强大的政治动员能力、广泛的人民参与性和大规模的历史实践形式。马克思指出：

在不同的财产形式上，在社会生存条件上，耸立着由各种不同的，表现独特的情感、幻想、思想方式和人生观构成的整个上层建筑。整个阶级在其物质条件和相应的社会关系的基础上创造和构成这一切。通过传统和教育承受了这些情感和观点的个人，会以为这些情感和观点就是他的行为的真实动机和出发点。③

法国思想家阿尔都塞（1918—1990）把意识形态看作一种表象体系，他认为，意识形态是特定群体对于自己的生存环境的真实性认识和想象

---

① 《列宁专题文集·论无产阶级政党》，人民出版社 2009 年版，第 87 页。

② ［英］约翰·B. 汤普森：《意识形态与现代文化》，高铦等译，译林出版社 2005 年版，第 35 页。

③ 《马克思恩格斯文集》第 2 卷，人民出版社 2009 年版，第 498 页。

性认识的统一。

> 意识形态所反映的不是人类同自己生存条件的关系，而是他们体验这种关系的方式，这就等于说，既存在真实的关系，又存在"体验的"和"想象的"关系。在这种情况下，意识形态是人类依附于人类世界的表现，就是说，是人类对人类真实生存条件的真实关系和想象关系多元决定的统一。在意识形态中，真实关系不可避免地被包括到想象关系中去，这种关系更多地表现为一种意志（保守的、顺从的、改良的或革命的），甚至一种希望或一种留恋，而不是对现实的描绘。①

从一般意义上说，任何阶级要想使自己的意识形态发挥有效作用，它"就必须在自身和群众中激起瞬间的狂热。在这瞬间，这个阶级与整个社会亲如兄弟，汇合起来，与整个社会混为一体并且被看作和被认为是社会的总代表；在这瞬间，这个阶级的要求和权利真正成了社会本身的权利和要求，它真正是社会的头脑和社会的心脏"②。

上述可见，意识形态之谓意识形态，语义重心不在"意识"而在"形态"，其真谛是在"意识"个别性与多样性的前提下，对"意识"进行"形态化"建构。"形态"有两个维度：一是自发意识的自觉文化类型，如政治、法律、伦理、道德、艺术等；二是个体意识的社会同一性或社会凝聚，即意识扬弃自身的个别性、主观性与偶然性，获得社会同一性，由"多"走向或趋向"一"。"多"中求"一"，"变"中求"不变"，是意识形态的应有之义和发展规律。③意识形态泛指不同社会群体共同

---

① ［法］阿尔都塞：《保卫马克思》，顾良译，商务印书馆 2006 年版，第 230 页。

② 《马克思恩格斯文集》第 1 卷，人民出版社 2009 年版，第 14 页。

③ 樊浩：《中国社会价值共识的意识形态期待》，《中国社会科学》2014 年第 7 期。

拥有或信仰的一整套观念系统，包括社会理想、价值观念、政治原则、行动纲领和实践战略等。在一个社会思想领域，必然会存在多种意识形态，意识形态的主体也是多元的，可以是任何一个有共同利益的群体，如阶级、政党、职业群体、产业群体等。意识形态的一般功能在于，对政治合理性的辩护、批判与建构世界、思想整合与思想控制等。

在当今世界，资本主义依然占据着统治地位，社会主义仍然处于低谷。对我国的社会主义意识形态建设来说，如何超越在世界整体中居统治地位的资产阶级意识形态，如何保持社会主义制度的先进性和优越性，就显得尤为重要。我国社会主义意识形态建设的根本目的，在于用主流意识形态把多样多元的、分散疏离的各种社会思潮整合和统一起来，在于建构符合全社会意愿和要求、能够成为主导地位的社会主义意识形态。马克思、恩格斯认为，在阶级对立社会：

> 每一个企图取代旧统治阶级的新阶级，为了达到自己的目的不得不把自己的利益说成是社会全体成员的共同利益，就是说，这在观念上的表达就是：赋予自己的思想以普遍性的形式，把它们描绘成唯一合乎理性的、有普遍意义的思想。①

在这里，马克思、恩格斯主要是想说明，阶级对立社会中一切剥削阶级的意识形态都具有虚幻性、虚伪性和欺骗性。马克思和恩格斯的表述给我们这样的启示，在我国，阶级对立已经消除，全体社会成员的根本利益和共同利益基本一致，社会主义意识形态应该也能够切实反映和表达全体社会成员的根本利益和共同利益。然而，由于中国社会以及人民内部仍存在利益分化和利益冲突等矛盾，这使得当代中国社会思想呈现出多样、多

---

① 《马克思恩格斯文集》第 1 卷，人民出版社 2009 年版，第 552 页。

元、多变的特点。在这种背景下，主流意识形态如何有效整合多样、多元、多变的社会思想，如何最大化反映和表达全体社会成员的根本利益和共同利益，这是新时期国家意识形态建设的主要内容和核心任务。

主流意识形态有效整合多元社会意识形态的方式可归结为两种，一是政治权威方式，一是理性权威方式。前者多诉诸政治权力，更具强制性；后者多诉诸理性力量，更具柔性特质。在意识形态理论发展史上，葛兰西强调"意识形态领导权"。他所谓的领导权，并非政治意义的权力，而主要指文化意义的权力。所以，他把教会、学校、文化团体等，视为意识形态实现自己领导权的主要物质载体。我国传统意识形态工作总体上是一种政治（权力）权威主导的意识形态理论研究和实践探索模式，它适应革命和计划时代的社会思想状况。但在今天这个和平发展成为主题、人们利益诉求不断增强、自主参与意识不断高涨、理性判断能力不断提升的时代，单纯沿用传统的政治（权力）权威主导意识形态建设模式已不完全适宜，也难以完全奏效。意识形态的领导权、管理权、话语权，归根结底，体现为"思想"对"思想"的引导。而"思想"对"思想"的领导权、管理权、话语权，虽然可以而且应该以"权力"的形式表现出来，但这种"权力"更多地应是柔性的而非刚性的。作为一种理性权威方式，公民意识教育是我国主流意识形态建设的一个有效路径。

（二）当代中国公民意识的意识形态性

毛泽东指出："社会意识形态是理论上再造出现实社会。"[①] 这种"再造"何以可能？关键在于确认意识形态的主体力量。按照卢卡奇（1885—1971）的理解，意识形态根本上是一种总体性的"阶级意识"。卢卡奇

---

① 《毛泽东哲学批注集》，中央文献出版社 1988 年版，第 210 页。

说："只有当进行设定的主体本身是一个总体时，对象的总体才能加以设定；所以为了进行自我思考，只有不得不把对象作为总体来思考时，才能设定对象的总体。在现代社会中，唯有诸阶级才提出作为主体的总体的这种观点。"这是因为，"现实只能作为总体来把握和冲破，而且只有本身是一总体的主体，才能做到这种冲破。……只有阶级才能在行动中冲破社会现实，并在这种现实的总体中把它加以改变"。对此，马克思则把整个资本主义社会的问题看成是构成它的诸阶级即作为整体的资本家阶级和无产阶级的问题，他认为，资产阶级由于自身的社会地位，不可能实现对社会总体的正确的总体性认识。"使资产阶级的阶级意识成为'虚假'意识的界限是客观存在的，它就是阶级地位本身。它是社会经济结构的客观结果，决不是随意的、主观的或心理上的"。①

卢卡奇认为，只有无产阶级才能达到对现代社会总体的正确的总体性认识，无产阶级具备这样的优势，"它有能力从核心出发来观察社会，并把它看作是互相联系着的整体，并因而能从核心上，从改变现实上来采取行动；就在于对它的阶级意识来说，理论与实践是互相吻合的；就在于它因此能自觉地把它自己的行动作为决定性的因素投放到历史发展的天平上去"。但是，无产阶级阶级意识的形成和发展是一个辩证的历史过程，无产阶级的阶级意识必须在历史的过程中发挥作用，只有这样，"严重的经济危机使这种阶级意识上升为行动时，这种阶级意识的实践的、积极的方面才能显示出它的真实形态。在其他情况下，与资本主义潜在持续的危机相适应，无产阶级的阶级意识始终是理论的和潜在的"。② 但是，要使无产阶级阶级意识充分发挥作用，从而具备"某

---

① ［匈］卢卡奇：《历史与阶级意识》，杜章智等译，商务印书馆1991年版，第78、91、108页。

② ［匈］卢卡奇：《历史与阶级意识》，杜章智等译，商务印书馆1991年版，第128、93页。

种要求性质、某种'潜在和理论'性质的那种历史过程状况，必然作为相应的现实形式，并作为这样一种现实能动地影响这种过程的总体。无产阶级阶级意识的这种形态就是党"①。同时，阶级意识不是阶级内部单个人的思想和感觉，也不是整个阶级内部所有人的普遍心理，最一般地说，阶级意识"就是一种受阶级制约的对人们自己的社会的、历史的经济地位的无意识"。对无产阶级来说，"阶级意识不是个别无产者的心理意识，或他们全体的群体心理意识，而是变成为意识的对阶级历史地位的感觉"。因此，卢卡奇认为，无产阶级政党在无产阶级阶级意识的形成中发挥着非常重要、无比崇高的作用。"它是无产阶级阶级意识的支柱，是无产阶级历史使命的良知"。对广大无产阶级来说，他们的阶级意识可以说是人类历史上最后的阶级意识，"一方面必须要和解释社会本质联系起来，另一方面，必须实现理论和实践的越来越内在的统一。对无产阶级来说，它的'意识形态'不是一面扛着去进行战斗的旗帜，不是真正目标的外衣，而是目标和武器本身"。②

当前，我国公民意识教育面临着各种挑战。一方面，世界范围内文化思想出现的交流、交融、交锋，使得不同价值观念的较量日益加剧；另一方面，在改革开放进程中，社会思想意识的多元、多样、多变，引发各种价值冲突与价值无序，导致人们思想观念的混乱。20世纪90年代，苏联解体、东欧剧变，主流文化失落、主流意识形态和核心价值理念崩塌，是其中的重要原因。苏东剧变后，以美国为首的西方国家开始把意识形态渗透的重点指向中国，这种渗透并不是权宜之计，而是一项长期的战略。在对外开放条件下，我国作为世界上最大的社会主义国

---

① ［匈］卢卡奇：《历史与阶级意识》，杜章智等译，商务印书馆1991年版，第105—106页。

② ［匈］卢卡奇：《历史与阶级意识》，杜章智等译，商务印书馆1991年版，第106、133、94、129页。

家，将长期面对西方资本主义国家传播其意识形态和思想渗透的压力。全球化背景下如何加强我国意识形态安全，如何开展中国特色社会主义公民意识教育，成为一个至关重要的问题。

作为现代社会意识的形式之一，公民意识必然具有鲜明的阶级性和意识形态性。问题的关键在于，如何确认和定位公民意识及其教育的意识形态性。历史地看，公民意识及其教育是伴随资产阶级的产生和发展而产生和发展起来的，涉及民主、人权、自由、宪法、宪政、体制、制度等与现代国家密切相关的一系列重大社会政治问题。恩格斯指出："中世纪的历史只知道一种形式的意识形态，即宗教和神学。但是到了18世纪，资产阶级已经强大得足以建立他们自己的、同他们的阶级地位相适应的意识形态了。"①自由、民主、平等、人权、法治等，是资产阶级反对封建主义的价值纲领。列宁指出：

　　　　资本主义和封建主义相比，是在"自由"、"平等"、"民主"、"文明"的道路上向前迈进了具有世界历史意义的一步。②

近几百年来，经过资产阶级思想家的不断阐释和解读，尤其是经过资产阶级国家机器的不断宣扬，自由、民主、平等、人权、法治等观念已经成为当代资本主义的核心价值观念，渗透于资产阶级公民意识及其教育。然而，辩证地看，自由、民主、平等、人权、法治等等，虽然是由资产阶级首先提出和倡导的，但这些价值观念并不是资产阶级的专利，而是人类政治文明的重要成果。2005年9月，胡锦涛在纪念中国人民抗日战争暨世界反法西斯战争胜利六十周年大会上的讲话中指出，中国人

---

　　①　《马克思恩格斯文集》第4卷，人民出版社2009年版，第289页。
　　②　《列宁专题文集·论资本主义》，人民出版社2009年版，第188页。

民抗日战争和世界反法西斯战争的胜利，"广泛传播了自由、民主、平等、公正、和平的基本价值，促进了各国人民特别是殖民地半殖民地人民在精神上的广泛觉醒"①。2007 年 2 月，时任国务院总理温家宝指出：

> 科学、民主、法制、自由、人权，并非资本主义所独有，而是人类在漫长的历史进程中共同追求的价值观和共同创造的文明成果。只有在不同的历史阶段、不同的国家，它的实现形式和途径各不相同，没有统一的模式，这种世界文明的多样性是不以人们主观意志为转移的客观存在。②

党的十九大报告指出，在总体实现小康和即将全面建成小康社会的新时代，人民美好生活需要日益广泛，不仅对物质文化生活提出了更高要求，而且在民主、法治、公平、正义、安全、环境等方面的要求日益增长。要坚持创新、协调、绿色、开放、共享的发展理念，保证人民依法享有广泛权利和自由。

关于公民意识的内容，在西方大体上形成了两种类型的观点，一是以整体主义为基础的公民共和主义观点，它坚持公共生活优先于私人生活，强调美德、责任、参与、义务、奉献等意识；一是以个人主义为基础的自由主义观点，它坚持私人生活优先于公共生活，强调自主、自由、权利、平等、公正、容忍、宽容等意识。在这两种观念体系中，关于公民意识的具体构成和分类，更为复杂多样。但这两种观念体系都存在各自的局限性，共和主义公民身份理想曾被描述为一种"高贵的神话"，因为它期待出现具有真正美德的公民的愿望总是落空；自由主义

① 《十六大以来重要文献选编》（上），中央文献出版社 2005 年版，第 982 页。
② 《十六大以来重要文献选编》（下），中央文献出版社 2008 年版，第 912 页。

公民身份理想被描述为一种"神奇的谎言"，因为它总是企盼经济上的消费者能够吞噬政治上活跃的公民。① 事实上，共和主义与自由主义具有很强的互补性，这也是为什么到了 20 世纪晚期以来，在自由主义公民意识居主流地位两个多世纪以后共和主义公民意识能够复兴的内在原因。② 改革开放以来，我国学界对公民意识内涵的解读先后出现了两种倾向，一是 20 世纪 80 年代，对公民意识的探讨多从法学角度进行，有学者认为公民意识是法律意识的一部分，还有学者将法律意识视为公民意识的有机组成部分。二是中共中央在 2001 年 10 月 20 日颁布《公民道德建设实施纲要》后，多从公民道德建设的角度对公民意识进行阐述，认为公民意识就是在社会公共生活和公共秩序中养成的公民品质。2007 年党的十七大报告首次提出："加强公民意识教育，树立社会主义民主法治、自由平等、公平正义理念。"强调公民意识教育是社会主义政治文明的一个重要的基础性工作，是"扩大人民民主，保证人民当家作主"的重要内容。2012 年，十八大确认"富强、民主、文明、和谐，自由、平等、公正、法治，爱国、敬业、诚信、友善"为社会主义核心价值观的基本要素。从现实性上说，当代中国公民意识的核心内容，就是对"民主法治、自由平等、公平正义"理念的认知和内化，就是对社会主义核心价值观基本要素的认知和内化。就历史发展而言，社会主义公民意识的内容是随着社会结构的变化而演变的，公民意识具有多元的内在结构，是具有内在逻辑关联的一组观念群和意识群。

在我国，在对公民意识及其教育的指导思想的理解上，存在着把最大限度的所谓公民意识的"普适性"或"普世性"作为最高原则的倾向，

---

① ［英］德里克·希特：《何谓公民身份》，郭忠华译，吉林出版集团有限责任公司 2007 年版，第 181 页。

② 有些西方学者提出"自由主义的共和主义"或"共和主义的自由主义"，把自主、权利、美德等，视为公民意识的基本要素。

从而有意或无意地冲淡公民意识及其教育的社会主义与资本主义的性质区别，崇拜西方的抽象价值观念，并把西方推崇的民主、自由、平等、人权、法治等及其阐释称为"普世价值"，打开了西方资本主义意识形态对我国公民意识教育进行渗透的缺口。事实上，在当今世界，民主、自由、平等、法治等都有鲜明的民族性和阶级性，我们必须对这些价值观念进行马克思主义的分析和阐释。1877 年 10 月 19 日，马克思在致弗里德里希·阿道夫·佐尔格（1828—1906）的信中，批评在当时德国党内"流行着一股腐败的风气"，批评德国党同拉萨尔（1825—1864）分子、同杜林（1833—1921）及其崇拜者的妥协。马克思指出：

> 这些人想使社会主义有一个"更高的、理想的"转变，就是说，想用关于正义、自由、平等和博爱的女神的现代神话来代替它的唯物主义的基础。①

1919 年 10 月，列宁在《无产阶级专政时代的经济与政治》一文中指出：

> 搬弄关于自由、平等和民主的笼统词句，实际上等于盲目重复那些反映商品生产关系的概念。用这些笼统词句来解决无产阶级专政的具体任务，就意味着全面地转到资产阶级的理论立场和原则立场上去了。从无产阶级的观点看来，问题只能这样提：是不受哪个阶级压迫的自由？是哪一个阶级同哪一个阶级的平等？是私有制基础上的民主，还是废除私有制基础上的民主？如此等等。恩格斯在《反杜林论》中早已阐明，如果不

---

① 《马克思恩格斯文集》第 10 卷，人民出版社 2009 年版，第 420 页。

把平等了解为消灭阶级，反映商品生产关系的平等概念就会变成一种偏见。①

在人类思想史上，作为社会主义公民意识的民主、自由、平等、法治等理念，是"更高形式"的民主、自由、平等、法治等。恩格斯在《家庭、私有制和国家的起源》的文末，引用了摩尔根《古代社会》中对文明时代的评断的一段话作为结语。他指出：

> 管理上的民主，社会中的博爱，权利的平等，教育的普及，将揭开社会的下一个更高的阶段，经验、理智和科学正在不断向这个阶段努力。这将是古代氏族的自由、平等和博爱的复活，但却是在更高级形式上的复活。②

社会主义所"复活"的"更高级形式"的民主、自由、平等、法治等，扬弃和超越了资产阶级民主、自由、平等、法治等理念的抽象性、永恒性和虚伪性，以推进和实现人的自由全面发展为价值旨归。

在我国社会转型期，社会思潮和人们的价值观念呈现内容多样、性质多元、发展多变的特点，我国公民意识教育面临各种意识形态挑战。新自由主义、民主社会主义、历史虚无主义等各种非马克思主义或反马克思主义思潮，都有自己的价值诉求，各种思潮都有非常强烈的意识形态色彩。这些思潮在公民意识教育中都有所表现，存在着把西方公民思想视为我国公民意识教育的理论基础的倾向，力图用西方公民思想建构和开展当代中国公民意识教育。历史地看，这种倾向由来已久。早在

---

① 《列宁专题文集·论社会主义》，人民出版社 2009 年版，第 162—163 页。
② 《马克思恩格斯文集》第 4 卷，人民出版社 2009 年版，第 198 页。

1920 年，晏阳初就强调公民教育的意识形态性，"平民教育中既有'公民教育'一项，怎样能逃避党派的信徒？不能逃避而强逃避，是无异于以怯懦教人，决非共和国民应有的正大光明的态度"。他指出，所谓的一般公民教育，"现在所谓大多是欧美之公民教育，非中国公民教育，更非民众之公民教育"。他认为，中国教育存在诸多弊端，"我国办理教育数十年，成效未著，原因固然复杂，而我国从事教育者奴隶式的抄袭外人，漠视国情，也不能不说是失败的一个大原因。所以我们现在要办公民教育，当以彻底研究为第一要务"。晏阳初大力提倡开展公民教育，但必须"务求所施的公民教育为真正中国的公民教育，不是由他国摹仿来的公民教育"。① 同时，在公民意识教育中还存在另一种文化保守主义倾向，如新儒家、新左派、民族主义、民粹主义等，力图按照中国传统思想的特质设计和开展当代中国公民意识教育。

在我国，关于公民意识及其教育与马克思主义之间的关系问题，一直没有得到充分的研究。当前，马克思主义在我国公民意识教育中有较强介入，但仍存在对马克思主义之于公民意识教育意义的未解、误解、庸解、肢解、曲解、消解等现象。由于时代主题的不同，马克思主义经典作家未曾专门论述公民意识教育问题，但马克思主义经典作家著述中蕴含丰富的公民意识及其教育思想，亟待深入挖掘、研究、传承和弘扬。我们需要加强公民意识教育的"顶层设计"，在"马中西"的对话和交流中，坚持马克思主义在公民意识教育中的指导地位，用马克思主义立场、观点和方法解读和阐明公民意识，以马克思主义中国化最新成果为理论基础，建构中国特色公民意识教育理论体系和实践框架。

---

① 晏阳初：《平民教育概论》，高等教育出版社 2010 年版，第 109、77、137 页。

二、马克思对近代自由主义公民观的解构

近代以来，随着市场经济、民主政治、大众文化的推进，随着自由、平等、人权、法治等价值理念的勃兴，公民问题引起近现代思想家的普遍关注和深入探究。马克思在创立其新世界观的过程中，对近代自由主义公民观进行了批判和解构，这是马克思政治哲学革命性变革的重要环节。

（一）理性国家与自由公民

欧洲近代资本主义的发展和民族国家的兴起，使得公民身份突破了传统的城邦或城市，而与民族国家紧密联系在一起，公民观孕育和蕴含于国家观。大学时代和《莱茵报》时期，马克思总体上是一个黑格尔主义者，信仰黑格尔理性国家观。在《博士论文》中，马克思借助伊壁鸠鲁（前341—前270）的原子世界，展示了人的尊严、自由和平等，把自我意识视为人的最高本质，视为"精神的太阳系"[①]，确认了人的崇高地位和价值。在《莱茵报》期间，马克思进一步凸显人的精神性存在，把理性和自由视为人的本质规定，并依据黑格尔自由理性国家观，批评书报检查令、林木盗窃法等，批判普鲁士专制制度，崇尚启蒙思想家的自由主义公民观。

在近代西方，启蒙思想家主张瓦解封建社会政教合一的政治形态，反对神学国家观，要求用人的眼光观察国家，从理性和经验出发阐明国家的本质，力图把国家从宗教中解放出来。但是，很多思想家主要依据

---

① 《马克思恩格斯全集》第 1 卷，人民出版社 1995 年版，第 55 页。

人的本能或个人的理性来构想国家。黑格尔则根据普遍理性诠释国家，他把国家理解为"绝对自在自为的理性的东西"和"具体自由的实现"，认为国家是"自在自为的道德主体"。青年马克思信奉黑格尔的理性国家观，认为"应该根据自由理性来构想国家"，强调国家是"一个合乎伦理和理性的共同体"，是一种人与人"相互教育的自由人联合体"。国家应维护公民的自由，公民则要服从理性国家的法律。国家"必须实现法律的、伦理的、政治的自由，同时，个别公民服从国家的法律也就是服从他自己的理性即人类理性的自然规律"。①

依据这种理性国家观，马克思展开对普鲁士书报检查制度、林木盗窃法等的批判，阐明理性国家与公民的关系。在马克思看来，"公民的最高利益即他们的精神"，而"精神的谦逊总的来说就是理性，就是按照事物的本质特征去对待各种事物的那种普遍的思想自由"，自由是"全部精神存在的类本质"。作为自由理性的体现，法律只能以人的行为为根据。但是，书报检查令却要惩罚人的行为以外的所思所想，这是"对公民名誉的一种侮辱"，而"追究思想的法律不是国家为它的公民颁布的法律，而是一个党派用来对付另一个党派的法律。追究倾向的法律取消了公民在法律面前的平等"。② 因此，从根本上说，普鲁士书报检查制度是对公民的精神自由与思想自由的侵犯和剥夺。法律应保护公民的最高利益即精神自由。正是在这种意义上，马克思称封建专制制度为"精神的动物王国"。

在其现实性上，公民自由表现为公民权利。对穷人的公民权利的特别关注，是青年马克思思想变革的重要转折点。在《关于林木盗窃法的辩论》中，马克思从理性国家观出发，抨击普鲁士专制制度下的法律对

---

① 《马克思恩格斯全集》第 1 卷，人民出版社 1995 年版，第 226、426、217、228 页。
② 《马克思恩格斯全集》第 1 卷，人民出版社 1995 年版，第 108、112、171、121 页。

贫困劳动者的公民权利的践踏，"为穷人要求习惯权利"。国家和法既然是普遍理性和自由精神的体现，那么从国家和法的角度看人，所看到的就应该是有着共同人性和共同理性的自由的公民。对此，马克思一再呼吁，国家必须把它的每一个成员都视为公民。针对普鲁士林木盗窃法，马克思质问道：

> 难道每一个公民不都是通过一根根命脉同国家有着千丝万缕的联系吗？难道仅仅因为这个公民擅自割断了某一根命脉，国家就可以割断所有的命脉吗？可见，国家也应该把违反林木管理条例者看作一个人，一个和它心血相通的活的肢体，看作一个保卫祖国的士兵，一个法庭应倾听其声音的见证人，一个应当承担社会职能的集体的成员，一个备受崇敬的家长，而首先应该把他看作国家的一个公民。国家不能轻率地取消自己某一成员的所有职能，因为每当国家把一个公民变成罪犯时，它都是截断自身的活的肢体……难道林木所有者和违反林木管理条例者不都是国家的公民吗？既然大小林木所有者都有同样的权利要求国家的保护，那么，难道国家的大小公民不是更有同样的权利要求这种保护吗？ ①

此时，马克思虽然仅限于在"私权"意义上理解穷人的公民权利，在原则上并未超出近代自由主义的公民观。但这一时期内，他接触到大量有关物质利益及其与国家或法的关系等一系列问题，尤其是对穷人的公民权利的关注，使他深刻地意识到物质利益及其在国家和法的建构中的作用，尤其是私人利益对理性国家的侵蚀，使马克思产生了"苦恼的

---

① 《马克思恩格斯全集》第 1 卷，人民出版社 1995 年版，第 255、260 页。

疑问"，即一方面依据黑格尔理性国家观，国家和法应该超越特殊的私
人利益，把普遍理性和自由作为自己的根本目的；但另一方面，在现实
生活中，国家和法又常常被强者的私人利益所支配，成为强者实现自己
私人利益的工具。正是对这一矛盾的自觉意识和疑虑，从根本上动摇了
青年马克思所信奉的黑格尔理性国家观，促使马克思重新思考国家和法
及其与公民的关系问题。

（二）政治解放与虚幻公民

在克罗茨纳赫和《德法年鉴》时期，青年马克思的思想发生了重大
的转折。他发现了黑格尔理性国家观的内在缺陷并与其决裂，意识到市
民社会决定国家和法的本质，意识到资产阶级政治革命及其政治解放的
内在限度并提出关于人类解放的主题。在《克罗茨纳赫笔记》中，马克
思第一次批判了黑格尔理性国家观，并在此基础上撰写了《黑格尔法哲
学批判》这一笔记体著作，对黑格尔理性国家观进行了全面系统批判。
这一批判为马克思批判资产阶级政治革命提供了理论前提和基础。正
是对资产阶级政治革命的批判，使马克思质疑并超越了近代自由主义
公民观。

马克思肯定黑格尔关于政治国家与市民社会分离的思想，但马克
思不赞同黑格尔凭借逻辑神秘主义方法而提出的关于通过政治国家重
新将二者统一起来的主张。马克思认为，市民社会与政治国家的分离
是资产阶级政治革命的结果，是一种历史的进步。但是，政治国家并
非是黑格尔所设定的以自身为目的的普遍理性存在物，国家并非先于
家庭和市民社会。相反地，家庭和市民社会是国家的前提和基础，"国
家是从作为家庭的成员和市民社会的成员而存在的这种群体中产生
的"。政治革命虽然消除了传统封建社会的人身依附关系，但又造成

人被商品、资本、金钱等控制的非人关系，使物质生活存在于国家范围之外。于是，"市民社会和国家是彼此分离的。因此，国家公民也是同作为市民社会成员的市民彼此分离的。这样，他就不得不与自己在本质上分离"①。马克思力图从人自身的二重化及其克服的角度，考察市民社会与政治国家的分离及其统一。围绕这一目标，马克思展开对资产阶级政治革命的深度批判，揭示了资产阶级政治解放所带来的公民身份的虚幻性。

在西方思想史上，黑格尔明确区分了现代社会中"人"的两种身份，即市民（bourgeois）与公民（citoyen）。黑格尔认为，市民以个体为目的，是需求实体，只追求私人利益；公民以普遍性为目的，参与政治活动，追求公共利益。马克思认同黑格尔的这一区分，并据此揭示了资产阶级政治解放及其限度。在马克思看来，人分化为市民和公民双重角色，这是通过政治解放实现的。"政治解放一方面把人归结为市民社会的成员，归结为利己的、独立的个体，另一方面把人归结为公民，归结为法人"②。对每一个社会成员来说：

> 他要成为现实的国家公民，要获得政治意义和政治效能，就应该走出自己的市民现实性的范围，摆脱这种现实性，离开这整个组织而进入自己的个体性，因为他那纯粹的、明显的个体性本身是他为自己的国家公民身份找到的惟一的存在。③

可以说，政治解放铲除了封建专制制度，摧毁了一切等级、公会、行帮和特权，消除了人身依附关系，使得社会成员的各种特殊的和个别

---

① 《马克思恩格斯全集》第 3 卷，人民出版社 2002 年版，第 12、96 页。
② 《马克思恩格斯文集》第 1 卷，人民出版社 2009 年版，第 46 页。
③ 《马克思恩格斯全集》第 3 卷，人民出版社 2002 年版，第 97 页。

的因素，如宗教信仰、私有财产等，被驱逐出政治国家领域而成为非政治的、社会的差别，进而使社会成员成为"纯粹的、明显的个体性本身"，使个体从作为政治统治奴役者的不自由的存在，转变为真正生活于世俗关系中的市民，确立了个体在政治形式或法律形式上的自由、平等。政治国家必须从人的类的共同性或一般人格意义上平等对待每个社会成员。"当国家宣布出身、等级、文化程度、职业为非政治的差别，当它不考虑这些差别而宣告人民的每一成员都是人民主权的平等享有者，当它从国家的观点来观察人民现实生活的一切要素的时候，国家是以自己的方式废除了出身、等级、文化程度、职业的差别"①。由于消除了政治等级差别，使得"每一成员都是人民主权的平等享有者"即公民。这是人的一种历史性的解放。

但是，政治解放没有也不可能从实质上改变社会成员在出身、等级、文化程度、职业等方面的经济的、社会的差别。"国家还是让私有财产、文化程度、职业以它们固有的方式，即作为私有财产、作为文化程度、作为职业来发挥作用并表现出它们的特殊本质。国家根本没有废除这些实际差别；相反，只有以这些差别为前提，它才存在，只有同自己的这些要素处于对立的状态，它才感到自己是政治国家，才会实现自己的普遍性"。政治解放没有把财产或劳动上升为社会要素，相反，它却完成了这些要素与国家整体的分离，使其成为整个社会中的特殊社会即市民社会。在马克思看来，"作为市民社会成员的人，即没有超出封闭于自身、封闭于自己的私人利益和自己的私人任意行为、脱离共同体的个体"，作为市民社会成员的人，"绝对不是类存在物，相反，类生活本身，即社会，显现为诸个体的外部框架，显现为他们原有的独立性的限制。把他们联结起来的唯一纽带是自然的必然性，是需要和私人利

---

① 《马克思恩格斯文集》第 1 卷，人民出版社 2009 年版，第 29—30 页。

益，是对他们的财产和他们的利己的人身的保护"。①

　　因此，马克思强调："人分为公人和私人……这不是政治解放的一个阶段，这是它的完成。"②政治解放使政治生活与经济生活分离，进而使人本身二重化。一般说来，在政治生活中，人变成公民、法人，在经济生活中，人变成私人、市民，成为"利己主义的人"。政治国家中的人是以共同体方式存在的，市民社会中的人则是相互分离的个体。马克思指出，在任何一个已经真正形成的政治国家中，"人不仅在思想中，在意识中，而且在现实中，在生活中，都过着双重的生活——天国的生活和尘世的生活。前一种是政治共同体中的生活，在这个共同体中，人把自己看做社会存在物；后一种是市民社会中的生活，在这个社会中，人作为私人进行活动，把他人看做工具，把自己也降为工具，并成为异己力量的玩物"③。正是在这种双重生活中，也就是在政治国家和市民社会这两个领域中，人失去了自己的真实性。对此，马克思这样解释：

　　　　人在其最直接的现实中，在市民社会中，是尘世存在物。在这里，即在人把自己并把别人看做是现实的个人的地方，人是一种不真实的现象。相反，在国家中，即在人被看做是类存在物的地方，人是想象的主权中虚构的成员；在这里，他被剥夺了自己现实的个人生活，却充满了非现实的普遍性。④

　　在马克思看来，在市民社会生活中，人不是作为社会存在物而存在，而是仅仅作为私人而存在；在不承认人的一切私人差别的政治共同

---

① 《马克思恩格斯文集》第 1 卷，人民出版社 2009 年版，第 30、42 页。
② 《马克思恩格斯文集》第 1 卷，人民出版社 2009 年版，第 32 页。
③ 《马克思恩格斯文集》第 1 卷，人民出版社 2009 年版，第 30 页。
④ 《马克思恩格斯文集》第 1 卷，人民出版社 2009 年版，第 31 页。

体生活中，人才作为社会存在物而存在。在这个基础上，人忽视了自己所处的真实生活，反而会把处于自己现实个性彼岸的国家生活当作一种真实。需要指出的是，在其现实性上，这种政治国家又剥夺了人的现实生活，充满了非现实的普遍性。人的存在的这种二重性，即"现实的人只有以利己的个体形式出现才可予以承认，真正的人只有以抽象的citoyen[公民] 形式出现才可予以承认"①，这正是资产阶级政治解放的限度所在。

在马克思看来，市民社会是人的个体性的外化形式，市民失去了社会本质规定，成为纯粹的、独立的个体；政治国家则是人的社会本质的外化形式，作为政治国家成员的公民是脱离了个体的一切规定性的抽象的、普遍的、平等的"人"。马克思把市民社会与政治国家的矛盾最终归结为人的个体性与人的社会本质之间的矛盾，归结为从人的自身存在中分化出的一对矛盾。马克思认为，这一矛盾是理性国家自身无力解决的。原因在于：

其一，人在政治上获得解放是通过政治国家这个中介完成的，还不是直接的解放。对现实的市民社会成员来说，政治国家"是作为普遍理性、作为彼岸之物而发展起来的"。② 马克思解释说，国家就是"人和人的自由之间的中介者"。这意味着，在国家里，人把自己全部的"非神性""自由"都寄托在国家身上。而对于已经确定下来的政治国家，"按其本质来说，是人的同自己物质生活相对立的类生活"。③所以，就其本质而言，资产阶级政治革命所建立的"政治制度到目前为止一直是宗教领域，是人民生活的宗教，是同人民生活现实性的尘世存在相对立的人民生活普遍性的天国……现代意义上的政治生活就

---

① 《马克思恩格斯文集》第 1 卷，人民出版社 2009 年版，第 46 页。
② 《马克思恩格斯全集》第 3 卷，人民出版社 2002 年版，第 42 页。
③ 《马克思恩格斯文集》第 1 卷，人民出版社 2009 年版，第 29—30 页。

是人民生活的经院哲学"①。马克思进一步说明，在这种政治生活中，每一个人"是享有主权的，是最高的存在物，但这是具有无教养的非社会表现形式的人，是具有偶然存在形式的人，是本来样子的人，是由于我们整个社会组织而堕落了的人、丧失了自身的人、外化了的人，是受非人的关系和自然力控制的人，一句话，人还不是现实的类存在物"②。

其二，政治解放所引发的人的存在的二重化，使人的基本权利也相应地二重化，即一方面是"公民权"，另一方面是"人权"。马克思把"人权"同"公民权"区分开来，强调人权中的"人"不是"公民"，而是"市民社会的成员"。所谓人权，就是市民社会成员的权利，就是"利己的人的权利"。依据法国 1789 年《人权和公民权宣言》第 2 条的内容，马克思把作为市民社会成员的基本权利的"人权"解释为平等、自由、安全、财产四个要素。马克思认为，政治解放虽然通过政治和法律的形式确认了人的自由、平等、财产和安全等公民权，但在其现实性上，"自由这一人权的实际应用就是私有财产这一人权"③，平等不过是上面说的在自由意义上的平等。这就是说，每一个人"都同样被看成那种独立的单子"④，安全是"利己主义的保障"。所以，马克思解释道，"所谓的人权，不同于 droits ducitoyen［公民权］的 droits de I'homme［人权］，无非是市民社会的成员的权利，就是说，无非是利己的人的权利、同其他人并同共同体分离出来的人的权利。"马克思也指出，虽然"这种人权一部分是政治权利，只是与别人共同行使的权利。这种权利的内容就是参加这个共同体，确切地说，就是参加政治共同体，参加国家。这些权利

---

① 《马克思恩格斯全集》第 3 卷，人民出版社 2002 年版，第 42 页。
② 《马克思恩格斯文集》第 1 卷，人民出版社 2009 年版，第 37 页。
③ 《马克思恩格斯文集》第 1 卷，人民出版社 2009 年版，第 41 页。
④ 《马克思恩格斯文集》第 1 卷，人民出版社 2009 年版，第 40 页。

属于政治自由的范畴，属于公民权利的范畴"①。马克思进一步说明，在资产阶级政治国家，这种所谓的"公民权"是虚幻的。这是因为，"现代国家的自然基础是市民社会及市民社会中的人，即仅仅通过私人利益和无意识的自然必然性这一纽带同别人发生联系的独立的人，即为挣钱而干活的奴隶，自己的利己需要和别人的利己需要的奴隶"②。所谓的人权，不过是一种私权利，这种私权利具有利己主义、自我封闭、相互分离等特征。从这个意义上说，犹太人问题的实质在于，犹太人没有从政治解放中获得真正的公民权，没有成为政治国家的主人，他们只能在"满足需要的体系"中以"私人"的形式，过着与类生活相分离的异化生活。

其三，人的存在与本质、目的与手段等在政治解放中被颠倒和异化了。通过政治革命，"citoyen[公民] 被宣布为利己的 homme[人] 的奴仆；人作为社会存在物所处的领域被降低到人作为单个存在物所处的领域之下；最后，不是身为 citoyen[公民] 的人，而是身为 bourgeois[市民社会的成员] 的人，被视为本来意义上的人，真正的人"③。市民成为公民的目的性存在，政治生活成为市民生活的手段，人的真正本质即社会性本质成了人谋取私利的工具。人"把他人看做工具，把自己也降为工具，并成为异己力量的玩物"④。马克思在《1844 年经济学哲学手稿》中把这种现象概括为人与自己的类本质的异化，即人"把类生活变成维持个人生活的手段"。青年马克思以人本主义历史观为依据，反思现代市民社会的异化问题，通过分析市民社会的政治异化（《黑格尔法哲学批判》）、货币异化（《德法年鉴》）、劳动异化（《1844 年手稿》）等，明

---

① 《马克思恩格斯文集》第 1 卷，人民出版社 2009 年版，第 39 页。
② 《马克思恩格斯文集》第 1 卷，人民出版社 2009 年版，第 312—313 页。
③ 《马克思恩格斯文集》第 1 卷，人民出版社 2009 年版，第 43 页。
④ 《马克思恩格斯文集》第 1 卷，人民出版社 2009 年版，第 30 页。

确提出，政治解放本身并不就是人的解放。

（三）人类解放与超越公民

在谈及人类解放这个问题时，马克思从总体上将其理解为从"政治解放"到"人类解放'的历史过程。在马克思看来，任何一种解放，"都是使人的世界即各种关系回归于人自身"①。但是，政治解放只是一种建立在私有制基础上的解放，是资产阶级摆脱封建社会关系控制的解放。政治解放使人分裂为利己的、现实的个体与抽象的、虚幻的公民，即私人与公人两种不同的形式。它一方面使人成为被金钱等所奴役的自私自利的市民，另一方面使人成为被政治国家所奴役的虚幻的、抽象的公民。在这个层面上来看，政治解放使人的存在和本质分裂，它不可能解决作为市民社会成员的个人与作为国家公民的个人之间的矛盾。因此，政治解放是人的解放的未完成形式。

在马克思看来，政治解放所导致的人的存在的"市民—公民"二重性矛盾，只有通过"普遍的人的解放"才能得到真正解决。所谓"普遍的人的解放"即人类解放，就是"推翻使人成为被侮辱、被奴役、被遗弃和被蔑视的东西的一切关系"②，这样，就会"使人的世界即各种关系回归于人自身"③。由此，马克思进一步提出，要从"政治解放"回归到"人类解放"的主题，并对人类解放及其主体力量进行深入思考。在这一思考中，马克思把克服市民社会与超越政治解放紧密联系起来，超越了资产阶级公民概念，发现了作为"非市民"的无产者在克服人的存在的"市民—公民"二重性矛盾中的主体作用。

---

① 《马克思恩格斯文集》第1卷，人民出版社2009年版，第46页。
② 《马克思恩格斯文集》第1卷，人民出版社2009年版，第11页。
③ 《马克思恩格斯文集》第1卷，人民出版社2009年版，第46页。

在马克思看来，市民和公民都不是个人的真实存在方式。公民由于其并不包含任何有关个人的具体的、有差别的真实内容而成为有关个人的虚幻存在的纯粹概念，公民是"天上的""抽象的个人"；市民由于其撇开个人的社会本质而成为一个利己的、纯粹的个体，市民是"地上的""现实的个人"。作为市民和公民的人，没有达到人的普遍性与特殊性的统一，还不是完整的人，不是人的真正存在形式。对此，马克思特别强调：

> 只有当现实的个人把抽象的公民复归于自身，并且作为个人，在自己的经验生活、自己的个体劳动、自己的个体关系中间，成为类存在物的时候，只有当人认识到自身"固有的力量"是社会力量，并把这种力量组织起来因而不再把社会力量以政治力量的形式同自身分离的时候，只有到了那个时候，人的解放才能完成。①

这就是说，只有当"现实的个人"即追逐个人利益、沉溺"私域"的利己个体，真正意识到自己的"固有力量"即人的社会性本质（这种社会性本质在形式上或表面上呈现于"抽象的公民"），并把人的社会本质融化到"自己的经验生活、自己的个体劳动、自己的个体关系中间"时，人才会成为真正的人——类存在物。只有这样，"人的世界即各种关系回归于人自身"即人的解放才可能彻底完成。马克思认为，无产者是生活于市民社会的"现实的个人"中最有可能觉悟并起来行动的"非市民"成员。

马克思认为，市民生活是政治生活的基础，资产阶级政治革命所建

---

① 《马克思恩格斯文集》第 1 卷，人民出版社 2009 年版，第 46 页。

构的政治国家是以市民社会为前提和基础的，资产阶级政治解放所确认的国家公民是以市民社会成员为前提和基础的。"市民社会的成员，是政治国家的基础和前提。他就是国家通过人权予以承认的人"①。因而，超越政治解放和实现人类解放，在客体意义上可归结为克服和超越市民社会，在主体意义上可归结为发现和培育作为"市民社会阶级的非市民社会阶级"。与黑格尔迷恋官僚政治并寄希望于理性国家来克服市民社会的方案不同，马克思认为，只有依靠现实的人及其感性活动，才能克服和超越市民社会。在《〈黑格尔法哲学批判〉导言》中，马克思明确把克服和超越市民社会、实现人类解放的使命赋予无产阶级。因为，无产者诞生于市民社会，但又被剥夺了作为市民社会成员的资格和权利。马克思揭示的政治解放所带来的人的二重化现象，更多指向资产者或资产阶级。资产者或资产阶级个体存在着双重认同：作为公民，他在国家内部享有与其他公民平等的权利；作为市民，他通过市民社会的市场机制追求自身利益。但是，无产者或无产阶级的生存状态与资产者或资产阶级则完全不同。

> 在已经形成的无产阶级身上，一切属于人的东西实际上已完全被剥夺，甚至连属于人的东西的外观也已被剥夺，由于在无产阶级的生活条件中集中了现代社会的一切生活条件所达到的非人性的顶点，由于在无产阶级身上人失去了自己，而同时不仅在理论上意识到了这种损失，而且还直接被无法再回避的、无法再掩饰的、绝对不可抗拒的贫困——必然性的这种实际表现——所逼迫而产生了对这种非人性的愤慨，所以无产阶级能够而且必须自己解放自己。但是，如果无产阶级不消灭它

---

① 《马克思恩格斯文集》第 1 卷，人民出版社 2009 年版，第 45 页。

本身的生活条件，它就不能解放自己。①

可见，无产阶级既在市民社会之中又在市民社会之外，是"一个并非市民社会阶级的市民社会阶级"。无产阶级"表明人的完全丧失，并因而只有通过人的完全回复才能回复自己本身。社会解体的这个结果，就是无产阶级这个特殊的等级"。也因此，"无产阶级宣告迄今为止的世界制度的解体，只不过是揭示自己本身的存在的秘密，因为它就是这个世界制度的实际解体"②。这个资本主义"世界制度"的解体，意味着人的最后的、彻底的、普遍的解放。在马克思那里，无产阶级不仅仅是指现实资本主义经济活动中的工人，而且是一种表征具有自我意识与历史意识的历史主体，因而，无产阶级具有历史的普遍性，它代表着公共利益和"公意"。③

从总体上来看，马克思在《〈黑格尔法哲学批判〉导言》中思考分析人类解放及其主体力量的问题，是在法哲学立场上展开的。他虽然提出了无产阶级是人类解放的主体力量，但此时的"无产阶级"概念更多呈现为一个人类学概念，而不是经济学、社会学概念。但既然马克思把无产阶级视为人类解放的主体力量，并把人类解放视为一个现实的实践过程，他就必然会转向对无产阶级进行实证的，尤其是经济学意义的分析。在《1844年经济学哲学手稿》中，马克思立足无产者的立场，从政治经济学角度揭示了市民社会的本质，对工人在异化劳动中的悲惨境遇给予深切同情，把私有制视为劳动异化和工人悲惨境遇的根源，进一步论证了无产阶级在人类解放中的作用。对此，马克思指出：

---

① 《马克思恩格斯文集》第1卷，人民出版社2009年版，第261—262页。

② 《马克思恩格斯文集》第1卷，人民出版社2009年版，第16—17页。

③ 王浩斌：《市民社会的乌托邦——马克思主义的社会历史哲学阐释》，江苏人民出版社2011年版，第131页。

社会从私有财产等等解放出来、从奴役制解放出来，是通过工人解放这种政治形式来表现的，这并不是因为这里涉及的仅仅是工人的解放，而是因为工人的解放还包含普遍的人的解放；其所以如此，是因为整个的人类奴役制就包含在工人对生产的关系中，而一切奴役关系只不过是这种关系的变形和后果罢了。①

这就是说，克服包括政治异化在内的一切奴役关系的力量，存在于现实的生产活动中，无产阶级是这种现实的生产活动的主体，因而成为人的解放的主体。

在《神圣家族》中，马克思恩格斯剖析现实的物质生产的内部矛盾和发展规律，通过对资产者与无产者及其关系的分析，更为深刻地揭示了无产者的历史地位、社会身份及历史主体作用。在马克思看来，无产阶级是实现人类解放的主体力量。作为"非市民社会阶级的市民社会阶级"，无产阶级将最终扬弃自身，超越对资产阶级政治解放所宣示的法学意义上的公民身份的追求，而把人类解放作为自己的历史使命。由此，马克思用"阶级"概念取代了资产阶级所说的"公民"概念，从而超越了近代自由主义公民观的抽象人性论基础，凸显了作为"非市民"的无产阶级在克服人的存在的"市民—公民"二重化中的主体作用，进而走向建构有关无产阶级和人类解放的新学说即共产主义世界观的道路。

三、公民意识与核心价值观的契合共生性

改革开放以来，我们对社会主义公民意识及其构成的认识和理解经

---

① 《马克思恩格斯文集》第1卷，人民出版社2009年版，第167页。

历了一个不断探索的过程。1986 年 9 月，十二届六中全会通过的《中共中央关于社会主义精神文明建设指导方针的决议》明确指出，为适应社会主义现代化建设的需要，必须大力培育有理想、有道德、有文化、有纪律的社会主义公民。1996 年 10 月，十四届六中全会通过的《中共中央关于加强社会主义精神文明建设若干问题的决议》强调，开展社会公德、职业道德、家庭美德教育，在全社会形成团结互助、平等友爱、共同前进的人际关系。并提出了"三德"建设的具体要求，即文明礼貌、助人为乐、爱护公物、保护环境、遵纪守法的社会公德，爱岗敬业、诚实守信、办事公道、服务群众、奉献社会的职业道德，尊老爱幼、男女平等、夫妻和睦、勤俭持家、邻里团结的家庭美德。2001 年 9 月，中共中央颁布《公民道德建设实施纲要》，提出了一个包括"公民基本道德规范""公民基本要求""公民品质"以及"社会公德""职业道德""家庭美德"的公民道德建设范畴体系。同时，要求在全社会大力提倡"爱国守法、明礼诚信、团结友善、勤俭自强、敬业奉献"的公民基本道德规范，培养有理想、有道德、有文化、有纪律的"四有"公民品质。并进一步强调，在开展公民道德教育的过程中，培养和增强公民的"自立意识、竞争意识、效率意识、民主法制意识和开拓创新精神"，大力宣传和弘扬"解放思想、实事求是，与时俱进、勇于创新，知难而进、一往无前，艰苦奋斗、务求实效，淡泊名利、无私奉献"的时代精神。党的十七大报告明确提出社会主义公民意识的六个基本要素，强调必须加强公民意识教育，树立社会主义民主法治、自由平等、公平正义的理念。公民意识根本上是一种公民价值观，由具有内在逻辑联系的各种价值观念所构成。一般地说，主体意识、公共意识和参与意识，是公民意识的三大因子。其中，主体意识是根本，公共意识是核心，参与意识是归宿。公民意识的三大因子孕育权利、责任、自由、平等、公正、民主等公民意识的具体要素。

　　一般地说，在任何一个社会的价值结构中，都存在着不同层级的价值体系，有基本价值体系、特殊价值体系等。在不同的时代和环境条件下，各种价值体系会有不同的要求和内容，但贯穿其中的必有特定的核心价值体系。核心价值体系涵盖社会发展的指导思想、理想目标、精神支柱，是主流意识形态的本质体现，影响人们的思想观念、思维方式、行为规范。抓住核心价值体系，就抓住了社会价值需求、价值创造、价值实现的关键。党的十六届六中全会首次提出"社会主义核心价值体系"这一概念，并阐述了社会主义核心价值体系的内容、建设路径等。党的十七大报告把"建设社会主义核心价值体系"作为"推动社会主义文化大发展大繁荣"的首要任务，强调要"切实把社会主义核心价值体系融入国民教育和精神文明建设全过程，转化为人民的自觉追求"。社会主义核心价值体系由马克思主义、中国特色社会主义共同理想、民族精神、时代精神、道德价值观等构成，其中所蕴含的各种价值观念，如富强、民主、文明、法治、公平、和谐等，生成了一系列中国特色的现代公民意识，例如自立意识、市场意识、竞争意识、效率意识、民主意识、法治意识、科学意识、生态意识、公平意识、正义意识等等。党的十八大报告首次提出"社会主义核心价值观"概念，并概括了社会主义核心价值观的十二个基本要素，即富强、民主、文明、和谐，自由、平等、公正、法治，爱国、敬业、诚信、友善。2013 年 12 月 11 日，中共中央办公厅印发的《关于培育和践行社会主义核心价值观的意见》指出，社会主义核心价值观是我们党凝聚全党全社会价值共识作出的重要论断。富强、民主、文明、和谐是国家层面的价值目标，自由、平等、公正、法治是社会层面的价值取向，爱国、敬业、诚信、友善是公民个人层面的价值准则，这 24 个字是社会主义核心价值观的基本内容，为培育和践行社会主义核心价值观提供了基本遵循。党的十八大以来，习近平非常重视社会主义核心价值观建设，强调要把培育和弘扬社会主义核心价值观作为凝魂聚气、强基固本的基础工程。他指出："一个民族的文明进步，一个国家的发展壮大，需要一代又一代人接力努力，需要很多力量来推动，核心价值观是其中最持久最深沉的力量。"①

> 核心价值观，其实就是一种德，既是个人的德，也是一种大德，就是国家的德、社会的德。国无德不兴，人无德不立。如果一个民族、一个国家没有共同的核心价值观，莫衷一是，行无依归，那这个民族、这个国家就无法前进。②

社会主义核心价值观是社会主义核心价值体系的内核，体现社会主义核心价值体系的根本性质和基本特征，反映社会主义核心价值体系的丰富内涵和实践要求，是社会主义核心价值体系的高度凝练和集中表达。事实上，我们对社会主义公民意识及其构成要素的探索和确认，与对社会主义核心价值观及其构成要素的探索与确认，二者是同步的，相辅相成的，具有内在的关联性。这主要表现在以下几个方面。

其一，公民意识与社会主义核心价值观具有本质上的同一性，二者都是社会主义意识形态的本质体现。作为与社会主义社会制度和国家制度相适应的公民意识，社会主义公民意识反映社会主义核心价值观的根本要求，是社会主义核心价值观的具体体现。作为社会主义核心价值体系的内核，社会主义核心价值观是我国多样多元多变社会思潮的主导和核心，决定着多样多元社会思潮在"多变"中"不变"的思想特质，即中国特色社会主义。社会主义核心价值观使多样多元多变的社会思潮汇聚成一种"意识统一力"，引导、规范、整合和凝聚人们的思想意识和

---

① 《习近平谈治国理政》，外文出版社 2014 年版，第 180 页。
② 《十八大以来重要文献选编》（中），中央文献出版社 2016 年版，第 3 页。

价值观念。社会主义核心价值观的这种意识形态本质，决定了当代中国公民意识的社会主义思想特质。

其二，公民意识教育与社会主义核心价值观的培育具有地位上的显著性。意识形态安全是国家安全的重要内容。在复杂的国际国内环境下，中国意识形态安全面临严峻挑战，特别是西方国家民主输出、文化霸权、网络信息舆论多元传播、宗教渗透等，对中国意识形态安全构成严重威胁。近年来，在我国意识形态领域出现的新自由主义、历史虚无主义、民主社会主义、普世价值等思潮，都旨在解构我国社会主义意识形态的主导地位。我国意识形态建设实践存在诸多问题，主要表现在两个方面：一是意识形态建设的"权力崇拜"，即片面理解马克思恩格斯关于"统治阶级的思想在每一时代都是占统治地位的思想"①的观点，认为政治权力在维护社会主义意识形态主导地位中起着决定性作用，只要掌控了政治权力，就不必担心会丧失意识形态领导权和主导权；或者一厢情愿地力图仅仅凭借政治权力，独占或垄断意识形态的解释权和发展权。二是意识形态建设的"自发性崇拜"，即片面理解马克思主义经典作家关于"社会存在决定社会意识"的观点，认为意识形态会随着物质经济的发展而自行生成，轻视或忽视意识形态的相对独立性、自主性和能动性。因此，我们必须提高对意识形态相对独立性和自主性的认识，加强意识形态安全建设工作。公民意识教育是社会主义政治文明建设的基础工程，培育和践行社会主义核心价值观是社会主义精神文明建设的主体工程，二者都是社会主义意识形态建设的重要内容和着力点，是掌握和巩固社会主义意识形态领导权、管理权、话语权的有效途径。

其三，公民意识教育与社会主义核心价值观的培育具有内容上的融通性。社会主义核心价值观中的自由、平等、公正、法治等要素，与党

---

①　《马克思恩格斯文集》第 1 卷，人民出版社 2009 年版，第 550 页。

的十七大报告所确认的"民主法治、自由平等、公平正义"的公民意识基本理念，在具体内涵、本质要求等方面是一致的。公民意识教育以社会主义民主政治价值观为基本内容，社会主义核心价值观以社会主义价值实践为基本内容，二者在爱国、民主、法治、自由、平等、公正等基本要素方面相融通。同时，社会主义核心价值观和公民意识的提出，反映了我国意识形态话语体系的与时俱进和创新，对于充分发挥社会主义意识形态的效能具有重要意义。

其四，公民意识教育与社会主义核心价值观的培育具有功能上的互补性。公民意识及其教育是培育和践行社会主义核心价值观的重要载体和必要途径，社会主义核心价值观是公民意识教育的思想源泉和理论指导。一般地说，价值观与人的需要、目的、利益等密切关联，是人们关于自己的需要、目的、利益、理想、信念等的立场、观点、态度的总和。价值观是主体意识的内核，价值观的确立，是主体意识觉醒的集中体现。公民意识教育实际上是一种价值认同教育。价值认同是个体或社会共同体（民族、国家等）通过相互交往而在观念上对特定价值观的认可和共享，是人们对自身在社会生活中的价值定位和定向，它最终表现为共同价值观念的确立。从这个意义上说，公民意识教育与社会主义核心价值观的培育相互支撑、相互作用，体现了社会主义政治文明建设与社会主义精神文明建设的良性互动。

其五，公民意识教育与社会主义核心价值观培育具有目标上的一致性。从最一般意义上说，公民意识教育与社会主义核心价值观的培育，二者的目标都在于增进社会共识，凝聚社会力量，建构精神家园，提振民族精神，涵养个人品质，培养社会主义合格公民。在我国人民生活总体达到小康水平、物质生活比较富裕的条件下，心理归宿、心灵安顿、精神寄托等高质量的精神需求，越来越为人们所关注和追求，人们渴望精神的家园。而一切正确的价值观教育本质上都是一种精神教化，都是一种面向人的全面发展的"精神成人"教育。公民意识教育与社会主义核心价值观培育，二者在根本上都是一种价值观教育，其最重要的目的在于促进"精神成人"。社会主义公民意识和社会主义核心价值观根本上是一种人生价值观，它提供了"精神成人"的思想根据、理想指向、精神支撑、道德基础等，回答了人生目的、人生态度、人生价值和人生道路等问题。

当前，我国价值观生态错综复杂。长期历史发展进程中传承下来的传统价值观依然根深蒂固，新中国成立后"左"的时期形成的价值观仍有一定市场，西方价值观大规模"输入"，中国特色社会主义价值观正在新生过程中，社会价值观呈现"多元并存、互相竞争、新旧交替"的态势。① 这种价值观生态也呈现了公民意识及其教育生态的复杂性。在这种情形下，培育和践行社会主义核心价值观就显得尤为必要和迫切。习近平指出：

> 核心价值观，承载着一个民族、一个国家的精神追求，体现着一个社会评判是非曲直的价值标准。②

积极培育和践行社会主义核心价值观，对于巩固马克思主义在我国公民意识教育中的指导地位，对于促进中国特色社会主义公民教育的平稳健康发展，都具有重要意义。

---

① 孙伟平主编：《当代中国社会价值观调研报告》，中国社会科学出版社2013年版，第280—286页。

② 《十八大以来重要文献选编》（中），中央文献出版社2016年版，第2页。

第三章 主体意识：公民意识的内在性之维

公民意识首先呈现的是人的一种主体意识，是人的自主、自为、自由等内在精神的自觉反映和要求。这种主体意识是现代性的产物，是随着现代市场经济、民主政治、理性文化、世俗生活的推进和发展而形成和确立的。主体意识既是公民作为人的一种"自我"意识和"成人"意识，更是人作为公民的一种身份意识和权利意识，具体呈现为国家意识、民主意识、自由意识、权利意识等。

一、两种前现代意义的"身份意识"

（一）封建意义上的"身份意识"

臣民指以君主为本位、对君主具有强烈的依附性、缺乏独立人格和意志、相对君主权力而言只有义务而没有实质权利的人。在古希腊时代，就城邦的内部情况而言，亚里士多德指出："既然城邦的组成（基本上）包含着许多家庭，我们就应该先行考虑到'家务管理'。一个完全的家庭是由奴隶和自由人组合起来的，家务的各个部分就相应予这些组成分子。研究每一事物应从最单纯的基本要素（部分）着手；就一个完整的家庭而论，这些就是：主和奴，夫和妇，父和子。"①亚里士多德认为，在由人组成的共同体里，包含自然形成的家族和奴隶的是"家庭"。在此之上更大的，作为"最高的、具总括性的共同体"存在的，即为"国家"。这个"国家共同体"并不是由平等之人构成的集团。因为它包含自由人对奴隶的统治关系，男人对女人的统治关系，并视此为理所当然。在亚里士多德看来，这种统治与被统治的关系是人"与生俱来"的，上天注定的。"世上有统治和被统治的区分，这不仅事属必需，实际上也是有利益的；有些人在诞生时就注定将是被统治者，另外一些人则注定将是统治者"②。

中国有几千年的封建传统。这些传统中蕴含丰富的思想智慧和优秀的文化精华，在当代社会具有重要作用，但也不乏文化糟粕和各种落后思想元素。其中，皇权思想、特权观念、奴性道德、清官情结、官本位、家长制等，都是一些封建意识。这种意识本质上是一种小农意识。小农意识源于小农生产方式。小农生产方式是一种以个体自主劳动经营和生产资料个体私人占有为基础的、生产经营规模比较狭小的生产方式，它是迄今为止人类历史上最为古老和悠久的生产形式。"这种生产方式是以土地和其他生产资料的分散为前提的。它既排斥生产资料的积聚，也排斥协作，排斥同一生产过程内部的分工，排斥对自然的社会统治和社会调节，排斥社会生产力的自由发展。它只同生产和社会的狭隘的自然产生的界限相容"③。在历史和理论上有两种不同性质的小生产：一种是与自然经济相联系的小生产，另一种是与商品经济相联系的小生

---

① [古希腊]亚里士多德：《政治学》，吴寿彭译，商务印书馆 1965 年版，第 10 页。
② [古希腊]亚里士多德：《政治学》，吴寿彭译，商务印书馆 1965 年版，第 13 页。
③ 《马克思恩格斯文集》第 5 卷，人民出版社 2009 年版，第 872 页。

产。与小生产相对应，小农 (Small peasant)，即从事小生产的主体，它包括宗法式的小农（小农、自耕农或其他农民）和小商品生产者（手工业者、小商人、小资产阶级等）。所谓小农，指封建社会中从事自给自足自然经济活动的主体，其主要特征是小农业生产劳动者和小私人占有者二者的统一。小农意识是小农在以自然经济为基础、家族血缘为本位的环境中形成的并内化于小农头脑中的认知心理、价值观念、思维方式、宗教意识等的总和。① 近年来，学者们展开了有关小农的行为基础与社会的制度基础方面的争论：一种观点认为，传统小农社会是通过共同的道义价值观与村社制度以合作方式组织起来的；另一种观点认为，小农社会展现了理性个人甚至不惜牺牲村庄福利或共同体福利来争取个人福利的轨迹。美国学者詹姆斯·C.斯科特的《农民的道义经济学》（1976）认为，小农秉持一种"安全第一"的生存伦理，在这种伦理视域下，农民所追求的决不是收入的最大化，而是较低的风险分配与较高的生存保障。② 波普金在《理性的小农》（1979）一书中认为，小农是自身利益的理性主体，是使其个人福利或家庭福利最大化的理性人。他们主要出于家庭福利的考虑，而不是被群体利益或道义价值观所驱使。③

老百姓、草民、庶民等概念，都是封建时代的产物，是封建社会"官民""臣民"统治秩序中的话语，"草民"观念更是中国封建社会与封建意识长期遗存的产物。古人为了向他人表示敬意，常采用尊人卑己的方式来自称，如鄙人、敝人、仆、下官、学生、小人、小生、贱臣、卑人、老奴、老朽、在下、妾、奴等。在中国封建社会，"普天之下，

---

① 袁银传：《小农意识与中国现代化》，武汉出版社 2000 年版，第 15—31 页。

② ［美］詹姆斯·C.斯科特：《农民的道义经济学》，导论，程立显等译，译林出版社 2013 年版，第 1—13 页。

③ ［美］李丹：《理解农民中国》，张天虹等译，江苏人民出版社 2009 年版，第 35 页。

莫非王土；率土之滨，莫非三臣。"中国传统文化表现为一种"小民文化"，这种"小民文化"中的"权力至上""权力崇拜"（"官本位"思想）、清官情结、"草民"或"庶民"意识等广泛流行。中华文明是在宗法制的农耕社会中形成的，这样的农耕社会主要是以亲缘关系为中心的聚族而居，形成村、庄、堡、寨等社会细胞。以这样的社会细胞为单位建立起来的国家和社会，是仿照"父子伦理"构建的，君为天，官员为"父母官"，老百姓为子民、小民。整个国家就这样形成一种金字塔型结构。邹容在《革命军》中说："柔顺也，安分也，韬晦也，服从也，做官也，发财也，中国人造奴隶之教科书也。举一国之人，无一不为奴隶，举一国之人，无一不为奴隶之奴隶。"林语堂在《中国人》一书中指出中国人的遇事忍耐、消极避世、超脱老滑等，其中最有害的就是奴性、忍让、得过且过、吃亏是福、随遇而安、奉承权贵，甚至有人把这些意识视为一种"生存智慧"。马克思认为，东方专制制度"使人的头脑局限在极小的范围内，成为迷信的驯服工具，成为传统规则的奴隶，表现不出任何伟大的作为和历史首创精神。"①

福、禄、寿、财、土是传统社会中国人的五大价值取向。小农在对"福""禄""寿""财""土"这五大价值目标和理想的追求中，以"土"为起点，以求"福"为最终归宿，"禄""寿""财"都涵盖和包括在"福"中，是"福"的具体体现。"禄"表示农民对于权力的崇拜和追求，反映了小农要求提高自己社会地位的心态。"禄"的含义是地位、身份和权力。《礼·王制》曰："位定，然后禄之。"位是爵次、职位、权力；有了位，就有了财富和身份。而且，在农业社会，用政治权力获取财富比用财富去获取权力来得更容易。"贵则富""乌纱帽底下无穷汉"，有了"禄"，不愁无"财"和"土"，这客观上强化了农民对"禄"的追求。中国封

---

① 《马克思恩格斯文集》第 2 卷，人民出版社 2009 年版，第 682—683 页。

建社会的农民大多数是自耕农，他们是国家的"编户齐民"。在人格上，他们只是作为国家最高人格体现的君主的臣民而不单纯依附于某一地主，因而在人身关系上有一定的相对独立和自由。同时，中国封建社会的土地可以买卖转让，这使得社会各阶层的阶级地位和经济本身具有变动不居的特色，进而使得小农通过机遇和自身努力改变自己的社会地位和等级身份成为可能。"铁打的衙门流水的官""一朝君子一朝臣""朝为田舍郎，暮登天子堂""皇帝轮流做，明天到我家"的权力转移情形，给农民带来了某种朦胧的希望，使农民祈盼世道改变给自己带来权力和社会地位的改变。① 在传统封建社会，"人们从小就习惯于认为，全社会的公共事务和公共利益只能像迄今为止那样，由国家和国家的地位优越的官吏来处理和维护，所以这种崇拜就更容易产生"②。长此以往，人们形成了强烈的"官本位"意识。

> 所谓"官本位"，就是以官为本，一切为了做官，有了官位就什么东西都有了，"一人得道，鸡犬升天"。这种"官本位"意识，流传了几千年，至今在我国社会生活中仍然有着很深的影响。一些共产党员和党的领导干部，也自觉不自觉地做了这种"官本位"意识的俘虏，于是跑官要官、买官卖官的现象出来了，弄虚作假、虚报浮夸、骗取荣誉和职位的现象出来了，明哲保身、但求无过、不思进取、一切为了保官的现象出来了，以权谋私的现象出来了。③

梁启超形容说，中国的老百姓"视官吏如天帝，望衙署如宫阙，奉

---

① 袁银传：《小农意识与中国现代化》，武汉出版社 2000 年版，第 62—65 页。
② 《马克思恩格斯文集》第 3 卷，人民出版社 2009 年版，第 111 页。
③ 《江泽民文选》第三卷，人民出版社 2006 年版，第 133 页。

摺绅如神明"①。1920 年，冯友兰（1895—1990）在《中国的官气与美国的商气》一文中指出："中国的无论什么东西，都是带官气的"。"顶害中国的，就是那官气"。② 在今天的中国，整个社会仍弥漫着浓厚的"官本位"思想。

马克思深刻揭示了官本位意识的社会经济根源。在《路易·波拿巴的雾月十八日》中，马克思深入分析了法国社会中人数最多的一个阶级——小农。在他看来，"小农人数众多，他们的生活条件相同，但是彼此间并没有发生多种多样的关系。他们的生产方式不是使他们互相交往，而是使他们互相隔离"③。马克思认为，小农是"由一些同名数简单相加而形成的，就像一袋马铃薯是由袋中的一个个马铃薯汇集而成的那样。数百万家庭的经济生活条件使他们的生活方式、利益和教育程度与其他阶级的生活方式、利益和教育程度各不相同并互相敌对，就这一点而言，他们是一个阶级。而各个小农彼此间只存在地域的联系，他们利益的同一性并不使他们彼此间形成共同关系，形成全国性的联系，形成政治组织，就这一点而言，他们又不是一个阶级。因此，他们不能以自己的名义来保护自己的阶级利益，无论是通过议会或通过国民公会。他们不能代表自己，一定要别人来代表他们。他们的代表一定要同时是他们的主宰，是高高站在他们上面的权威，是不受限制的政府权力，这种权力保护他们不受其他阶级侵犯，并从上面赐给他们雨水和阳光。所以，归根到底，小农的政治影响表现为行政权支配社会"④。

历史唯物主义认为，社会意识固然依赖于社会存在，但又对社会存

---

① 《饮冰室合集》第 2 册，中华书局 2015 年版，第 403 页。
② 《三松堂全集》第十四卷，河南人民出版社 2001 年版，第 229、231 页。
③ 《马克思恩格斯文集》第 2 卷，人民出版社 2009 年版，第 566 页。
④ 《马克思恩格斯文集》第 2 卷，人民出版社 2009 年版，第 567 页。

在表现出一定的独立性。由于人们对变化了的社会存在需要有一个认识过程，以及社会意识本身具有巨大的历史惯性，社会意识的发展变化往往落后于社会存在。从秦始皇建立君主专制中央集权制度到辛亥革命推翻清王朝，君主专制制度在我国延续了两千多年，落后意识可谓根深蒂固。马克思指出："征服我们心智的、支配我们信念的、我们的良心通过理智与之紧紧相连的思想，是不撕裂自己的心就无法挣脱的枷锁。"①在我国，封建专制虽早已终结，"臣民"也已经彻底成为一个历史概念。但这并不意味着这种意识在现实生活中已经彻底绝迹。相反，封建意识在许多方面却是死而不僵，往往以改头换面的形式呈现于人们的思想观念、行为方式和社会生活之中。

20 世纪 80 年代初，邓小平深刻揭示了封建遗毒在我国经济社会生活中的影响，提出了肃清封建遗毒的任务。1980 年 5 月 31 日，邓小平在一次谈话中不无忧虑地说："我们的人民、我们的党受封建主义的害很重，但是一直没有把肃清封建主义的影响作为一个重要任务来对待。"②同年 7 月 23 日，邓小平在郑州同河南省委负责人的谈话中说："中国封建主义很厉害，这个问题不解决，就要把人推向反面。"③1980 年 8 月，邓小平在中央政治局扩大会议上的讲话中指出：

　　我们进行了二十八年的新民主主义革命，推翻封建主义的反动统治和封建土地所有制，是成功的，彻底的。但是，肃清思想政治方面的封建主义残余影响这个任务，因为我们对它的

① 《马克思恩格斯全集》第 1 卷，人民出版社 1995 年版，第 295—296 页。
② 《邓小平年谱（一九七五———九九七）》（上），中央文献出版社 2004 年版，第 642 页。
③ 《邓小平年谱（一九七五———九九七）》（上），中央文献出版社 2004 年版，第 659 页。

重要性估计不足，以后很快转入社会主义革命，所以没有能够
完成。现在应该明确提出继续肃清思想政治方面的封建主义残
余影响的任务，并在制度上做一系列切实的改革，否则国家和
人民还要遭受损失。①

　　在邓小平看来，封建主义小生产的残余思想还在影响着人们的生
活，这像是历史延续下来的一种惯性，"这种习惯势力的一个显著特点，
就是因循守旧，安于现状，不求发展，不求进步，不愿接受新事物"②。
邓小平强调："肃清封建主义残余影响，对广大干部和群众说来，是一
种自我教育和自我改造，是为了从封建主义遗毒中摆脱出来，解放思
想，提高觉悟。"③1986 年 11 月，时任国务院副总理万里在中央农村工
作会议上的讲话中，谈到就如何认识农村社会主义精神文明建设的问题
时也认为，在中国农村精神领域中存在的"各种消极现象，绝大部分来
源于封建遗毒，可以说是'土生土长'的，而不是外来的"④。1993 年 8
月，江泽民指出："我国是一个封建社会历史很长的国家，封建主义和
其他剥削阶级思想的影响将长期存在，总要通过各种形式表现出来。"⑤
　　改革开放前我国的社会管理体制，总体上是"单位管理体制"（城
市是各种企事业单位，农村则是人民公社）。"单位"成为个人社会地位、
社会保障、社会交往的保证和后盾，是个人的保护者、监护者和终身依
靠者。在这种管理体制中，人也成为"单位人"（城市企事业单位成员
和农村公社社员）。人们的社会身份总是和他们所处的单位联系在一起

---

① 《邓小平文选》第二卷，人灵出版社 1994 年版，第 335 页。
② 《邓小平文选》第二卷，人灵出版社 1994 年版，第 142 页。
③ 《邓小平文选》第二卷，人灵出版社 1994 年版，第 335—336 页。
④ 《社会主义精神文明建设文献选编》，中央文献出版社 1996 年版，第 290 页。
⑤ 《江泽民文选》第一卷，人灵出版社 2006 年版，第 324 页。

的，人们的社会身份往往是透过单位身份折射出来的。单位身份的主要作用是使人们在社会上的行为具有合法性，给予人们在社会中行为的资格。人们主要是从这样的社会组织与社会制度中获得社会地位和社会角色的。在很长的一段时期里，国家总是占据绝对的优势地位，掌握控制各类社会资源，同时对单位和个人形成绝对领导和支配；单位对单位成员及其各种社会关系形成绝对领导和支配。单位是一个典型的"都市村庄"，是一个"大家"，它把现代中国与传统中国紧紧地连在了一起，把单位中国与乡土中国紧紧地连在了一起。在单位里，人们相互熟悉，没有陌生人。个人与单位的关系由于资源主要由单位垄断性分配的机制而变得异常紧密。在单位社会存在明显的差序格局，这种差序格局的行为方式在个人层面表现为，每个单位人总是根据他人对自己的亲疏远近以及重要性的程度来决定自身的行为方式和行为态度，并以差序格局的方式来构造自己与他人的关系。"酒逢知己千杯少"中所反映出来的那种热忱和友好，主要是对与自己熟悉的好朋友来说的；而在"话不投机半句多"里所体现出来的那种互动过程中的分寸与谨慎，则主要是针对自身构造的差序格局中离自己较远的那些人而言的。存在决定意识，单位及其强烈的客观存在决定了人们强烈的单位意识，提倡孝忠、顺从、尊卑、长幼等观念。[①]

单位制社会强化了传统的"圈子意识"。"圈子意识"源于宗法亲情，并通过中国封建传统的宗族制度而得到固化。"圈子"包括以血缘为基础的家庭圈子和以地缘、邻缘为基础的亲戚、邻里、朋友等圈子。圈子里的人被称作"圈内人"，除此之外，则被视作"圈外人"。"圈外人"既指与自己没有直接血缘关系的人，也指与自己的家庭所处的地理位置以及与自己的社会地位和等级身份相去甚远的人。"圈子意识"使得人

---

① 李汉林：《中国单位社会》，上海人民出版社 2004 年版，第 1—85 页。

们在处理人际关系、社会关系时注重感情因素，以情感代替理性，以价值判断取代事实判断。由此，造成人们的理性意识、公正意识、规范意识等缺乏，"法律面前人人平等"的观念淡薄，职业道德意识也难以确立起来。2014 年，在十八届中央纪委第三次全会上，习近平特别强调组织纪律，他指出，组织观念薄弱、组织涣散是一个需要严肃对待的问题。对党和国家来说，组织纪律的松弛已经成为一大隐患。对于"山头主义"这一政治痼疾，习近平斥责道：

> 有的干部信奉拉帮结派的"圈子文化"，整天琢磨拉关系、找门路，分析某某是谁的人，某某是谁提拔的，该同谁搞搞关系、套套近乎，看看能拖上谁的大腿。有的领导干部喜欢当家长式的人物，希望别人都惟命是从，认为对自己百依百顺的就是好干部，而对别人、对群众怎么样可以不闻不问，弄得党内生活很不正常。①

习近平强调："党内决不能搞封建依附那一套，决不能搞小山头、小圈子、小团伙那一套，决不能搞门客、门宦、门附那一套，搞这种东西总有一天会出事！"② 在十九大报告中，习近平在谈到党的政治建设时强调，坚决防止和反对宗派主义、圈子文化、码头文化。

（二）公民意义上的"身份意识"

在中世纪后期的欧洲许多地方，"公民身份"最初是通过"臣民身份"

---

① 《十八大以来重要文献选编》（上），中央文献出版社 2014 年版，第 765 页。
② 《十八大以来重要文献选编》（上），中央文献出版社 2014 年版，第 769—770 页。

予以确认的。"臣民身份"最初是一种特权，源于男性个体对于封建君主的"臣服"。根据身份出生地原则，任何在一个特定统治者所管辖的领地（或土地）上出生的男子，即被视为该统治者的臣民。妇女的"臣民身份"以相同的方式被确定，除非是一名女子嫁给一个外国统治者的臣民，她的忠诚通常也就转移至她的丈夫所臣服的君主。只有臣民可以在王国中拥有不动产；只有通过君主的私人行为，才能将臣民身份赋予一个出生在君主领地之外的个体。[①]17 世纪晚期，甚至到 18 世纪的大部分时间里，"公民—臣民"这一对概念，并没有被认为存在像它们在现代意义中所具有的根本对立。温和君主制度的政治观念，将这两个概念之间的多重关系统一起来。例如，在英国，19 世纪以前的很长时期，公民（citizen）一词与臣民（subject）含义相混同。在法国，18 世纪中期以前，"公民—臣民"这一对概念有机地结合在温和的君主政体中。

现代公民观念整合了臣民的义务消极服从的特质。古罗马思想家西塞罗（前 106—前 43）提出的"被动公民"在整个中世纪以国王臣民的形式存在。14 世纪之后，随着日益增长的经济、法律或政治利益的需要，市民更依赖于君主来突破城市之间的争端，反对封建特权和教权，但君主保护市民阶层的条件是，废除城市自治，征收兵役和统治所需的高额赋税。市民以国王臣民的形式存在。这样，以君主为核心的中央集权化和军事化开始逐渐扩大势力范围，统一国内市场增强税收财政能力和法律效力，使分散的城市市民、传统贵族与教徒统一归化为王权的臣民。进入一个"公民即臣民"的绝对主义国家时代，消极服从君主的传统臣民角色在观念和行动中转化为服从国家主权的公民角色。[②]

---

① 郭台辉、余慧元编译：《历史中的公民概念》，天津人民出版社 2013 年版，第 3—8 页。

② 参见郭台辉：《市民、臣民与选民：现代公民的角色整合与嬗变》，《浙江学刊》2008 年第 6 期。

历史地看，臣民概念首先是从其授采邑权的起源（lehnsrechtli-chen Ursprungen）中出现的。17世纪和18世纪的思想家将臣民定义为"封臣"，认为所有那些拥有采邑或土地、能让其收到租金的人都是臣民，是自然服从于一个最高君主或者一个共和国的人。根据国王父亲般的自然权力观念，封臣并不是奴隶，臣民观念表达了君主与封臣之间"爱"与"服从"的关系。法国《百科全书》如此界定"臣民"一词：人们称一个国家的所有成员为臣民，与统治者（souverain）相对。统治者的权威要么授予了一个人，如在君主制中，要么授予结合起来的多数人，如在共和制中，既是同一个共和国中的首席官员，同样也是一个国家的臣民。17世纪和18世纪的一些思想家以"相互赞同"的契约论来解释服从，如此一来，服从与自由便并行不悖。在这个意义上，所谓臣民，就是考虑到所有公民相对于其统治者的从属性而来的一种称呼。在一个共和国中，所有的人都是臣民，在一个君主体制中除君主之外，所有人也是臣民；同时，臣民也区别于服从暴君的奴隶，因为暴君的意志就是法律，臣民则应当充分发挥自由的作用，这种自由不会给公共秩序造成麻烦。思想家在"公民—臣民"与奴隶的对立中，阐释公民和臣民的内在关联性。公民就是在与他人的主权相关联的自由状况下的臣民，公民是"保留着他人主权的纯粹臣民"。可见，臣民并没有被排除在公民之外，至少在其涉及一种"合法的服从"时是如此。公民的特性被概括为"对祖国的爱"产生的社会性以及对法律的忠诚和服从。法国启蒙思想家霍尔巴赫（1723—1789）说，只有对合法的君主来说才有真正的臣民，只有依靠人民的同意来管理人民的君主才是合法的君主，或者说当其首脑的意愿是对社会的忠诚的表达，只有其服从于他们自己批准的法律，臣民才能说得上是公民。"公民—臣民"呈现了人们的一种愿望，即人们希望服从自己的意愿。一些思想家进一步提出区分"好臣民"与"坏臣民"。"好臣民"与"好公民"是一致的，"坏臣民"则以"奴役"和"恐惧"为特征。只是到法国大革命时代，公民概念更接近于自由，而臣民概念则接近于服从。①

卢梭指出，就一个特定政治体的结合者而言，"他们集体地就称为人民；个别地，作为主权权威的参与者，就叫做公民，作为国家法律的服从者，就叫做臣民"②。在《社会契约论》中，卢梭在不同层次对"民"这一概念做出了解释，也体现了不同的政治价值取向。首先，人民是"民"的最高与最广泛的层次，主权者就是人民，人民作为一个整体性的概念，是主权的承载者。这样，卢梭把作为整体的人民提高到了无比至上的地位。从分享主权者权威角度看，公民是主权权威的参与者。公民作为主权的分享者和参与者，拥有主权所赋的权利、自由与平等，但不能代表主权的权威。从对法律的服从角度来看，法律的遵守者就是臣民。公民是立法者与守法者的统一，是主权者和人民、臣民的统一。公民处于人民与臣民之间，每个公民都发现自己身处于法律和国家的双重关系中：在享有主权的范围内，他是立法者；但作为必须服从法律的个人，他又是法律的臣民。

在法国大革命前夜，人们开始质疑臣民与公民在词义上的等价性。当时，"臣民"只有在与"法律"的关系中才能得到理解。除此之外，"臣民"一词具有一种贬义色彩，指的是依附于专制意志的个体。有人于 1791 年 3 月 16 日在国民会议上宣布："自由的公民只是法律的臣民，在整体上他们是统治者。"那时的一部辞典如此解释"臣民"一词："（在法国）所有人同时是公民与臣民。"国王作为主权的代表角色结束了：不再有臣民，国王自己也是臣民。人们反对国王将法国人称为"他的臣

---

① 郭台辉、余慧元编译：《历史中的公民概念》，天津人民出版社 2013 年版，第 51—59 页。

② ［法］卢梭：《社会契约论》，何兆武译，商务印书馆 1980 年版，第 26 页。

民"，认为这是一种"失礼的表达"。①

　　美国学者加布里埃尔·A.阿尔蒙德和西德尼·维巴在《公民文化》一书中谈到公民、臣民与村民的区别与联系。村民是属于生活在初级社会形态中的人，村民是熟人，以人情方式行事，缺乏契约与权利意识；臣民主要关注的是政治输出，即知道自己在法律管辖下有哪些权利，而不参与制定法律和政策。

　　　如果一个人把自己家庭的利益当作唯一的追求目标，或者以家庭关系来考虑他在政治体系中的角色，他就是一个村民，而不是一个公民。如果一个人认为他与国家的全部关系就是他扮演臣民的角色，那他就是一个臣民，而不是一个公民。②

　　臣民能力大多只是了解既定规则下他有什么权利，而不是参与制定这些规则，他提出的是请求而不是要求。阿尔蒙德和维巴以对政府影响的回应为例指出："如果他们意识到政府的影响，但却对其不满意，我们就可以称之为疏离的臣民。如果他们丝毫没有意识到或者只是模模糊糊地意识到了，我们就可以称之为村民。"③臣民也可能期待从政府那里得到有利的输出，但并不期待这是因他的要求而被赐予。公民这个角色并不取代臣民和村民角色，而是后二者的升华。在许多社会中，个人扮演公民角色的机会可能是很有限的；但在所有社会中，无论其特定政治制度的形式如何，个人都是臣民。"即使那些扮演积极的公民角色的人，

---

　　①　郭台辉、余慧元编译：《历史中的公民概念》，天津人民出版社 2013 年版，第 69—70 页。

　　②　[美] 加布里埃尔·A.阿尔蒙德等：《公民文化》，张明澍译，商务印书馆、人民出版社 2014 年版，第 125 页。

　　③　[美] 加布里埃尔·A.阿尔蒙德等：《公民文化》，张明澍译，商务印书馆、人民出版社 2014 年版，第 340 页。

也没有排除臣民和村民的角色。参与者角色跟臣民和村民角色结合在一起。这意味着积极的公民仍然保持着传统的、非政治的关系，以及他作为臣民的比较消极的政治角色"①。在民主社会中，一个人应该具有臣民的美德，即遵守法律、忠诚国家，同时还必须参与政策的制定。阿尔蒙德等还区分了公民能力和臣民能力，公民能力即参与和影响政府决策的能力，是一种政治能力和政治影响力；臣民能力即遵循和执行决策的能力，是一种行政能力。他认为，"作为一个臣民，他或多或少也有一些能力，然而，他的能力是'臣民能力'。他不会试图影响政府的决策，但却希望做出决策以后自己能得到适当的待遇。决定应该征收何种税不在他的能力范围，但一旦作出决定之后，这个有能力的臣民将设法使自己在决定的范围以内受到公平的对待。法律是他必须遵守的，而不是他可以参与制定的。如果说他有能力，那是指他知道法律，知道自己必须做什么、什么是自己该得到的"②。

二、人的"主体化"与主体意识

马克思在分析人与动物的区别时指出："动物不把自己同自己的生命活动区别开来。它就是自己的生命活动。人则使自己的生命活动本身变成自己意志的和自己意识的对象。他具有有意识的生命活动……仅仅由于这一点，他的活动才是自由的活动。"③ 在他看来，人与动物最大的

---

① ［美］加布里埃尔·A. 阿尔蒙德等：《公民文化》，张明澍译，商务印书馆、人民出版社 2014 年版，第 362 页。

② ［美］加布里埃尔·A. 阿尔蒙德等：《公民文化》，张明澍译，商务印书馆、人民出版社 2014 年版，第 122 页。

③ 《马克思恩格斯文集》第 1 卷，人民出版社 2009 年版，第 162 页。

区别在于，人能够意识到自我，意识到自身的主体人格。对于人来说，当人具备独立的人格时才能成为真正的主体，而人也只有作为社会活动主体才具有独立的人格。对于主体和主体意识，黑格尔说：

> 人实质上不同于主体，因为主体只是人格的可能性，所有的生物一般说来都是主体。所以人是意识到这种主体性的主体，因为在人里面我完全意识到我自己，人就是意识到他的纯自为存在的那种自由的单一性。①

成为"公民"，意味着一个人能够作自己的主人，拥有不受他人支配的独立人格和主体地位。

在最一般意义上，主体即奠基者、承担者、聚集者。海德格尔说："必须把'一般主体'这个词理解为希腊词语'根据'的翻译。这个希腊词语指的是眼前现成的东西，它作为基础把一切聚集到自身那里。主体概念的这一形而上学含义最初并没有任何突出的与人的关系，尤其是，没有任何与自我的关系。"②"一般主体"是摆在眼前、放在他物基底上的东西，不一定是人，也有可能是石头、动物、植物。在中世纪，主体即上帝，上帝即主体。近代以来，"一般主体"通常是转化为"自我意识"或自我，只有作为哲学概念的"自我"的人才是"一般主体"。自笛卡尔以来，普遍的人类"自我"成了唯一的主体。笛卡尔首先把自我认识变成绝对主体，开启了构造主体概念的内向性思路。"什么是一个在思维的东西呢？那就是说，一个在领会、在肯定、在否定、在

---

① ［德］黑格尔：《法哲学原理》，范扬、张企泰译，商务印书馆1961年版，第46页。

② ［德］海德格尔：《海德格尔选集》下，孙周兴选编，上海三联书店1996年版，第897页。

意愿，在不意愿，也在想象，在感觉的东西"。① 对笛卡尔来说，主体是独自反思的产物，是"成天独自关在一间暖房里，有充分的闲暇跟自己的思想打交道"的产物②。所以，毕尔格说，在笛卡尔那里，"现代主体不是在与世界直接交往中形成，而是在思想家独处的、封闭的房间内"③。继笛卡尔之后，康德、费希特（1762—1814）、黑格尔和马克思，进一步把主体依托起来的东西从真理、知识扩展到道德秩序、法律秩序、历史逻辑等，并从一种认识论根基扩展为理论哲学与实践哲学的双重根基。于是，主体成为真理、秩序、合理性、富裕、进步、美德、个性、意义、崇高等现代性价值的承担者，也是主体必须承担起来的任务。④

历史地看，真正把主体定位于"人"，是 17 世纪以后才开始的。从那时开始，逐渐形成"自我主体"。这种"自我主体"在康德那里表现为绝对主体或纯粹自我，它自身是同一的，是认识和道德成为可能的根基，不能反思和质疑。费希特说："主体首先是什么呢？显然，那就是只在自身之内并返回自身的能动的东西，是自己规定自己去思维一个客体或追求一个目的的东西，是精神的东西，是单纯的自我。"⑤ 在马克思、弗洛伊德（1856—1939）、海德格尔（1889—1976）、哈贝马斯等那里，这种"自我主体"表现为解释学意义上的作为趋势建构的主体。在尼采等那里，这种"自我主体"表现为现象学意义上的作为体验维度的自身，即"体验着的自我"。

马克思认为，人作为主体不仅仅是认识论意义上的，更是实践论意

① ［法］笛卡尔：《谈谈方法》，王太庆译，商务印书馆 2000 年版，第 27 页。
② ［法］笛卡尔：《谈谈方法》，王太庆译，商务印书馆 2000 年版，第 11 页。
③ ［德］毕尔格：《主体的退隐》，陈良梅、夏清译，南京大学出版社 2004 年版，第 28 页。
④ 刘森林：《追寻主体》，社会科学文献出版社 2008 年版，第 7 页。
⑤ 《费希特著作选集》第二卷，商务印书馆 1994 年版，第 316 页。

义上的。主体呈现的是人的一种实践性存在方式，这种实践表现为改造客观世界与改造主观世界的统一。在马克思看来，近代以来的主体哲学，从笛卡尔"自我确证"的主体、培根"命令自然"的主体、康德"人为自然立法"的主体、费希特"自我创造"的主体，一直到黑格尔"绝对精神"的主体，都旨在通过推崇人的理性的地位和作用而凸显人的意识的能动性，但把理性本体化和绝对化，把理性视为人的最高本质和唯一规定，把人所处的客观世界或生存环境和人本身作为理性可以任意雕琢和任意主宰的对象，使得人的主体性和主体意识处于"无根"状态，从而最终消解了"现实的人"的主体性和主体意识。所以，马克思说，在黑格尔那里，"自我意识通过自己的外化所能设定的只是物性，即只是抽象物，抽象的物，而不是现实的物"①。马克思则强调：

> 我们不是从人们说的、所设想的、所想象的东西出发，也不是从口头说的、思考出来的、设想出来的、想象出来的人出发，去理解有血有肉的人。我们的出发点是从事实际活动的人……从现实的、有生命的个人本身出发，把意识仅仅看做是他们的意识。②

人的主体和主体意识是在实践中不断生成的，是一个社会历史过程。这种生成表现为不断超越人对"人的依赖"与"物的依赖"，进入"自由而全面发展"的共产主义生存状态。"历史的全部运动，既是这种共产主义的现实的产生活动，即他的经验存在的诞生活动。同时，对他的思维着的意识来说，又是他的被理解和被意识到的生成运动"。③

---

① 《马克思恩格斯文集》第 1 卷，人民出版社 2009 年版，第 208 页。
② 《马克思恩格斯文集》第 1 卷，人民出版社 2009 年版，第 525 页。
③ 《马克思恩格斯文集》第 1 卷，人民出版社 2009 年版，第 186 页。

因此，马克思强调，人的主体性和主体意识是一个不断由自在到自为、由自发到自觉、由盲目的必然性到获得彻底解放和自由的历史过程。马克思主义经典作家认为，无产阶级的发展经历了从"自在的阶级"到"自为的阶级"的发展过程，他们把阶级意识的自觉或自觉的阶级意识视为工人阶级从自在状态到自为状态的根本标志。马克思没有把无产阶级阶级意识的形成和提升视为一个认识论问题，而是看作一个社会历史实践问题。他从资本主义生产方式及其发展规律探究无产阶级阶级意识的形成和发展。马克思指出，在以私有制为基础的资本主义社会，资本从一开始就表现为集体和社会的力量，扬弃"同工人交换的分散性"，扬弃"工人本身的分散性"，资本既使工人在生产中联合起来，又加深工人在生产过程中对资本的依赖。因此，作为自在阶级，"工人的联合，像它在工厂里所表现的那样，也不是由工人而是由资本造成的。他们的联合不是他们的存在，而是资本的存在。对单个工人来说，这种联合是偶然的。工人把自己同其他工人的联合，同其他工人的协作，当作异己的东西，当作资本发生作用的方式"。① 对于那些被奴役被控制的工人来说，他们"只是自在地存在着，这仅仅是就他们中间每一个人都为资本劳动这一点来说的，——由于这一点资本成为一个中心，——但他们并未共同劳动。所以，工人通过资本而实现的联合只是形式上的"②。马克思强调，无产者"认识到产品是劳动能力自己的产品，并断定劳动同自己的实现条件的分离是不公平的、强制的，这是了不起的觉悟，这种觉悟是以资本为基础的生产方式的产物，而且也正是为这种生产方式送葬的丧钟，就像当奴隶觉悟到他不能作为第三者的财产，觉悟到他是一个人的时候，奴隶制度就只能人为地苟延残喘，而不能继续作为生产的

---

① 《马克思恩格斯全集》第 30 卷，人民出版社 1995 年版，第 590 页。
② 《马克思恩格斯全集》第 30 卷，人民出版社 1995 年版，第 592 页。

基础一样"①。正是在这个意义上，恩格斯说：

> 社会主义自从成为科学以来，就要求人们把它当做科学来
> 对待，就是说，要求人们去研究它。必须以高度的热情把由此
> 获得的日益明确的意识传播到工人群众中去。②

列宁也强调，无产阶级政党应该"把自己的纲领归结为发展这个阶级的阶级自觉"③，"促进无产阶级的阶级自觉的发展"。④ 作为国外马克思主义重要流派之一，自治主义马克思主义强调工人阶级的主体地位和主体意识。自治主义马克思主义以马克思政治经济学为中心，将资本与劳动的关系作为理论原点，坚信资本主义社会发展是资本与劳动二元主体性的相互对立所推动的，反对把马克思的政治经济学解释为资本塑造世界的逻辑而忽略工人阶级自主地位的观点，凸显马克思历史辩证法中革命主体的决定作用，强调推动资本主义历史发展的真正动力不是资本的自我发展，而是劳动主体的斗争，认为活劳动、工人阶级才是资本主义发展的本体力量，致力于探讨工人阶级或革命主体如何在劳动中不经过政党、工会的领导而直接冲破资本的束缚。

公民主体意识是人的主体意识的特定形式，是公民自我负责、独立自主精神的体现。一个人的行为总是他的知觉、情感、个性和意愿的反映，自我是一切行动的主宰，一个人必须对自己有充分认识，了解自己的情感、个性和愿望，才能决定自己能够或应该做什么。在认识论意义上，"自我"即一个人对"个己"存在的感觉和注意，对自己的人格及

---

① 《马克思恩格斯全集》第 30 卷，人民出版社 1995 年版，第 455 页。
② 《马克思恩格斯文集》第 2 卷，人民出版社 2009 年版，第 219 页。
③ 《列宁选集》第 1 卷，人民出版社 2012 年版，第 57 页。
④ 《列宁选集》第 1 卷，人民出版社 2012 年版，第 65 页。

特点的认定；在实践论意义上，"自我"即一个人对"个己"的自我注重、自我尊敬、自我投入、自我实现等。马克思指出：

> 那些不感到自己是人的人，就像繁殖出来的奴隶和马匹一样，完全成了他们主人的附属品。①

在我国传统文化中，个体常常被消解于群体或社会之中，无论是"克己复礼为仁"中的"己"，还是"修身、齐家、治国、平天下"中的"身"，都不是西方社会意义上的个体性存在，其终极都是指向群体或社会，即使是个体，亦有等级差别之分，主要指圣贤之类的个体。但是，这种群体或社会是凌驾于个体及其权利之上的"虚幻共同体"，不承认个体独立性，把个体看作"依存者"。正如梁漱溟所说："团体与个人，在西洋俨然两个实体，而家庭几乎若为虚位。中国人却从中就家庭关系推广发挥，而以伦理组织社会，消融了个人与团体这两端（这两端好像俱非他所有）。""在中国没有个人观念；一个中国人似不为其自己而存在。"② 梁漱溟认为，中国人生活在伦理社会中，各种伦理关系包围着他，由于伦理关系的不可分离性，导致了中国人必须负起无尽义务，义务的"无所逃于天地之间"，只能使人向里用力，以求维持和谐的伦理关系。反省、自责、克己、让人、学吃亏等就是中国传统社会"做人"伦理的主导倾向。③

"公民"首先是一个个体概念，是个人的一种社会存在方式。一个人获得公民身份，就意味着他在社会中获得了自主和自尊，拥有了主体性人格以及在经济、政治、文化、生活等方面的主体地位。公民主体意

---

① 《马克思恩格斯全集》第 1 卷，人民出版社 1995 年版，第 409 页。
② 梁漱溟：《中国文化要义》，上海世纪出版集团 2005 年版，第 70—71、82 页。
③ 梁漱溟：《中国文化要义》，上海世纪出版集团 2005 年版，第 173 页。

识就是公民能够意识到自己是具有特定权利与义务的主体意义的"公民"，是公民对自身作为主体的地位、价值、权利等的自觉认同和执着追求。只有当每一个人真正意识到自己的主体地位和主体性人格，意识到自己是社会公共生活的主体，它才可能真正成为合格的公民。

三、当代中国公民主体意识的四个向度

（一）"公民—国家"观与公民爱国主义

身份意识是公民意识的核心。所谓公民身份意识，就是一个人对自己的公民身份及其政治、法律和社会地位的理性认识和自觉认同。公民首先是人的一种政治身份，与政治共同体高度关联。亚里士多德认为，如果要说明城邦的特性和本质，就必须"先行研究公民的本质，因为城邦正是若干公民的组成"①，"若干公民集合在一个政治团体以内，就成为一个城邦"②。公民意识首先是一种国家意识。黑格尔认为，单个人唯有作为一个民族国家的公民才有身份和意义。只有在现代国家，才存在真正意义的公民意识。

历史地看，在近代西方，政治（国家）从伦理（宗教）中分离出来，政治国家得以确立，进而政治由原来专属社会精英独享的一种权力博弈转变为一种（形式上）大众（平等）共享的世俗活动。这是西方资产阶级革命的重大历史成果之一。随之而来的是，个人摆脱宗法或宗教共同体，成为政治国家的公民。公民是在政治国家中享有平等权利和承担平

---

① ［古希腊］亚里士多德：《政治学》，吴寿彭译，商务印书馆1965年版，第109页。
② ［古希腊］亚里士多德：《政治学》，吴寿彭译，商务印书馆1965年版，第119页。

等义务的政治主体，国家不再是神权的象征，而是成为"人造的人"。公民与国家的关系，是西方政治实践和政治理论的基本问题。

在近现代思想史上，关于公民与国家的关系，主要有两种观点：一种是以自由主义为代表的"公民—国家"观。近代早期，英国、法国等先发展国家，在面对来自市民社会的主要政治压力和经济挑战的过程中，个人自由和权利等问题日益凸显出来。在洛克、斯密和卢梭等人的思想中，自由无不居于中心位置。英法近代政治思想以根基于大工业生产的市民社会为基础，坚持个人本位，强调个人自由是根本和核心，国家只是实现个人利益的工具，是一种保障个人自由的"必要的恶"和"守夜人"。在这种自由主义的"公民—国家"观中，公民是目的，国家是手段。公民与国家的关系是委托—代理关系。《社会契约论》是委托代理理论的源头。卢梭指出，国家权力"完全是一种委托，是一种任用……只要主权者高兴，他就可以限制、改变和收回这种权力"①。委托代理关系意味着，公民是国家权力的合法拥有者，国家权力对公民开放，公民享有对国家权力的设置、选择、限制、更换等权利。

另一种是以国家主义为代表的"公民—国家"观。霍布斯把近代国家比喻为"利维坦"，比喻为"人造的人"，比喻为"人为的上帝"，它能吞噬一切，包括个人的权利。马基雅维利更是认为，国家是以建立和维护统治权为核心的，为了保持国家的权力，可以不受道德约束而不择手段。国家主义思想在德国获得典型发展。对于19世纪的德国来说，面对先行进行工业革命和政治革命的英法在经济、政治、军事等方面所构成的强大压力，国家富强成为压倒一切的首要问题。在这种背景下，崇尚国家至上的国家主义就成为一种适宜的意识形态。费希特的国家学说是德国国家主义的肇始。普法战争时期，费希特发表《告德意志国民

---

① ［法］卢梭：《社会契约论》，何兆武译，商务印书馆2003年版，第77页。

书》，反抗拿破仑侵略，倡导德意志国家理念，赋予国家广泛功能，将国家提升为德意志民族道德和宗教的教育者。黑格尔的国家理论是德国国家主义的集大成。黑格尔反对启蒙自由主义《社会契约论》将国家归为一堆个人意志的集合的机械论，主张国家犹如有机体的生命，在国家有机体中，整体优于部分，个人只是国家有机体的细胞。将国家视为至高无上的伦理理念的现实，是理性的完美化身，是"存在于尘世的神"，国家意志高于一切，具有绝对的权威和尊严。黑格尔说：

> 国家乃是"自由"的实现，也就是绝对的最后的目的的实现，而且它是为它自己而存在的。我们还要知道，人类具有的一切价值——一切精神的现实性，都是由国家而有的。①

在这种"公民—国家"观中，公民是手段，国家是目的，公民是国家这个最高目的的工具。在这种"公民—国家"观中，蕴含着一种个人依赖国家、国家保护个人、国家对个人进行压抑和统治的逻辑。国家主义促进了 19 世纪德国的民族统一和经济发展，使德国后来居上，赶超西欧而强势崛起。

马克思恩格斯强调国家的阶级性和历史性。马克思恩格斯认为，资产阶级政治解放所建构的国家是以私有制为基础的，本质上是一种"统治"，是"阶级统治的工具"。现代国家最初"是新兴资产阶级社会当作自己争取摆脱封建制度的解放手段而开始缔造的；而成熟了的资产阶级社会最后却把它变成了资本奴役劳动的工具"，国家在性质上"越来越变成了资本借以压迫劳动的全国政权，变成了为进行社会奴役而组

---

① ［德］黑格尔：《历史哲学》，王造时译，上海世纪出版集团、上海书店出版社 2006 年版，第 79 页。

织起来的社会力量，变成了阶级压制的机器"①。因此，"现代的国家政权不过是管理整个资产阶级的共同事务的委员会罢了"②。正是在这个意义上，马克思主张通过人类解放促使"国家消亡"，实现"自由人联合体"。1844 年 7 月，马克思在对市民社会的初步分析中认识到，私有制是现代国家的基础，要克服现代社会中公共利益与私人利益之间的矛盾，"国家必须消灭自身"③。在《德意志意识形态》中，马克思恩格斯强调，现代国家是与私有制相适应的，无产阶级只有"推翻国家"，才能使自己的个性获得解放。恩格斯 1875 年 3 月给奥·倍倍尔的信中在谈到无产阶级专政的性质时指出："一到有可能谈自由的时候，国家本身就不再存在了。因此，我们建议把'国家'一词全部改成'共同体'，这是一个很好的古德文词，相当于法文的'公社'。"④ 在《反杜林论》中，恩格斯指出，在未来理想社会：

> 国家政权对社会关系的干预在各个领域中将先后成为多余的事情而自行停止下来。那时，对人的统治将由对物的管理和对生产过程的领导所代替。国家不是"被废除"，它是自行消亡的。⑤

代替资产阶级国家的，"将是这样一个联合体，在那里，每个人的自由发展是一切人的自由发展的条件"⑥。在"自由人联合体"中，"对人的统治将由对物的管理和对生产过程的领导所代替"⑦。与此相应，一

---

① 《马克思恩格斯文集》第 3 卷，人民出版社 2009 年版，第 153—154 页。
② 《马克思恩格斯文集》第 2 卷，人民出版社 2009 年版，第 33 页。
③ 《马克思恩格斯全集》第 2 卷，人民出版社 2002 年版，第 387 页。
④ 《马克思恩格斯文集》第 3 卷，人民出版社 2009 年版，第 414 页。
⑤ 《马克思恩格斯文集》第 9 卷，人民出版社 2009 年版，第 297 页。
⑥ 《马克思恩格斯文集》第 2 卷，人民出版社 2009 年版，第 53 页。
⑦ 《马克思恩格斯文集》第 9 卷，人民出版社 2009 年版，第 297 页。

方面把"每一个个人的全面而自由的发展"作为基本原则①，另一方面强调"每个人的自由发展是一切人的自由发展的条件"。"每个人的自由发展"在主体方面实际上是侧重于"每一个个人"的自由发展，而当谈论的是"每一个人"的时候，实际上就触及个人与个人、个人与社会、个人与国家之间的关系。每个人的自由发展是一切人的自由发展的"条件"，重在说明，每个人的自由和自由发展，不仅不能阻碍他人的自由和自由发展，而是要同时保障和推进他人的自由和自由发展。

在马克思看来，国家的消亡和自由人联合体的建构，是一个以经济社会发展为基础的漫长的历史过程。

> 当使资产阶级生产方式必然消灭、从而也使资产阶级的政治统治必然颠覆的物质条件尚未在历史进程中、尚未在历史的"运动中"形成以前，即使无产阶级推翻了资产阶级的政治统治，它的胜利也只能是暂时的，只能是资产阶级革命本身的辅助因素。②

所以，马克思认为，从以阶级对立为基础的"国家"走向以自由人联合为基础的"自由人联合体"，期间必然经历一个"政治上的过渡时期"，即无产阶级专政。马克思把无产阶级专政视为过渡时期的国家形态。这种国家应致力于"把一切生产工具集中在国家即组织成为统治阶级的无产阶级手里，并且尽可能快地增加生产力的总量"③。如此才可以为每个人的自由发展创造更加充分的物质基础和历史条件。

"国家"一词在我国早已出现。在古代，诸侯统治的疆域称"国"，

---

① 《马克思恩格斯文集》第 5 卷，人民出版社 2009 年版，第 683 页。
② 《马克思恩格斯全集》第 4 卷，人民出版社 1958 年版，第 331—332 页。
③ 《马克思恩格斯文集》第 2 卷，人民出版社 2009 年版，第 52 页。

大夫统治的疆域称"家"。后来通称为"国家"。但严格地说，在中国古代社会，一直到近代鸦片战争前，中国人基本没有空间维度的国家观念，不曾有过真正的"民族国家"观念，只有混沌的天下观，以及时间维度的朝代观。在中国古代社会，涉及的所谓"国家"，一般是指皇朝，指的是一家一姓的天下。"国家"是天下、邦国、家室的总称，君与国没有区别，"家天下"被视为正常的国家制度。梁启超认为，古代中国人有村落思想而无国家思想。老百姓只知有朝廷而不知有国家，"知有天下而不知有国家"，"知有一己而不知有国家。"① 在梁启超看来，在古代中国，"身（个人）是单位的基本；天下（世界）是团体的极量；家（家族）国（国家）不过是团体组织里头一种过程。所以我们中国人所崇尚的，一面是个人主义，一面是世界主义，中间却不认得有什么国家主义"②。因此，梁启超在倡导"新民说"时，特别强调培养中国人的"国家思想"："国家思想者何？一曰对于一身而知有国家，二曰对于朝廷而知有国家，三曰对于外族而知有国家，四曰对于世界而知有国家。"③ 梁漱溟说："中国人传统观念中极度缺乏国家观念，而总爱说'天下'，更见其缺乏国际对抗性，见出其完全不像国家。"④ 钱穆说：

> 中国人常常把民族观念消融在人类观念里，也常把国家观念消融在天下或世界的观念里，他们只把民族和国家当作一个文化机体，并不存有狭义的民族观和狭义的国家观，民族与国家都只是为文化而存在。⑤

---

① 梁启超：《新民说》，中州古籍出版社 1998 年版，第 72 页。
② 梁启超：《欧游心影录》，商务印书馆 2014 年版，第 170 页。
③ 梁启超：《新民说》，中州古籍出版社 1998 年版，第 68 页。
④ 《梁漱溟全集》第三卷，山东人民出版社 2005 年版，第 160 页。
⑤ 钱穆：《中国文化史导论》，上海三联书店 1988 年版，第 19 页。

1904 年，陈独秀在《说国家》一文中指出：

> 世界上的人，原来是分作一国一国的，此疆彼界，各不相
> 下。我们中国，也是世界万国中之一国，我也是中国之一人。
> 一国的盛衰荣辱，全国的人都是一样消受，我一个人如何能逃
> 脱得出呢。我想到这里，不觉一身冷汗，十分惭愧。我生长
> 二十多岁，才知道有个国家，才知道国家乃是全国人的大家，
> 才知道人人有应尽力于这个大家的大义。我从前只知道，一身
> 快乐，一家荣耀，国家大事，与我无干。①

现代国家肇始于民族，是民族意识觉醒和民族认同的产物。"现代公
民身份概念的一个关键方面是民族性"②。"民族"首先是作为一种政治概
念出现的，它一开始就与政治、国家主权等问题密不可分。"民族"概念
内涵丰富，外延广泛，可以从不同角度对其进行界定。在各种各样不尽
相同的民族定义中，可以发现一些人们公认的主要属性，即"（1）共同
起源、（2）种族（race）、（3）共同语言、（4）共同地域或国家、（5）传
统和文化、气质特性（character），以及更不可捉摸的共同的命运和未来；
另一方面它还包括：（6）自我认同"。通过这些要素，可以概括出民族概
念的两种基本含义："一种是国家（state）的意思，指一种政治联合；另
一种含义，现在被称为民族性（ethnicity），与文化相一致。"它们可以分
别被称为国家民族（nation-state）和文化民族（nation-culture）。③ 历史地

---

① 《陈独秀著作选编》第一卷，上海人民出版社 2010 年版，第 44 页。

② ［英］德里克·希特：《公民身份——世界史、政治学与教育学中的公民理想》，
郭台辉、余慧元译，吉林出版集团有限责任公司 2010 年版，第 92—93 页。

③ ［美］菲利克斯·格罗斯：《公民与国家——民族、部族和族属身份》，王建娥、
魏强译，新华出版社 2003 年版，第 33—84 页。

看，国家性的民族概念产生于法国。法国大革命期间发表的《人权与公民权利宣言》称："整个主权的本意主要是寄托于国民，任何团体任何个人都不得行使主权所未明白授予的权力。"这里的"国民"就是"民族"。这里的"民族"是一个典型的政治共同体，即"一大群同伙人，他们生活在一部共同的法律之下，并被一个共同的立法机构所代表"，或是"居住在被某些界线限制的某一国家的范围之内，并服从一个共同的政府的一大群人"。[①] 文化性的民族概念产生于德国。德国思想家赫尔德（1744—1803）认为，民族不是一个国家，而是一个文化实体；同一民族的人说共同的语言，生活在共同的地域，有着共同的习惯、共同的历史和共同的传统。

中国古代没有一个固定的共名来指称民族。尽管中国传统中也有"族""族类""种""种类""民""民众"等概念，但把"民"与"族"合并成一个词"民族"的用法，则始于19世纪晚期，[②] 流行于20世纪初。人们用"民族"一词以论述中国遭受外国列强欺凌的现状，用以谈论中国的辉煌历史。"中华民族"这个概念产生于对国家认同危机以及文化、道德和政治认同危机的回应，形成于中国近代民族国家危机及其拯救的历史进程中。"中华民族"概念是梁启超1902年最早提出并使用的，他在《论中国学术思想变迁之大势》中指出："上古时代，我中华民族之有海思想者厥惟齐。故于其间产出两种观念焉：一曰国家观，二曰世界观。"1905年，在《历史上中国民族之观察》一文中，梁启超指出："悍然下一断案曰：中华民族自始本非一族，实由多数民族混合而成。"梁

---

① ［英］埃里·凯杜里：《民族主义》，张明明译，中央编译出版社2002年版，第6页。

② 1882年，王韬在《洋务在用其所长》一文中指出："夫我中国乃天下至大国也，幅员辽阔，民族殷繁，物产富饶。"这是迄今所见到的我国使用"民族"一词的最早资料。参见青觉：《马克思主义民族观的形成与发展》，民族出版社2004年版，第174—175页。

启超使用"中华民族"概念，反映了当时整个社会的一种普遍愿望：人们希望以一个"民族共同体"来抗衡外来侵略势力。所以，在近百年来中国和西方列强的对抗中，中华民族逐渐成长为一个自觉的民族实体，中国逐渐成长为一个现代民族国家，中国人开始具有真正的国家意识。晚清以来的历史演变，使中国人认识到，不仅中国是"万国之一"，而且中国文化也是众多文化家庭和文明世界中的一个成员。"近代中国思想史的大部分时期，是一个使'天下'成为'国家'的过程"①。从这个时期开始，中国人开始了一个从宗法认同、伦理认同到民族认同、国家认同的转型，人们开始不再从朝廷或皇权的层面来思考国家，而是从民族角度来考虑中国问题。人们对于国家的认同不是出于忠君的目的，而是为了整个民族的生死存亡。林语堂指出："中国再生为现代民族的历程，与其说是一场喜剧，不如说是一场悲剧……他们（中国人——作者注）发展为现代民族的每一步都是由于一个幻想破灭的痛苦教训所使然，起先是凡尔赛会议，然后是国联，最后是同日本的你死我活的争斗。"②

近现代以来，中国人的"国民"意识不断觉醒和提升。这种"国民"意识受到日本的影响。近代日本将英法的以个人为本位的"citizeship"与"citizen"译作"国民"。这根源于当时日本尚未产生发达的"市民社会"，以及军国主义的兴起，出现社会的军事化和国民的军人化，因而自然易接受具有浓厚专制主义色彩的德国国家学说和国民理论。康有为经日本而深受德国思想影响，推崇国家主义，主张君主立宪制。未能意识到英法个人本位的"公民"与德国国家本位的"公民"的差别。正是在这种倾向的影响下，康有为、梁启超等受日本社会思潮的影响，率

---

① ［美］列文森：《儒家中国及其现代命运》，中国社会科学出版社 2000 年版，第 87 页。

② 林语堂：《中国人》，郝志东、沈益洪等译，学林出版社 2000 年版，第 342 页。

先在中国移植和使用"国民"一词。梁启超于 1899 年首次对"国民"概念进行了较完整的解释：

> 国民者，以国为人民公产之称也。国者积民而成，舍民之外，则无有国。以一国之民，治一国之事，定一国之法，谋一国之利，捍一国之患。其民不可得而侮，其国不可得而亡，是谓之国民。①

后来，他又说："有国家思想，能自布政治者，谓之国民。"②把国民与国家、权利等联系在一起，强调国民的基本特征在于平等、独立、合作、自治等，梁启超的这种解释明显接近西方近代公民概念。梁启超提出"新民说"，他的"新民"概念具有双重含义，一方面"新民"就是"人的革新"；另一方面将"新"作为形容词理解，则为"新的公民"。不过"新民"的主要意蕴在于，通过"人"的革新，使中国人在观念上发生革命，成为适应新时代的"新的公民"。

中国近现代历史变迁和革命历程，一直围绕"启蒙与救亡"主题而纠结于"自由（主义）"与"国家（主义）"、民主主义与民族主义之间。在这一进程中，尤其是"五四"以后，由"少年中国学会"推动的国家主义思潮在中国兴起，国家主义成为继自由主义、共产主义、无政府主义和三民主义之后又一新的意识形态，此后国家主义思潮一直占据上风。在这种背景下，中国近现代的"新民"运动更具民族主义性质。"新民"是手段而不是目的，目的是"国"而不是"民"，更不是"人"或"个人"。"中国自由主义之父"严复的《群己权界论》注目"个

---

① 《饮冰室合集》第 2 册，中华书局 2015 年版，第 338 页。
② 梁启超：《新民说》，中州古籍出版社 1998 年版，第 68 页。

人自由"，《原富》注目"国家富强"。但在辛亥革命后，严复将国家自由置于优先位置。他强调："今之所急者，非自由也，而在人人减损自由，而以利国善群为职志"①。"特观吾国今处之形，则小己自由，尚非所急，而所以去祛异族之侵横，求有立于天地之间，斯真刻不容缓之事。故所急者，乃国群自由，非小己自由也"②。这里表现出一种"国家主义"倾向，把个人自由变成达到国家目的的手段。梁启超在后期由自由主义转向国家主义和威权主义，其国家观念具有浓厚的德国国家主义色彩，成为 20 世纪初兴起的国家主义思潮的核心人物，是中国国家主义之父。③ 在他看来，竞争为文明进化之母，而国家则为进化竞争中的最大团体。"国家为最上之团体"，"国也者，私爱之本位，而博爱之极点"④。梁启超一方面欣赏英美式民主国家的自由平等的公民；另一方面又崇尚德国式的服从国家整体意志的国民。面对民族存亡危机，一些中国知识分子希望用"军国民精神"来鼓荡民众，用对"祖国"的认同感和"国家主义"来凝聚民心，甚而喊出"军国主义"口号以调动国人的民族情绪。梁启超在《新民说》后半部分倡言"尚武"精神。"尚武者，国民之元气，国家所恃以成立，而文明所赖以维持者也"⑤。蔡锷（1882—1916）在《新民丛报》上发表《军国民篇》，提出"军人之智识，军人之精神，军人之本领，不独限之从戎者，凡全国国民皆宜具有之"。把爱国精神和尚武精神结合起来也就是所谓的"军国民主义"。军国民精神表现为，进取、冒险、尚武等。蔡锷在《军国民篇》一文中强调："欲建造军国民，必先陶铸国魂。""国魂者，

---

① 《严复集》第二册，中华书局 1986 年版，第 337 页。

② 《严复集》第四册，中华书局 1986 年版，第 981 页。

③ 高力克：《自由与国家：现代中国政治思想史论》，浙江大学出版社 2016 年版，第 248 页。

④ 梁启超：《新民说》，中州古籍出版社 1998 年版，第 25 页。

⑤ 梁启超：《新民说》，中州古籍出版社 1998 年版，第 147 页。

国家建立之大纲，国民自尊自立之种子。"① 到 20 世纪 30 年代，在我国出现有关民主与独裁的争论，自由派崇民主，独裁派尚国家。在这一争论中，独裁论的国家主义观念仍居上风。

国家意识是国家成员对自身国家归属的认识、界定和评价，是国家成员对自己国家共同特征的自觉，是对自己的国家身份的认同意识和归属意识。在空间政治意义上，可以从两个层面理解"国家"概念。一是在国内层面，相对于集体、个人而言，"国家"是整合社会利益的普遍性领域。对此，马克思恩格斯指出，"正是由于特殊利益和共同利益之间的这种矛盾，共同利益才采取国家这种与实际的单个利益和全体利益相脱离的独立形式"②。因而，"每一个力图取得统治的阶级，即使它的统治要求消灭整个旧的社会形式和一切统治，就像无产阶级那样，都必须首先夺取政权，以便把自己的利益又说成是普遍的利益"③。二是在国际层面，"国家"(Nation) 指民族国家，它是全民族利益的总和和代表。相应地，国家意识主要包括两方面内容：第一，国家意识是人们对自己归属于某个政治共同体的认识，亦即认同；这种认同本质上是文化性质的，涉及思维方式、伦理道德、价值观念、哲学思想、风俗习惯，等等。第二，国家意识是在与不同国家交往的关系中，人们对自己所在国家的认识、关切和维护。

认同（identity）又被称为统一性、身份等，它是一个反思性的自我意识概念。作为社会历史概念，认同是对我是谁、我在哪里等问题的反思性理解。这一概念包含两个方面的内容：从社会的层次看，认同包括个体的自我认同、群体的集体认同、民族认同、国家认同、超国家的国际认同等，从而形成了自我意识、集体意识、民族意识、国家意识、

---

① 《蔡松坡集》，上海人民出版社 1984 年版，第 32 页。
② 《马克思恩格斯文集》第 1 卷，人民出版社 2009 年版，第 536 页。
③ 《马克思恩格斯文集》第 1 卷，人民出版社 2009 年版，第 537 页。

国际或世界意识；从社会的部门看，认同包括经济认同、社会认同、政治认同、文化认同等，从而形成了认同的诸多方面。国家认同是人类社会中具核心意义的政治认同，它是公民政治支持、政治服从、政治忠诚和政治归属的最重要基础。每一个人总是与一定的族群和历史文化传统相联系的，他必须获得一种族群的和文化的归属感，必须生活在某种文化的和政治的共同体中，否则他就不可能形成完整的自我观念。认同是发生在个体、社会和自我之间的，是在这种关系中来确立人自身的身份感问题。国家认同回应的正是个体的族群归属和文化归属问题。国家认同是爱国主义的内核，爱国主义就是一个人从内心深处所表达的对于国家的认同感和归属感。

爱国反映了公民与国家之间应有的关系，是衡量个人与国家价值关系的准则，自古至今都是中国社会始终强调的个人品格。爱国与否，是判断一个人是否是公民的根本标准之一。在现代社会，爱国是一个公民对祖国的道德情感和道德观念的集中体现，是现代公民最重要的品德。不爱国，是公民最大的不道德；背叛祖国，是公民最大的缺德。爱国主义就是一个人从内心深处所表达的对于国家的认同感和归属感。从情感上说，爱国不需要任何理由。一个人在自己的国家里出生、成长和发展，个人与国家是一个似血缘关系的命运共同体。列宁说，爱国主义就是千百年来巩固起来的对自己祖国的一种最深厚的感情。但是仅仅有情感，人们还不足以有效表达爱国主义。

美国思想家托克维尔（1805—1859）提出两种"爱国主义"，即"本能的爱国主义"与"理智的爱国主义"。他认为，本能的爱国主义基于本能的爱国心，这种爱国心把一个人的内心同其出生地联系起来的直觉的、无私的和难以界说的情感作为根基。"这种爱国心本身就是一种宗教，它不做任何推理，只凭信仰和感情行事"。所以，"这种爱国心虽能暂时地激起强大的干劲，但不能使干劲持久"。与此相反，托克维尔提出"理智的爱国主义",这种爱国主义来自真正的理解,来自公民参与公共事务管理的实践经验,以及由此培育的公共精神①。有效表达爱国情感和爱国热情,需要公民的理性和智慧。爱国主义既是一种深厚的情感,更是一种自觉的理性,是一种基于深厚情感的理性自觉。

(二)"治人—治于人"的民主素养

民主制是现代国家的本质。马克思认为,在民主制度中,"国家制度不仅自在地,不仅就其本质来说,而且就其存在、就其现实性来说,也在不断地被引回到自己的现实的基础、现实的人、现实的人民,并被设定为人民自己的作品。国家制度在这里表现出它的本来面目,即人的自由产物。"而在民主制中,所谓的国家制度、法律和国家本身,就其政治层面而言,"都只是人民的自我规定和人民的特殊内容"。马克思把民主作为衡量国家形式真实性的标准,他指出:"一切国家形式都以民主为自己的真实性,正因为这样,它们有几分不民主,就有几分不真实。"②列宁认为,民主是社会主义的根本标志之一,是社会主义制度不可动摇的政治原则。他指出:

> 没有民主,就不可能有社会主义。这包括两个意思:(1)无产阶级如果不通过民主的斗争为社会主义革命做好准备,它就不能实现这个革命;(2)胜利了的社会主义如果不实行充分的民主,就不能保持它所取得的胜利,并且引导人类走向国家

---

① [法]托克维尔:《论美国的民主》上卷,董果良译,商务印书馆1988年版,第268—271页。

② 《马克思恩格斯全集》第3卷,人民出版社2002年版,第40—41页。

的消亡。①

中国古代社会有"以民为主""为民做主"的民本思想，但缺乏"由民做主"的民主传统。传统民本思想在一定程度上与"尊君""专制"思想相抗衡，强调人民是国家的根本，即《尚书》所说的"民为邦本，本固邦宁"，主张保民、安民、忧民、利民等。传统民本思想对统治者的言行起到一定的约束和牵制作用，对苛政暴政也起到一定的防范作用，成为近代中国人接受西方民主思想的文化基因，成为近代中国民主主义、民权主义的先声。但是，中国传统民本思想的核心是围绕君主与臣民这一对关系展开的，其出发点是君本位，归根到底，不过是为统治者如何治理好民众想办法、出主意。传统的民本思想产生了"重民""亲民"的思想萌芽，本质上是统治阶级的用民之道、御民之术，并不是真正意义上的"以民为本"。因此，"重民""亲民"都是统治者从自身利益出发、以"民之父母"自居，把君民关系由统治与被统治的阶级关系转化为父慈子孝的伦理关系，尽管古代社会不乏"民为水，君为舟""民者君之本""民贵君轻""敬天保民""民为邦本、本固邦宁"等治国理念。但是，在君权至上的封建社会，皇帝独揽国家大权，处在社会底层的百姓都是皇帝的"子民"，要服从皇帝的各项命令。传统民本思想中的"民"始终是对象性的客体，这种客体是与作为主体的"君"相对立的。"民"只能是臣民以及子民，始终是被剥削、被压迫的对象，没有任何政治地位可言。"民"往往被看成是统治阶级的"私有财产"，而不是可以独立存在、有政治地位的个体。传统民本思想存在内在矛盾，它一方面宣扬以民为本，另一方面又强调君主政权，其实质是民众无参政权的民本主义。梁启超曾就美国第16任总统林肯（1809—1865）解释的民主主义

---

① 《列宁全集》第28卷，人民出版社1990年版，第168页。

三原则即民有、民享、民治，与中国民本思想作了一番比较。他认为，中国民本思想中有 of the people（民有）、for the people（民享），但没有 by the people（民治）。中国的"民为邦本"，即君主的权力直接来源于"天"，"天意"即"民心"，因而，中国古代的"民有"是间接的，是通过"天意"得到表现的。中国民本思想提出的立君的目的在于保民、利民、为民，这与西方民主的"民享"有一致性。但中国民本思想中唯独没有"民治"，它仅仅在维护君主专制统治的基础上强调"民"的重要性，因而只能是君治。所以，梁启超指出："徒言民为邦本，政在养民，而政之所从出，其权力乃在人民以外。"①

1945 年 7 月初，黄炎培（1878—1965）等六位国民参政员到延安访问。毛泽东问即将回重庆的黄炎培在延安访问期间有何感受，黄炎培说："我生六十多年，耳闻的不说，所亲眼看到的，真所谓'其兴也浡焉'，'其亡也忽焉'，一人，一家，一团体，一地方，乃至一国，不少不少单位都没有能跳出这周期率的支配力。一部历史，'政怠宦成'的也有，'人亡政息'的也有，'求荣取辱'的也有。总之没有能跳出这周期率。中共诸君从过去到现在，我略略了解的了，就是希望找出一条新路，来跳出这个周期率的支配。"毛泽东回答：

> 我们已经找到新路，我们能跳出这周期率。这条新路，就是民主。只有让人民来监督政府，政府才不敢松懈。只有人人起来负责，才不会人亡政息。②

可以看出，"民主"是"黄炎培之问"的关键词，"黄炎培之问"即

---

① 《饮冰室合集》第 29 册，中华书局 2015 年版，第 7658 页。
② 中共中央文献研究室编：《毛泽东年谱（一八九三——一九四九）》中卷，中央文献出版社 2013 年版，第 611 页。

"民主之问"。这一"民主之问"虽指向政治层面，但也可说是面向"公民之问"。民主意识是公民主体意识的关键，"黄炎培之问"也可说是对中国公民主体意识之"关键之问"。

改革开放以来，我们在国家管理与社会治理、国家权力与公民自由等关系问题上做出了诸多创新性的实践探索和成果，但如何赋予社会和个人更多的自主和自由，可以说仍然是国家治理现代化面临的重要课题之一。马克思关于民主制、"国家消亡"以及"自由人联合体"等思想对于推进社会主义民主的启示意义在于，必须正确认识和处理国家与社会、国家与个人的关系，在国家治理与个人自由之间保持必要的张力。从社会主义民主制度建构的意义上来说：

> 自由就在于把国家由一个高踞社会之上的机关变成完全服从这个社会的机关。①

对于公民个人来说，就是要破除对国家、政府的盲目崇拜，养成健全的现代民主意识。

一般地说，民主意识是人们在一定政治制度和经济制度下对国家民主政治、民主权利以及民主法律制度等在观念上的反映，是一个公民在国家政治、经济、文化、法律等社会生活中，对自己的主体地位和主体作用的理性把握，对自己作为国家主人翁的地位、价值、权利等的自觉认同和执着追求。对于公民来说，民主在现实性上表现为一种民主权利。公民只有享有民主权利，才能拥有自由、平等。从这个意义说，公民的民主意识表现为，公民自觉认识到必须掌控自己的命运，维护自己的合法利益，行使自己不可让予和不能被剥夺的权利。

---

① 《马克思恩格斯文集》第 3 卷，人民出版社 2009 年版，第 444 页。

民主的内核是治人与治于人的统一。亚里士多德说：

> 公民通常的含义是参与统治和被统治的人。不同的政体有不同的公民，但在最优良的政体中，公民指的是为了依照德性的生活，有能力并愿意进行统治和被人统治的人。①

公民既是一种资格（能参与国事、有选举权的自由民），更是一种能力（参政、捍卫城邦）。卢梭指出，就一个特定政治体的结合者而言，"他们集体地就称为人民；个别地，作为主权权威的参与者，就叫做公民，作为国家法律的服从者，就叫做臣民。"② 可见，公民是立法者与守法者的统一，是主权者和人民、臣民的统一。公民处于人民与臣民之间，每个公民都发现自己身处于法律和国家的双重关系中：在享有主权的范围内，他是立法者；但作为必须服从法律的个人，他又是法律的臣民。

梁漱溟把民主形象地概括为"拿主意"与"听话"的统一，即"大家伙同拿主意，只拿有限制的主意，大家伙同要听话，只听这有限制的话"。他认为，在传统中国社会，"拿主意"与"听话的"是分离的，"一个人拿主意，并要拿无限制的主意；大家伙都听他的，并要绝对的听话"。于是，在中国，"第一层便是有权、无权打成两截；第二层便是有权的无限有权，无权的无限无权"。③ 在今天，作为公民民主意识的"拿主意"与"听话"的统一，体现为公民赋权、争权与履权的合一。公民依法表达自己的愿望和要求，自觉行使自己对于国家公共事务的知情

---

① ［古希腊］亚里士多德：《政治学》，吴寿彭译，商务印书馆 1965 年版，第 99—100 页。

② ［法］卢梭：《社会契约论》，何兆武译，商务印书馆 1980 年版，第 26 页。

③ 《梁漱溟全集》第一卷，山东人民出版社 2005 年版，第 362—364 页。

权、参与权、表达权、监督权。公民行使权利的过程，也就是公民切实感受"当家作主"的过程。

（三）自由观念的三大转向

马克思主义创始人在建构共产主义和社会主义理想社会时，把自由视为理想社会的一个根本性的价值规定。他们认为，这种自由集中体现在三个方面，即人与自然关系上的"自由王国"、人与人关系上的"自由人联合体"、人与自我关系上的"自由个性"。在马克思恩格斯看来，"代替那存在着阶级和阶级对立的资产阶级旧社会的，将是这样一个联合体，在那里，每个人的自由发展是一切人的自由发展的条件"①。这个所谓的"联合体"具有自由个性，建立在个人的自由全面发展上，要求整个社会共同的生产力成为人们共同的社会财富，这可以说是社会发展的最高阶段；未来新社会是"以每一个个人的全面而自由的发展为基本原则的社会形式"②。对于这样一个自由的理想社会，恩格斯是这样总括的："人终于成为自己的社会结合的主人，从而也就成为自然界的主人，成为自身的主人——自由的人。"③

在近现代中国，随着社会主义从一种理念逐步变为一种制度和实践，自由也成为中国人异常关注和反复议论的核心理念之一。严复提出"以自由为体，以民主为用"④；梁启超强调"自由者，天下之公理，人生之要具"⑤；"五四"运动倡导自由个性精神；20 世纪 40 年代中共提出

---

① 《马克思恩格斯文集》第 2 卷，人民出版社 2009 年版，第 53 页。

② 《马克思恩格斯文集》第 5 卷，人民出版社 2009 年版，第 683 页。

③ 《马克思恩格斯文集》第 3 卷，人民出版社 2009 年版，第 566 页。

④ 《严复集》第一册，中华书局 1986 年版，第 2 页。

⑤ 梁启超：《新民说》，中州古籍出版社 1998 年版，第 98 页。

"把中国建设成为一个独立、自由、民主、统一和富强的新中国";20 世纪 50 年代毛泽东提出建造"一个又有集中又有民主,又有纪律又有自由,又有统一意志、又有个人心情舒畅、生动活泼,那样一种政治局面"。①这一历史进程,昭示了现代中国人对自由的无比崇尚和满怀期待。

但是,我们在社会主义建设过程中,在关于自由及其与社会主义的关系问题上一度也出现过一些认识误区和实践偏差。20 世纪 90 年代以来,我们对自由及其与社会主义的关系问题有了更加自觉的新认识和新进展,自由逐步被社会主义意识形态所肯定和认同。1997 年,党的十五大报告中提出"保证人民依法享有广泛的权利和自由";2004 年,我国宪法确认"国家尊重和保障人权";2007 年,十七大报告中把"自由"确认为社会主义公民意识;2012 年,十八大报告中把"自由"确立为社会主义核心价值观。

对当代中国人来说,自由的重要性和价值意义自不待言。但是,何谓自由,如何理解不同文化传统中的自由观念,我们需要何种自由,作为社会主义核心价值观的自由的本质规定是什么,诸如此类的前提性和基础性问题,我们远未厘清。相反,对这些问题的理解却存在不少偏解、误解和曲解。就当代中国人自由观念存在诸多偏颇而言,我们需要着力实现自由观念的三个转向。

1. 从"内心的自由"到"定在的自由"

中国传统自由思想是当代中国自由观念的文化基因。当代中国自由观念的形成、发展和演变,就其思想传承脉络而言,首先孕育和原发于中国传统自由思想。把自由内在化和任性化,是当代中国自由观念中存在的两个偏颇。这两个偏颇与中国传统自由思想有着精神性渊源关系。

中国传统自由概念具有双重内涵,一方面在"私"的层面即个体生

---

① 《建国以来毛泽东文稿》第六册,中央文献出版社 1992 年版,第 543 页。

存层面，自由即个人安然自在、恬静自得、悠闲自乐的内心感受、生活态度、人生理想或日常生活状态；另一方面，在"公"的层面即正统思想与正式制度层面，自由即随情放纵、任意散漫、自私自用等态度或行为。心性自由是中国传统自由思想的内核，它蕴含一种关于人的自我发展辩证法，总体上是德性主义的。但是，由于缺乏外在制度法规等的保障，传统心性自由思想在其现实性上，发生了某些变异。心性自由或者变异为"心奴"，或者变异为随波逐流的"任性"，或者变异为玩世不恭的"放纵"。①

在中国古代社会，由于正统思想和正式制度把自由主要视为一种私人任情随意的态度或行为，这便使得在传统社会语境中自由成为一个更具修辞色彩的边缘化词汇，进而导致传统自由思想的内向化发展，正如有学者所认为的，中国传统语境中的自由更多的是一种"无关系的自由"，即一个人在人际之外、规矩之外、制度之外的自在自得。② 这种"无关系的自由"与中国传统心性之学相伴生、相契合、相融通，形成中国传统文化中独特的心性自由思想。心性自由思想彰显了人的道德自觉、道德自主、道德自律等道德自由精神，成就了一批传统社会所需要的圣贤君子，推动了传统社会道德的发展。其历史积极作用和现实借鉴意义，都是毋庸置疑的。但是，儒家的心性自由是一种自居的自由、先知的自由，而不是一般人的自由。儒家的"内圣"要求因其具有极强的精英主义和道德理想主义而在其现实性上常常走向"道德专制"，从而在现实生活中滋生"精神专制"，产生一些如鲁迅所说的"吃人"礼教。

儒家虽然也讲人的意志自由，但"注意的是意志的'专一'的品格；

---

① 寇东亮：《中国传统自由概念与心性自由思想辨正》，《中州学刊》2013 年第 6 期。
② 陈静：《自由的含义：中文背景下的古今差别》，《哲学研究》2012 年第 11 期。

而对意志的'自愿'的品格，并没有作深入的考察。孔子（前551—前479）哲学的最高原理是'天命'，他以为要'知天命'、'顺天命'，而后才能'从心所欲不逾矩'。这样讲人的自由，实际上已陷入宿命论了。后代的儒家正统派为了替封建专制主义辩护，更加忽视了自由是意志的自愿选择这一点，更加发展了宿命论"①。由此，也造成中国传统道德以义务为本位的特征。义务本位一方面消解了"个人"观念。梁漱溟认为，"个人"与"自由"是内在关联的。"个人"观念是自由的前提和基础，"自由"是个人存在的根基和表征。"自由之著见于近代西洋人之间，乃是由于近代人一个个都强起来，使你不得不承认他"。但是，"到处弥漫着义务观念之中国，其个人便几乎没有地位。此时个人没于伦理之中，殆将永不被发现。自由之主体且不立，自由其如何得立？""中国文化最大之偏失，就在个人永不被发现这一点上。一个人简直没有站在自己立场说话机会，多少感情要求被压抑，被抹杀"。② 另一方面，义务本位也消解了所谓的主观自由。黑格尔说："当中国人如此重视的义务得到实践时，这种义务的实践只是形式的，不是自由的内心的情感，不是主观的自由。"③

中国近现代思想家在用西方自由主义理念对中国传统自由思想进行重新阐释和赋义的同时，也坚执一种心性自由理念。严复说："夫自由，心德之事也。"④ 梁启超认为，自由的要义在于解除精神的束缚。在《论自由》一文中，梁启超提出要区分"真自由"与"假自由"，真自由即心灵的自由，假自由即身体自主而心灵不自主。他指出：

---

① 冯契：《中国古代哲学的逻辑发展》上册，上海人民出版社1983年版，第50—51页。
② 《梁漱溟全集》第三卷，山东人民出版社2005年版，第245、250—251页。
③ [德]黑格尔：《哲学史讲演录》第一卷，贺麟、王太庆译，商务印书馆1959年版，第125页。
④ 《严复集》第四册，中华书局1986年版，第986页。

> 人之奴隶我不足畏也，而莫痛于自奴隶于人；自奴隶于人
> 犹不足畏也，而莫惨于我奴隶于我。庄子曰："哀莫大于心死，
> 而身死次之。"吾亦曰：辱莫大于心奴，而身奴斯为末矣……
> 若有欲求真自由者乎，其必自除心中之奴隶始。①

现代新儒学把重新确立心性之学的意义结构和价值信念作为自己的首要任务，并认为，这是中国文化摆脱危机的前提，也是"开出新外王"的基础。现代新儒家"内圣开出新外王"的实质是：

> 要使中国人不仅由其心性之学，以自觉其自我之为一"道
> 德实践的主体"，同时当求在政治上，能自觉为一"政治的主
> 体"，在自然界、知识界成为"认识的主体"及"实用技术的
> 活动之主体"。②

在现代新儒学看来，由"内圣"到"新外王"必须经过一个"主体的转化之创造"过程，这种创造必须从儒家的"内圣之学"出发，以儒家道德精神作为形上根据。于是，民主与科学的根本便是主体的建构，而主体建构的本质又是道德主体的自我转化。因而，心性之学必然成为现代新儒学的起点。现代新儒学以弘扬中国传统儒家文化为志向，力图由心性内圣之学，开出自由、民主、科学的现代外王事功，使之适应现代社会。事实上，中国近现代自由主义的发展，经历了一个从早期的关注现实政治转向后来的倾心政治哲学再到最后走向人生态度的发展轨迹，从中也可看出自由理念的一种内向化发展趋势。

---

① 梁启超：《新民论》，中州古籍出版社 1998 年版，第 104—105 页。
② 牟宗三等：《为中国文化敬告世界人士宣言》，载封祖盛编：《当代新儒家》，生活·读书·新知三联书店 1989 年版，第 27 页。

　　近年来，充斥于我国社会生活的"心灵鸡汤"，在一定意义上可以说是传统心性自由观念的一种现代变体。"心灵鸡汤"一词，源自20世纪90年代美国演员兼作家杰克·坎菲尔等人策划的一系列畅销书《心灵鸡汤》的书名，它呈现在一系列有关人生哲理、生活感悟的小文章、小故事等中，以"陶冶身心、激励精神、启迪心灵"为己任，充满着一种浓厚的人文情怀和人文关怀。在这个讲究快阅读、浅阅读的互联网时代，心灵鸡汤式的东西，已成为微博、微信等公众平台甚至自媒体的主打内容之一，成为人们不断转发的最热门内容之一。充满正能量的"心灵鸡汤"让人有所感、有所思，并能够获得一定的心灵慰藉和身心健康。

　　但是，"心灵鸡汤"遵循的基本逻辑是从意识到意识、从精神到精神，当面对现实问题时，"心灵鸡汤"不是教人勇敢地直面问题和解决问题，而是教人改变心境，在"心灵的自我转换"中换个角度来看问题，使人在"心灵的自娱自乐"中回避或逃避问题，最终获得一种所谓的"心灵自由"。但这种"心灵自由"，其实不过是殷海光所说的"心灵的牢房"，它要么是不经审视和批判地接纳一些所谓的人生导师的人生智慧和生活格言，要么是被聒噪的无根之谈所迷惑。① 一味追求这种"心灵自由"，会滋生和助长一种"精神性奴役"，使人抱持一种"不求改变外部世界，只求改善自我心性"的内敛式的自我压抑型的人生信条，以至于把"自觉奴性"等同于自由。"心灵鸡汤"秉承传统心性自由的基本逻辑，仅仅诉诸人的意识的改变，力图通过"解释世界"来化解客观矛盾和问题。这与马克思当年所批判的青年黑格尔派如出一辙。马克思说：

---

　　① 张斌峰、何卓恩编：《殷海光文集》第一卷，湖北人民出版社2009年版，第260页。

这种改变意识的要求，就是要求用另一种方式来解释存在的东西，也就是说，借助于另外的解释来承认它。①

"心灵鸡汤"往往忽视或无视社会不合理现象，客观上甚至不自觉地纵容了社会不合理现象的滋生蔓延。我们应谨记殷海光先生半个世纪前的忠告："当一个时代的人为'外部自由'而奋斗但情势不利时，唯心的哲学家板起面孔责备大家浮动，劝人要追求'内心自由'，这是一种冷血的逃避主义"，它"充其量只能算是自全的行为"。②

马克思在赞赏伊壁鸠鲁原子偏斜说所包含的自由思想的同时，也批评他把自由仅仅看成人脱离外界的自我意识的宁静的观点。马克思认为，孤立主体的内心自由"是脱离定在的自由，而不是在定在中的自由。它不能在定在之中发亮"。事实上：

> 自由不仅包括我靠什么生活，而且也包括我怎样生活，不仅包括我做自由的事，而且也包括我自由地做这些事。③

中国传统自由思想张扬精神自由、道德自由，几乎没有涉及客观的、社会政治法律层面的自由。

"定在的自由"即"关系中的自由"。自由的主体只能是现实的人，现实的人的本质是一切社会关系的总和。自由是人的本质规定，在其现实性即"定在"意义上，自由必然体现一种社会关系。严复认为，一个人独居世外，不存在限制或禁止，一切皆可自我作主，任意行事。

---

① 《马克思恩格斯文集》第 1 卷，人民出版社 2009 年版，第 516 页。

② 张斌峰、何卓恩编：《殷海光文集》第一卷，湖北人民出版社 2009 年版，第 261 页。

③ 《马克思恩格斯全集》第 1 卷，人民出版社 1995 年版，第 50、181 页。

> 自繇（由）者，凡所欲为，理无不可。此如有人独居世
> 外，其自繇界域，岂有限制？为善为恶，一切皆自本身起
> 义，谁复禁之？但自入群而后，我自繇者人亦自繇，使无限
> 制约束，便入强权世界，而相冲突。故曰人得自繇，而必以
> 他人之自繇为界。①

　　这就是说，自由并不是为所欲为，更不是恣意妄为，而是在"存我"
的基础上对人与人及其权利关系的规范。也因此，严复把穆勒的《On
Liberty》翻译为《群己权界论》。

　　自由是作为主体的人在对象性关系和对象化活动中，追求和表现出
来的一种自觉、自为、自主的存在状态。自由是人的一种自觉的存在状
态，这种自觉性相对于盲目性而言，它以目的形式表现出来。人的行为
的目的性和围绕这种目的性的自我决定、自我创造及自我实现，是人的
自由的一种确证和表征。自由是人的一种自为的存在状态，这种自为性
相对于自在性或自发性而言，是人的一种行为能力，即"借助于对事物
的认识来作出决定的那种能力"。自由是人的一种自主的存在状态，这
种自主性相对于强制性或被迫性，它表现为人凭借自己拥有的各种权利
而成为自主的人。这种自觉、自为、自主的状态体现于人与自然、人与
人、人与自我等关系中，具体呈现为经济自由、政治自由、社会自由、
个性自由等等。所以，马克思说：

> 主体的对象化，也就是实在的自由——而这种自由见之于
> 活动恰恰就是劳动。②

---

① 《严复集》第一册，中华书局 1986 年版，第 132 页。
② 《马克思恩格斯文集》第 8 卷，人民出版社 2009 年版，第 174 页。

恩格斯说："文化上的每一个进步，都是迈向自由的一步"①。恩格斯把人与自然、人与社会、人与自我等"关系中的自由"描述为，人"成为自然界的主人"，"成为自己的社会结合的主人"，"成为自身的主人"，并认为，只有这三方面的高度统一，人才能成为"自由的人"。②

"关系中的自由"集中表现为一种权利。自由观念在人类思想史中的正式确立，源于因公共权力与个人权利之间的张力而产生的从个人权利角度对公共权力的限制和反抗。康德认为，在现代社会，首要的问题是权利问题，人"通过权利的概念，他应该是他自己的主人"③。也因此，康德认为，大自然迫使人类加以解决的最大问题是建立一个普遍法治的社会。在这种社会中，自由、平等与独立，是公民的基本权利，也是社会正义的准绳。英国思想家以赛亚·伯林（1909—1997）认为，"自由是行动的机会，而不是行动本身"④，是行动的"可能性"而非行动的"动态实现"。人的自由最根本的是指人的某种权利，即他能够做什么的资格，资格涉及人自身的与外在环境的各种因素。伯林把权利视为自由的核心要素，他指出：

> 除非受两个多少相互关联的原则统治，没有一个社会能是自由的。第一个原则是，只有权利，而非权力，才能被视为绝对的，从而使得所有人，不管什么样的权力统治着他们，都有绝对的权利拒绝非人性的举动。第二个原则是，存在着并非人为划定的疆界，在其中人必须是不可侵犯的；这些疆界之划

---

① 《马克思恩格斯文集》第9卷，人民出版社2009年版，第120页。

② 《马克思恩格斯文集》第3卷，人民出版社2009年版，第566页。

③ ［德］康德：《法的形而上学原理——权利的科学》，沈叔平等译，商务印书馆1991年版，第50页。

④ ［英］以赛亚·伯林：《自由论》，胡传胜译，译林出版社2003年版，第39页。

定，依据的是这样一些规则：它们被如此长久与广泛地接受，以至于对它们的遵守，已经进入所谓正常人的概念之中，因此也进入什么样的行动是非人性与不健康的概念之中。①

严复把穆勒的《On Liberty》翻译为《群己权界论》，意指群体权力与个人权利的界限。梁启超在《十种德性相反相成》一文中，直接用"权利"定义"自由"，他说："自由者，权利之表证也。"②作为权利的自由，表征的是人的独立人格和自主表达思想、发表言论以及从事各种活动的资格、机会和能力等。

自由是权利、机会与能力的统一。作为一种权利，自由体现为人是他自己的主人，有自己独立的人格，是自由自觉的行动者；作为一种机会，自由体现为人获得权利和实现自己目的的可能性和现实性；作为一种能力，自由体现为人的认识世界与改造世界的能力。诺贝尔经济学奖获得者阿马蒂亚·森（1933— ）把自由与能力联系起来，将自由定义为"享有人们有理由珍视的那种生活的可行能力"③。也就是，一个人可以实现的功能性活动的范围构成他的"实质"意义的自由。马克思说：

> 人不是由于有逃避某种事物的消极力量，而是由于有表现本身的真正个性的积极力量才得到自由。④

由此，马克思提出自由的三个基本方面，即每个人的自由发展是

---

① ［英］以赛亚·伯林：《自由论》，胡传胜译，译林出版社 2003 年版，第 238 页。
② 《饮冰室合集》第 2 册，中华书局 2015 年版，第 429 页。
③ ［印］阿马蒂亚·森：《以自由看待发展》，任赜、于真译，中国人民大学出版社 2002 年版，第 62 页。
④ 《马克思恩格斯文集》第 1 卷，人民出版社 2009 年版，第 335 页。

一切人自由发展的条件的自由人联合体①、建立在个人全面发展和他们共同的社会生产能力成为从属于他们的社会财富这一基础上的自由个性②、建立在必然王国基础上的作为目的本身的人类能力的发挥的自由王国③。在其现实性上，信仰自由、思想自由、体面劳动、政治参与、自愿结社、个性发展，等等，都是自由的具体形式。

在现实性上，定在的自由表现为体面劳动。我们知道，马克思恩格斯所谈论的自由，是在历史唯物主义视阈中，以劳动实践观、劳动价值论和人民主体论为根据，坚决反对和批判自启蒙运动以来资产阶级自由观，从而对自由做出的科学阐释。马克思强调：

> 人们每次都不是在他们关于人的理想所决定和所容许的范围之内，而是在现有的生产力所决定和所容许的范围之内取得自由的。④

资产阶级的自由，在理念上表现为一种超时空、超历史、具思辨性和抽象性的理性自由、精神自由，在现实上表现为财产自由、商品自由、资本自由、竞争自由、贸易自由等等。"自由这一人权的实际应用就是私有财产这一人权。……私有财产这一人权是任意地、同他人无关地、不受社会影响地享用和处理自己的财产的权利；这一权利是自私自利的权利"⑤。对有产者来说，这种自由是一种实在的、有用的特权；但对劳动者来说，这种自由则是一种虚幻的鸦片，是有害的压迫。劳动者

---

① 《马克思恩格斯文集》第2卷，人民出版社2009年版，第53页。
② 《马克思恩格斯文集》第8卷，人民出版社2009年版，第52页。
③ 《马克思恩格斯文集》第7卷，人民出版社2009年版，第929页。
④ 《马克思恩格斯全集》第3卷，人民出版社1960年版，第507页。
⑤ 《马克思恩格斯文集》第1卷，人民出版社2009年版，第41页。

除了在市场中貌似自由（实为被迫）地出卖自己的劳动力以外一无所有，更无法也不可能拥有真实的自由。马克思深刻揭露了资本主义自由的真面目：

> 这是谁的自由呢？这不是一个人在另一个人面前享有的自由。这是资本所享有的压榨工人的自由。①

对此，恩格斯说："资本和劳动的关系，是我们全部现代社会体系所围绕旋转的轴心。"② 在资本主义社会，资本统治和剥削劳动，劳动具有异化性质，劳动总体上是一种被迫的、强制性的异化劳动，"劳者不获，获者不劳"成为一种普遍现象。在这种劳动中，劳动者被视为一种商品、一种资本。对这些人来说，异化劳动使人的劳动仅仅成为一种创造财富、满足需要的活动，遮蔽了劳动广泛而丰富的社会内容和人文意义，使得"劳动"由人的"自由自觉的本质"转变成了仅仅是"维持生存的手段"，从而遏制了人的自由的真正实现。在《詹姆斯·穆勒〈政治经济学原理〉一书摘要》中，马克思提出"直接谋生的劳动"和作为"自由的生命表现"的劳动两个重要范畴。在"直接谋生的劳动"中，"我的个性同我自己疏远到这种程度，以致这种活动为我所痛恨，它对我来说是一种痛苦，更正确地说，只是活动的假象。因此，劳动在这里也仅仅是一种被迫的活动，它加在我身上仅仅是由于外在的、偶然的需要，而不是由于内在的必然的需要。"相反，作为"自由的生命表现"的劳动，则出于人的"内在的必然的需要"，是"生活的乐趣"。在这种劳动中，"人把自身当做普遍的因而

---

① 《马克思恩格斯文集》第 1 卷，人民出版社 2009 年版，第 757 页。
② 《马克思恩格斯文集》第 3 卷，人民出版社 2009 年版，第 79 页。

也是自由的存在物来对待"。①马克思反复强调，劳动作为自由的活动是人的目的本身，异化劳动则是一种外在强制的、使人陷入非人状态的活动。

马克思主义最根本的政治立场在于，消除资本对劳动的统治和剥削，解放劳动和劳动者并确立劳动的自主和自由，维护和实现最广大劳动者的利益。因此，马克思提出，人们的伟大目标"应当是消灭那些使某些人生前具有攫取许多人的劳动果实的经济权力的制度"②，建立"各尽所能、按劳分配"和"各尽所能、各取所需"的社会主义和共产主义社会。对此，阿伦特指出："马克思是19世纪唯一的使用哲学用语真挚地叙说了19世纪的重要事件——劳动的解放的思想家。今天马克思的思想影响极大，也是因为这个事实。"③

所谓劳动解放，就是"消灭那种将多数人的劳动变为少数人的财富的阶级所有制"④，使每一个人都能自食其力，把能力本身的发展当作劳动的根本目的，"把劳动当做他自己体力和智力的活动来享受"⑤，让劳动"成为个人的自我实现"⑥，从而使劳动从作为人的谋生手段转向作为人的生活第一需要。一如恩格斯所说，在社会主义社会：

　　一方面，任何个人都不能把自己在生产劳动这个人类生存的必要条件中所应承担的部分推给别人；另一方面，生产劳动给每一个人提供全面发展和表现自己的全部能力即体能和智能

① 《马克思恩格斯文集》第1卷，人民出版社2009年版，第161页。
② 《马克思恩格斯文集》第3卷，人民出版社2009年版，第88页。
③ [美]汉娜·阿伦特：《马克思与西方政治思想传统》，孙传钊译，江苏人民出版社2007年版，第12页。
④ 《马克思恩格斯文集》第3卷，人民出版社2009年版，第158页。
⑤ 《马克思恩格斯文集》第5卷，人民出版社2009年版，第208页。
⑥ 《马克思恩格斯文集》第8卷，人民出版社2009年版，第174页。

的机会，这样，生产劳动就不再是奴役人的手段，而成了解放人的手段，因此，生产劳动就从一种负担变成一种快乐。①

社会主义社会是劳动者当家作主的社会，是人人自食其力的社会。劳动是社会主义社会的主导原则和推动力量。劳动自由是一切自由的基础和根基。只有在自由劳动中，并以自由劳动为基础，人才会获得其他各种社会自由。没有劳动自由，其他一切形式的自由，就会成为无源之水、无本之木。

随着我国社会主义市场经济的确立和不断推进，资本在经济社会发展中的巨大作用仍旧不可小觑。同时，由于市场在资源配置中日益起决定性作用，劳动者与生产资料的结合主要通过"雇佣"形式来实现，劳动力流动主要通过市场来完成。这就意味着，在我国经济发展的相当一个历史时期，仍存在资本对劳动的剥削和控制。但是，作为社会主义国家，资本不能也不应该成为劳动的主导力量。以公有制为主体的社会主义基本经济制度，决定了劳动者不仅是生产资料和生产要素的所有者，而且也是自己劳动及劳动成果的支配者。对于个体而言，劳动孕育着"作为生活第一需要"的意义，而随着社会主义社会的不断发展和完善，劳动"作为生活第一需要"的意义将会不断地从可能变为现实。从这个意义上来看，保障和实现体面劳动，就是让每一个劳动者从事体面劳动，是社会主义的本质要求和价值指向。

1999 年 6 月，国际劳工组织新任局长索马维亚在第 87 届国际劳工大会上首次提出"体面的劳动"概念。他强调，所谓"体面的劳动"，意味着生产性的劳动，包括劳动者的权利得到保护、有足够的收入、充分的社会保护和足够的工作岗位。为了保证"体面劳动"这一战略目

---

① 《马克思恩格斯文集》第 9 卷，人民出版社 2009 年版，第 310—311 页。

标的实现，必须从整体上平衡而统一地推进"促进工作中的权利""就业""社会保护""社会对话"四个目标。从人学意义上说，所谓体面劳动，就是一个人能够作为人而有尊严的劳动，能够在自由、公正、安全和有尊严的条件下工作。在这种劳动中，劳动者的人格得到尊重、权利得到保护、有充分的社会保障、足够的工作岗位和丰厚的收入，等等。体面劳动是能够使人的本质力量得以展示和实现的劳动，是体现人的生命价值和自由本质的劳动，是以满足人的合理需要为本的劳动。

自愿、自主、自由的劳动，是体面劳动的核心内涵和本质规定。劳动既创造人的物质生命，也塑造人的精神世界。通过体面劳动，人才能真正发挥自己改变世界的自主性和积极性，真正创造自己的对象世界，证明自己的本质力量，实现自己的个人价值和社会价值。马克思指出：

> 能给人以尊严的只有这样的职业，在从事这种职业时我们不是作为奴隶般的工具，而是在自己的领域内独立地进行创造；这种职业不需要有不体面的行动（哪怕只是表面上不体面的行动）。甚至最优秀的人物也会怀着崇高的自豪感去从事它。最合乎这些要求的职业，并不总是最高的职业，但往往是最可取的职业。①

如果人在一种劳动中既能享用劳动成果，又能占有劳动本身，并能全面发挥自己的才能和潜力，最大限度表现自己的创造性，那么这种劳动本身就会使人获得尊严和幸福。

2. 从"任性的自由"到"规则的自由"

道家的自由观总体上也是心性论的，但在具体证成和主旨取向上又

---

① 《马克思恩格斯全集》第 1 卷，人民出版社 1995 年版，第 458 页。

与儒家有所不同。道家崇尚"自然"，在道家看来，"自由"即"自然"。"自然"就是"自己然也"，即"自己如此"。"自由"就是按照自然本性，由着自己的性情去做事。在中国思想史上，庄子（前369—前286）首次把原来分开使用的"精"与"神"两个词合并为"精神"一词，提出了一种精神自由意义上的"逍遥"。在庄子那里，精神是对人心的规定，指人心的本然状态及其所具有的自由属性。庄子把老子（前571—前471）所形容的"独立而不改"的"道"从客观自然引向人的主观精神，并以"游"指称"独"。在庄子那里，所谓"独"，就是与"有待"相对的"无待"，即"无己""无功""无名"的精神的绝对自由状态，如《庄子·在宥》曰："出入六合，游乎九州，独来独往，是谓独有"；《庄子·庚桑楚》曰："明乎人，明乎鬼，然后能独行"；《庄子·大宗师》曰："朝彻而后能见独"；《庄子·逍遥游》曰："乘天地之正，而御六气之辩，以游无穷者"；等等，都呈现了一种"乘物以游心"的自由生存境界。

革命年代毛泽东对"自由主义"在革命队伍中的具体表现进行了分析批判。1929年，毛泽东在《关于纠正党内的错误思想》中指出了当时党内存在的诸多错误思想，如"极端民主化""非组织观点""个人主义""流寇思想"等，并认为"极端民主化的来源，在于小资产阶级的自由散漫性"。[①]1937年，在《反对自由主义》中，毛泽东把"自由放任""事不关己、高高挂起""个人意见第一""闹意气、泄私愤、图报复""工作随便、学习松懈"等观念和行为都概括在自由主义名下。中国近现代历史中的一盘散沙、军阀割据、宗派主义、山头主义、本位主义等，都与毛泽东所批评的"中国式自由主义"有关联性。毛泽东所批评的"自由主义"，不是近现代西方思想史上的自由主义，而是中国封建社会中各种无组织的散漫与任意的习性。这些习性在我国建设和改革

---

① 《毛泽东选集》第一卷，人民出版社1991年版，第88—89页。

开放时期，仍不同程度存在。1975 年，邓小平反复谈到各行各业领导班子存在的诸多问题，其中之一就是"散"，"散，就是争权夺利，搞不团结，捏不到一起"，"主要表现在有派性和组织纪律性差这两个方面"；闹派性是宗派主义，就是"树山头、垒山头，或者站到这个山头、那个山头"；"喜欢垒点山头，喜欢搞那么一个小圈子，喜欢那些吹捧自己的人、听自己话的人，任人唯亲"。①1979 年 10 月 15 日，在会见英国记者格林等人时，邓小平曾坦率地谈到过他对个人自由问题的看法。他说：

> 如果说个人自由与国家的自由和大多数人民的自由相矛盾，这种自由不能提倡。就是到了共产主义的时候，人们也还要服从交通警察的指挥。这与自由是不矛盾的。现在的问题是，对人权问题、自由问题，在青年中有一种误解，实际上把这些变成无政府主义，甚至变成极端个人主义。②

部门本位主义、地方保护主义、行业垄断、市场壁垒等，是我国经济社会发展中存在的一些突出问题。

自由是人在"受动"中所体现出来的一种主体能动性。马克思认为，能动的创造性是人的本质，但人的能动性是一种"受动"的能动性。因为，人是环境的产物，自然界是人存在和发展的永恒前提，社会活动是人存在和发展的基本形式。自然界和社会有其内在必然性和规律，这些必然性和规律既是人的自由的边界和限度，又是人的自由的前提和根据。作为一个关系范畴，自由体现的是人与必然性、

---

① 《邓小平文选》第二卷，人民出版社 1994 年版，第 75、16、13、16 页。

② 《邓小平年谱（一九七五———九九七）》（上），中央文献出版社 2004 年版，第 568 页。

主体与客体的关系。

> 自由不在于幻想中摆脱自然规律而独立，而在于认识这些
> 规律，从而能够有计划地使自然规律为一定的目的服务。①

自由是对必然和规律的认识与改造，昭示的是在主体与客体的辩证统一中人的本质力量的自我实现以及人的能力的全面发挥。人的本质力量的实现和人的能力的发挥，既需要特定的感性对象，也需要一定的物质条件。正是在这个意义上，马克思说："按人的方式来理解的受动，是人的一种自我享受。"② 也因此，马克思在《资本论》中区分了两个王国，即"必然王国"和"自由王国"。必然王国即受制于自然必然性的物质生活资料生产领域，自由王国即作为目的本身的人的能力不断得以发展和发挥的生活领域。必然王国是前提和手段，自由王国是归宿和目的。"自由王国只有建立在必然王国的基础上，才能繁荣起来"③。

自由意味着秩序与法治。在行为方式层面，自由体现个人行动与环境、私人领域与公共领域、个人权利与公共权力等之间的关系，这种关系以秩序和法治的形式表现出来即社会的或政治的自由，这种自由指人们在制度、法律许可的范围内不受约束地行使自己的权利。自由概念包含着必然、规律、可能、条件、目的、现实、客体等一系列范畴，与民主、公正、平等、秩序等理念密切关联。法治的基本精神在于维护和保障自由。法治保护人们的自利欲望和利益追求，它把个人的欲望和利益转化为权利。对人而言，权利意味着可以自由地做某事，权利就是自由；对物而言，权利就是财产权。个人的利益、权利、自由、财产等是

---

① 《马克思恩格斯文集》第9卷，人民出版社2009年版，第120页。
② 《马克思恩格斯文集》第1卷，人民出版社2009年版，第189页。
③ 《马克思恩格斯文集》第7卷，人民出版社2009年版，第929页。

相同的。但个人权利相互之间、个人权利与政治组织之间存在着矛盾和冲突。法治确定了权利享有者之间的相互义务，为协调权利与权利、权力与权力、权利与权力等之间的关系提供了一种理性的社会框架。这种社会框架体现了一种秩序中的自由，即在法律与秩序的范围内不受他人干涉而行动的可能性。也是在这个意义上，黑格尔认为，法律是自由的具体表现。

　　自由是人的意愿、意志和行为方式的自律。自由是作为主体的人对自身的反思与要求。自由观念的产生与发展以人的自我意识为前提，人的自我意识实质上是人对自我的行为和思想的一种"范围"意识。这种"范围"意识，一方面是肯定性的，是对主体行为和思想范围的确认，在这种范围内架构起了人的尊严与价值；另一方面又是否定性的，是对主体思想观念和行为的限制。人们既要保持已有的范围，又要冲破这范围。正是在这种肯定与否定、保持与冲破之间，产生了自由观念。可见，在始源意义上，人最初的自由观念本身就是一种道德观念和道德意识，它包含道德自觉和道德自律。自律即人自己为自己所定的规律。自律本身首先是一种具有一贯性的自由意志，它是对自由意志的任意性和自发性的一种克制，是对自由意志的任意选择的预先选择，因而可以说是一种高出于单纯任意性之上的更高级的意志自由。意志自由的自发性和任意性选择还只是自由的一个初步规定，真正的自由意志乃是自律。自律是一种更高层次的自由，它体现的是一种自由的必然性：人为自己的行为立法。当这个自己所定的法畅行无阻时，人便达到了自由的境界。

3. 从"竞技的自由"到"平等的自由"

　　目前，我国社会分层"凝固化"趋势明显，社会流动趋于"缓慢化"，社会阶层呈现出固化和内循环的趋向。官二代、富二代、星二代、农二代、穷二代等"世袭现象"日益突出。在今天的中国，除了传统意义上的底层阶层如农民、进城务工人员、下岗失业工人等，还出现了一个因缺乏社会保障和收入保障的"新底层阶层"，如失地农民、被拆迁的城市居民以及不能充分就业的大学生群体等，他们共同组成了庞大而复杂的底层社会。他们就是罗尔斯所说的"最不利者"，在一定意义上可以把"最不利者"看作弱势群体的代名词。他们拥有的权利、机会、财富、收入等"基本善"较为有限，在获得政治参与、就业和提升、子女教育、社会保障享有等方面的机会也很有限，从而导致底层阶层越来越难以向上流动，底层社会正在逐渐走向刚化。

如何认识社会分层"凝固化"和社会流动"缓慢化"现象及其根源，仁者见仁，智者见智。其中，哈耶克（1899—1992）式自由主义的解释模式及其观点颇为流行，并具一定的代表性。哈耶克式自由主义认为，在现代社会，自由自发原则高于一切，无限竞争规则至高无上，优胜劣汰法则天然合理，社会要进步首先必须保护更具创造性能力的优秀者或精英，那些"被淘汰"的社会弱势群体理应忍受贫困和不幸，对弱者的任何救济都会助长他们的"懒惰"，而且这种救济也是对优秀者的不公正。自由至上主义把人与人之间的关系理解为纯粹的"自由竞技"关系，在这种关系中，不是你死就是我活，不是你劣就是我优。它把自由竞争等同于个人自由，断言自由竞争是人类自由的终极形式。借用马克思的话来说，在这种"自由竞技"中，"各个人看起来似乎独立地自由地互相接触并在这种自由中互相交换"，但"这种独立一般只不过是错觉，确切些说，可叫做——在彼此关系冷漠的意义上——彼此漠不关心"的独立。① 哈耶克式自由主义坚持个人本位立场，力图保护个人的生活空间，给个人完全的自由，只要他不伤害他人。至于人们用这种自由去干什么，别人管不着。这种观点会使自由变为一种封闭的自私思想，人们

---

① 《马克思恩格斯文集》第 8 卷，人民出版社 2009 年版，第 58 页。

可能最大限度地发展个人自由，却不考虑或不顾及对他人承担的义务。由此，竞争常常演变为你死我活的搏斗，权利维护常常演变为"各人自扫门前雪，莫管他人瓦上霜"的人际冷漠，个性张扬常常演变为"他人就是地狱"的自我中心主义，许多人缺失公共意识和公共精神，无视公共道德和公共责任，对公共事务和公共问题日渐冷淡，对他人的不幸、贫困和危难日益冷漠。

当前，在我国社会生活中，假冒伪劣的存在，欺骗欺诈的蔓延，诚实守信的缺失，利他、关爱、互助等美德的不断边缘化，人际关系的冷漠、孤独感、无援感的滋长，等等，都与上述哈耶克式自由主义价值观有着重要的关联。"自由至上"往往意味着不平等的自由、精英的自由、权贵的自由。

自由是人的类本质，是人的主体性的确证。马克思说：

> 没有一个人反对自由，如果有的话，最多也只是反对别人的自由。可见，各种自由向来就是存在的，不过有时表现为特殊的特权，有时表现为普遍的权利而已。①

在人们分化为阶级、阶层、集团的情形下，自由作为权利往往具有特权的性质，一些人的自由被另一部分人剥夺了。当自由表现为"特权"时，自由实际上是少数人的一种专制的自由、特权的自由。马克思、恩格斯并不一般地谈论自由，而是坚决地反对和批判启蒙以来资产阶级所谓的自由。这种自由在观念形态上表现为一种超时空的、抽象的理性自由，在现实性上表现为财产自由、资本自由、贸易自由、竞争自由等等。"自由这一人权的实际应用就是私有财产这一人权……私有财产这

---

① 《马克思恩格斯全集》第 1 卷，人民出版社 1995 年版，第 167 页。

一人权是任意地、同他人无关地、不受社会影响地享用和处理自己的财产的权利；这一权利是自私自利的权利"①。这种自由，对有产者来说是实在的和有用的，是一种特权；但对劳动者来说则是虚幻的和有害的，是一种压迫。劳动者的自由，就是除了自己的劳动力以外一无所有的自由，就是在市场中貌似自由（实为被迫）地出卖自己的劳动力的自由。马克思质问道："这是谁的自由呢？这不是一个人在另一个人面前享有的自由。这是资本所享有的压榨工人的自由。"②

当自由表现为"普遍权利"时，"自由获得了一种与个人无关的、理论的、不取决于个别人的任性的存在"③，表现为"平等的自由"。罗尔斯提出了两个基本正义原则，其中第一个原则是：每个人对与其他人所拥有的最广泛的基本自由体系相容的类似自由体系都应该有一种平等的权利④。这些"基本自由"包括思想和良心的自由、政治自由、集会自由、人身自由、财产自由等。罗尔斯的第一个原则只能被理解为"平等的自由"原则。"平等的自由"是所有人都平等享有的普遍自由，它要求所有的资源、权利和机会等，向所有社会成员开放，使每个社会成员都能凭借自身的能力通过公平竞争去获得相应的资源、权利和机会。恩格斯指出：

> 一切人，作为人来说，都有某些共同点，在这些共同点所及的范围内，他们是平等的，这样的观念自然是非常古老的。但是，现代的平等要求与此完全不同；这种平等要求更应当是从人

---

① 《马克思恩格斯文集》第 1 卷，人民出版社 2009 年版，第 41 页。
② 《马克思恩格斯文集》第 1 卷，人民出版社 2009 年版，第 757 页。
③ 《马克思恩格斯全集》第 1 卷，人民出版社 1995 年版，第 176 页。
④ ［美］约翰·罗尔斯：《正义论》，何怀宏等译，中国社会科学出版社 1988 年版，第 60—61 页。

的这种共同特性中，从人就他们是人而言的这种平等中引申出这样的要求：一切人，或至少是一个国家的一切公民，或一个社会的一切成员，都应当有平等的政治地位和社会地位。要从这种相对平等的原始观念中得出国家和社会中的平等权利的结论，要使这个结论甚至成为某种自然而然的、不言而喻的东西。①

可见，"普遍权利"是自由的真正的现实存在形式之一。

"平等的自由"具体体现为马克思所说的"每个人的自由"与"一切人的自由"的统一。马克思恩格斯认为，"代替那存在着阶级和阶级对立的资产阶级旧社会的，将是这样一个联合体，在那里，每个人的自由发展是一切人的自由发展的条件"②。未来新社会是"以每一个个人的全面而自由的发展为基本原则的社会形式"③，它能够"使每一个社会成员都能够完全自由地发展和发挥他的全部力量和才能"④。值得注意的是，马克思恩格斯反复强调每个人、每一个个人、每一个社会成员等概念，把每个人的自由发展视为一切人的自由发展的前提和基础，视为社会发展的根本目的。

由于中国传统思想中群体本位观念的影响，以及近现代"救亡"主题的日益凸显，中国现代思想家和革命家更为关注和强调团体自由、群体自由尤其是国家自由。孙中山认为，中国近代以来之所以被列强欺凌，源于中国人的一片散沙。"欧洲从前因为太没有自由，所以革命，要去争自由。我们是因为自由太多，没有团体，没有抵抗力，成一片散沙。因为是一片散沙，所以受外国帝国主义的侵略，受列强经济商战的

---

① 《马克思恩格斯文集》第 9 卷，人民出版社 2009 年版，第 109 页。
② 《马克思恩格斯文集》第 2 卷，人民出版社 2009 年版，第 53 页。
③ 《马克思恩格斯文集》第 5 卷，人民出版社 2009 年版，第 683 页。
④ 《马克思恩格斯文集》第 1 卷，人民出版社 2009 年版，第 683 页。

压迫，我们现在便不能抵抗。要将来能够抵抗外国的压迫，就要打破各人的自由，结成很坚固的团体，像把士敏土参加到散沙里头，结成一块坚固石头一样。中国人现在因为自由太多，发生自由的毛病，不但是学校内的学生是这样，就是我们革命党里头也有这种毛病。所以从前推倒满清之后，至今无法建设民国，就是错用了自由之过也"。"在今天，自由这个名词究竟要怎么样应用呢？如果用到个人，就成一片散沙。万不可再用到个人上去，要用到国家上去。个人不可太过自由，国家要得完全自由。到了国家能够行动自由，中国便是强盛的国家。要这样做去，便要大家牺牲自由"。①

面对民族国家危机和阶级革命，中国共产党提出要把中国建设成为一个独立、自由、民主、统一和富强的新中国，更为强调国家自由、阶级自由、人民自由等。"人民""阶级""政党"等成为话语中的主导概念，"个人"更多用来指称杰出历史人物或领袖，"自由"的主体更多定位于民族、国家和阶级。1943 年 3 月 19 日《新华日报（华北版）》发表《彭德怀论民主教育》一文。这篇文章是根据时任中共北方局代理书记彭德怀，关于在太行区根据地开展民主教育的讲话精神整理而成的。文章说："民主精神就是自由、平等、博爱的精神。这是从法国大革命以来，各国民主革命的共同口号，这是进步的、有正义感的人士一致主张的。"文章要求建立一整套制度，从法制上保障自由、平等、博爱的精神。毛泽东于当年 6 月专门写信给彭德怀，指出彭德怀关于民主自由的理解上的一些偏颇，如"从民主、自由、平等、博爱等的定义出发，而不从当前抗日斗争的政治需要出发"；"不说言论、出版自由是为着发动人民的抗日积极性与争取并保障人民的政治经济权利，而说是从思想自由的原则出发"；"不说集会、结社自由是为着争取抗日胜利与人民政治经济权

---

① 《孙中山全集》第九卷，中华书局 2006 年版，第 281—282 页。

利，而说是为着增进人类互助团结与有利于文化、科学发展"；"没有说汉奸与破坏抗日团结分子应剥夺其居住、迁徙、通信及其他任何政治自由，而只笼统说人民自由不应受任何干涉"；等等。① 毛泽东强调自由原则的阶级属性，要求从当时社会实践需要出发，在区别革命与反革命的基础上，阐述自由原则。

新中国成立后，毛泽东与时任中央农村工作部部长邓子恢有过关于"四大自由"的争论。邓子恢强调在土改以后要给农民"四大自由"，即商品交换的自由、借贷自由、雇工自由和租佃关系的自由。毛泽东批评这一提法，认为"四大自由"是小惠，而且是惠及富农和富裕中农的。② 1956 年 4 月，毛泽东指出："过去是个体经济，就是搞自由主义。现在集体化了，能听命令，一起上工，这就有极大的利益。但是什么都得听命令，这就宽了。命令要正确，范围不要太宽了，要给农民一些自己活动的时间，就是要有一点自由，如同我们每天都要有一点自由一样。我们这些人没有一点自由能活下去吗？我就不信。比如你们回到家里就可以随便谈谈，跟你们的夫人、小孩讲一点笑话。整天要板起一副面孔，那又何必呢？如果每天二十四小时都板起一副面孔，我看只要一个星期，所有的人都要死光的。严肃是同不严肃相对立而存在的，没有不严肃哪有严肃？纪律是对没有纪律而来的，是对自由主义而来的，不搞一点'自由主义'怎么行？总是要有一点'自由主义'的。现在我们反对自由主义，是反对在不应当搞自由的地方也搞了自由的那一部分，不是反对一切自由。如果反对一切自由，那就要在每一个家庭设一个检察长去检查，看看他是不是一天到晚都那么严肃，都不搞一点自由。"③ 在这里，所谓个人自由，就是"给农民一些自己活动的时间"，就是人

---

① 《毛泽东文集》第三卷，人民出版社 1996 年版，第 26 页。
② 《毛泽东文集》第六卷，人民出版社 1999 年版，第 302 页。
③ 《毛泽东文集》第七卷，人民出版社 1999 年版，第 55 页。

们"回到家里就可以随便谈谈"和"讲一点笑话",等等。1958 年 12 月,《在中共八届六中全会上的讲话提纲》中,毛泽东肯定了"大集体、小自由的思想"①。这里的"小自由"既指个人"自己活动的时间",更指给农民一小块自留地。

20 世纪 50 年代,殷海光与徐复观(1903—1982)曾就自由问题展开过激烈争论。个人自由与国家自由是什么关系以及"国家自由"的提法是否必要,是他们争论的焦点之一。殷海光认为,"个人自由是一切自由底托子。没有活生生的一个一个的个人之自由,其他一切自由,无疑将成柏拉图的纯观念"。"自由之始原的完整性属于而且只属于个人"。②国家是一个人为的建构,是一个法人,是拟制的而不是实在的。感到需要自由的是有思想的个人,不是由这些个人形成的建构,任何团体的自由,无非是同一方向的人际自由。所以,"国家自由"是一个不通的名词。国家可能遭受奴役,但可以用"独立"而不必用"自由"来指称国家摆脱奴役的情形。徐复观则认为"国家自由"的提法是合理的,国家有其实在性,是一政治单位。一旦国家失去自由,个人自由也随之丧失。

事实上,个体自由与团体自由是内在关联的。个体自由是团体自由的根基。无视个人自由的团体自由,是一种虚幻的所谓政治自由。这种自由引发"过度政治化"即公共政治生活挤压、侵蚀乃至吞没个人的生活空间,使个体的生存发展不断萎缩。胡适说:"争你们个人的自由,便是为国家争自由,争你们自己的人格,便是为国家争人格!自由平等的国家不是一群奴才建造的起来的!"③团体自由是个体自由的保障。个人自由尤其是私人生活的自由,是以公共政治自由为保障的。如果越来

---

① 《建国以来毛泽东文稿》第七册,中央文献出版社 1992 年版,第 639 页。

② 张斌峰、何卓恩编:《殷海光文集》第一卷,湖北人民出版社 2001 年版,第 62、229 页。

③ 《胡适全集》第四卷,安徽教育出版社 2003 年版,第 662—663 页。

越多的个体不参与公共政治生活，放弃有效制约公共权力，那么，最终私人生活的自由也是无法保障的。自由是一种公共物品。在一个社会中，脱离群体自由一味谈论个人自由，是没有意义的。只有当一个人的自由不妨碍另一个人的自由时，才可以说这个人是自由的，并进而说这个社会是自由的。

就自由本身的构成而言，"平等的自由"也指各种自由的均衡性和有机性。马克思把一般自由称为"类自由"，把各种具体的、特殊领域的自由称为"种的自由"或"自由的种"，如思想自由、财产自由、行业自由、出版自由、宗教自由等。马克思说：

> 自由的每一种形式都制约着另一种形式，正像身体的这一部分制约着另一部分一样。只要某一种自由成了问题，那么，整个自由都成问题。①

殷海光也强调自由的整全性，他说：

> 自由是整全而不可分割的。自由的展开固然因作不同的分殊而得到不同的名谓，例如言论自由、谋生自由、集会自由等等，但是，却不可只许有这项自由而不许有那项自由。只许有这项自由而不许有那项自由，那么自由的整全性便遭到破坏。自由的整全性遭到破坏，自由很可能完全丧失。②

马克思关于自由的"类"与"种"及其关系的思想以及殷海光有关

---

① 《马克思恩格斯全集》第 1 卷，人民出版社 1995 年版，第 201 页。

② 张斌峰、何卓恩编：《殷海光文集》第一卷，湖北人民出版社 2009 年版，第 247—248 页。

自由的整全性的思想，给我们一些有益的启示。我们应认识到，作为社会主义核心价值观的自由包括广泛的内容，既有主观层面的言论、思想、意志等的自由，又有客观层面的经济、自主劳动、政治参与等的自由，既有国家社会层面的主权独立、领土完整等的自由，又有个人层面的生命尊严、个性实现、全面发展等的自由，这些自由是有机统一的。

平等的自由表现为每个人的自由全面发展。马克思认为，自由是人的幸福的根据。他在特里尔中学毕业考试的作文中强调，人比动物优越的地方就在于人能够进行理性的选择。通过正确的人生选择，实现人类幸福与自身完美的统一，这才是一种幸福人生。

> 如果一个时代的风尚、自由和优秀品质受到损害或者完全衰落了，而贪婪、奢侈和放纵无度之风却充斥泛滥，那么这个时代就不能称为幸福时代。①

在《评普鲁士最近的书报检查令》一文的结尾，马克思引用了塔西佗的话："当你能够想你愿意想的东西，并且能够把你所想的东西说出来的时候，这是非常幸福的时候。"② 马克思强调，自由是人的精神的根本特质。在《博士论文》中，通过比较德谟克利特与伊壁鸠鲁的自然哲学，马克思赞赏伊壁鸠鲁的自我意识自由原则，强调人的自我意识具有最高神性，不应该有任何神同人的自我意识相并列，自我意识的自由是精神的太阳系。③ 在《莱茵报》时期，马克思强调，自由是"全部精神存在的类本质"，是"理性的普遍阳光所赐予的自然礼物"，是"人类本性的永恒的贵族"。"精神的谦逊总的说来就是理性，就是

① 《马克思恩格斯全集》第 1 卷，人民出版社 1995 年版，第 449—465 页。
② 《马克思恩格斯全集》第 1 卷，人民出版社 1995 年版，第 134—135 页。
③ 《马克思恩格斯全集》第 1 卷，人民出版社 1995 年版，第 12、55 页。

按照事物的本质特征去对待各种事物的那种普遍的思想自由"。问一个人"自由是否应该存在"这一问题，本身就是对这个人的自尊心的伤害。①

马克思和恩格斯曾通过各种不同的表述，来表达他们关于个人的发展的思想，如"每一个人的自由发展""个人的全面发展""全面发展的个人""一切人的自由发展"等。其中，最为集中的表述是"个人的全面而自由的发展"。马克思和恩格斯认为，个人的全面发展与自由发展具有内在关联性，但比较而言，个人自由发展更为根本，更具本体地位和终极意义。恩格斯强调，社会主义社会应该"使每一个社会成员都能够完全自由地发展和发挥他的全部力量和才能"②。从这个意义上说，个人的自由发展是社会主义的根本价值理念。所谓人的自由发展，就是人通过自觉、自主、自为的发展，追求自由个性，获得人格尊严，实现人生价值。

人是一个合目的性的社会存在物。自觉是人的一种内在的精神力量，是人的自由发展的先决条件和精神基础。人的自由发展是人的生命活动的有目的的展开过程，表现为人的行为目的和行为方式的自觉，以及在这种自觉基础上不断实现自我发展的目的，塑造完美个性。人通过创造性的实践活动而获得自由，这正体现了人的生命活动的自由自觉的性质。人的个性及其发展，是在一定社会历史条件下不断拓展和深化的，不断经历一个从"偶然的个人""局部的个人""无个性的个人"到"作为个人的个人""完全的个人""有个性的个人""世界历史的个人"的演进历程。

活动是人存在和发展的方式，人是在活动中并通过活动来获得发展

---

① 《马克思恩格斯全集》第 1 卷，人民出版社 1995 年版，第 171、163、184、112、201 页。

② 《马克思恩格斯文集》第 1 卷，人民出版社 2009 年版，第 683 页。

的。人的自主发展体现为人在自己的活动中能自主选择和支配自己，成为活动的主体。自主发展在客观意义上表现为人在活动中获得了相对于外部约束或外部强迫的独立、自决和支配自己行为和活动的可能性；在主观意义上表现为人能够自主确立自己的行为目标，行使自己的选择权利，控制自己的精神世界。自主发展是人的尊严的集中表现。马克思说："尊严是最能使人高尚、使他的活动和他的一切努力具有更加崇高品质的东西，是使他无可非议、受到众人钦佩并高出于众人之上的东西。"[①]

人的发展具有为我性特征，它是人的愿望和需要不断对象化、现实化的过程。所谓人的自为发展，就是人在发展中体现为目的本身，体现为亚里士多德所说的自足性。在希腊语中，自足是与人的幸福相联系的。幸福是一种自足的活动，是因其自身而不是因某种其他事物而值得欲求的实现活动。人的幸福就是人对自身特有功能和能力的积极运用的状态和结果，用马克思的话说就是，"人以一种全面的方式，就是说，作为一个完整的人，占有自己的全面的本质"[②]。形象地说就是，"我有可能随自己的兴趣今天干这事，明天干那事，上午打猎，下午捕鱼，傍晚从事畜牧，晚饭后从事批判，这样就不会使我老是一个猎人、渔夫、牧人或批判者"[③]。马克思后来在《资本论》中把人的存在的这一状态，概括为以"作为目的本身的人类能力的发挥"为根本价值取向的"自由王国"。[④] 一个人可以把自己能力的自由发展"作为目的本身"，按照自己的兴趣和愿望，最大化地发展和发挥自己的潜力和才能，实现"各尽所能"。

---

① 《马克思恩格斯全集》第 1 卷，人民出版社 1995 年版，第 458 页。
② 《马克思恩格斯文集》第 1 卷，人民出版社 2009 年版，第 189 页。
③ 《马克思恩格斯文集》第 1 卷，人民出版社 2009 年版，第 537 页。
④ 《马克思恩格斯文集》第 7 卷，人民出版社 2009 年版，第 929 页。

（四）权利意识

马克思说："没有一个人反对自由，如果有的话，最多也只是反对别人的自由。可见各种自由向来就是存在的，不过有时表现为特权，有时表现为普遍权利而已。"当自由表现为"特权"时，自由实际上表现为少数人的一种任性，这种任性不是真正的自由，而是一种"专制的自由"；当自由表现为'普遍权利'时，"自由的存在具有普遍的、理论的、不取决于个别人的任性的性质"①。因此，"普遍权利"是自由的真正的现实存在形式之一。自由即权利，自由是公民在法律法规和国家各种政策许可的范围内，管理国家事务和社会事务的各种权利。人"通过权利的概念，他应该是他自己的主人"②。

权利实际上是人们为满足一定的需要和获取一定的利益而采取一定行为的资格和可能性。自由作为一种权利，体现为人是他自己的主人，有自己独立的人格，是自由自觉的行动者。1948年9月，胡适指出："我们现在讲的'自由'，不是那种(中国式的）内心境界，我们现在说的'自由'，是不受外力拘束压迫的权利，是在某一方面的生活不受外力限制束缚的权利。"③自由不仅仅指个体在自己的私人生活和行为中的自在自得，而主要指个体在社会团体生活和公共生活中权利的认肯、保障和实现。严复、梁启超等都提出"关系中的自由"。严复把《论自由》翻译为《群己权界论》，旨在凸显自由的社会政治关系维度。梁启超说："自由者，权利之表证也。"④一个人拥有权利，就意味着他能够通过现实途

---

① 《马克思恩格斯全集》第1卷，人民出版社1995年版，第167、176页。
② ［德］康德：《法的形而上学原理——权利的科学》，沈叔平等译，商务印书馆1991年版，第50页。
③ 《胡适全集》第二十二卷，安徽教育出版社2003年版，第740页。
④ 《饮冰室合集》第2册，中华书局2015年版，第429页。

径提出自己的要求，拥有提出这种要求的法律资格，能够得到某种现实权威的支持，拥有起码的人身自由和选择自由。一句话，权利是个体作为社会成员所享有的为社会制度所承认的利益、要求、资格、权能和自由等的统一。①

现阶段我国公民权利意识仍然存在一些问题，主要表现为：中国民众的权利意识主要关注与自己切身利益相关的私人领域，缺乏对"公共利益""公共秩序""社会公德"等形式表现出来的公共领域的权利的认同；权利的自由意识和平等意识贫乏，存在"青天意识"；普通民众既缺乏对权利现象的正确的价值评价和判断，也没有在内心保持关于权利的理想化、神圣化的形象，从而树立起坚定的权利信仰；只关注自己的权利而缺乏对他人权利认同；等等。② 中国公民以私权维护为核心的权利意识，但对私权维护主要是基于个人私欲的市民式维权，而非基于公共美德的公益维权。对我国村级民主运作的研究中发现，由于村民缺乏公民权利意识，公共责任意识淡化，不热衷参与民主选举和村庄事务决策，宗法关系和人情法则时时侵袭和破坏村民自治行为，使村民自治制度运行遭遇重重困境；随处吐痰、践踏公共草坪、缺乏环保观念等缺乏公共卫生和公益观念的行为更是随处可见。

中国传统文化存在一定程度的权利意识。《诗经·大田》曰："雨我公田，遂及我私。"《慎子·逸文》记载："一兔走街，而人追之，贪人具存，人莫诽者，以兔为未定分也。积兔满市，过而不顾，非不欲兔也，分定之后，虽鄙不争。"这里的公田与私田、未定分与分定，均蕴含一定的"群己权界"意义上的权利意识。但是，在中国封建专

---

① 参见夏勇：《人权概念起源——权利的历史哲学》，中国政法大学出版社 2001 年版，第 46—55 页。

② 章秀英：《公民意识评价与培育机制》，中国社会科学出版社 2012 年版，第 140 页。

制体制下，"普天之下，莫非王土；率土之滨，莫非王臣"。在这种体制下，民众承受得更多的是"身份—义务"，尤其是一种道德义务，所谓"民可使由之，不可使知之"。许多近现代中国思想家都认为，民众没有自主的权利，是中国积贫积弱的一个重要原因。康有为说："三代以后，君权日益尊，民权日益衰，为中国致弱之根原。"① 谭嗣同（1865—1898）说："中国所以不可为者，又上权太重，民权尽失。"② 梁启超说："政府压制民权，政府之罪也。民不求自伸其权，亦民之罪也。"③ 现代社会中，个人承受的则是"权利—义务"结构，强调有一份权利尽一份义务。梁启超把权利作为人的生存的根本，但也强调权利与道德的统一。他说："吾所谓权利思想者，盖深恨吾国数千年来有人焉长拥此无义务之权利，而谋所以抗之也。而误听吾言者，乃或欲自求彼无义务之权利，且率一国人而胥求无义务之权利，是何异磨砖以求镜、炊沙以求饭也？"④

改革开放以来，我们往往以人民和公民两个概念解释权利。这种解释使得公民权利观念模糊。其一，一个人可以作为公民而拥有公民权利，也可以作为人民的一分子而拥有公民权利。这种解说的方式是前法治社会的。这种解说方式的更严重的问题是，它将公民分为两个不同的部分：一个有政治权力的部分和一个没有政治权力的部分。对公民作这样的划分是不合理的。其二，这种解说的方式倾向于使被列入敌对分子的少数公民的其他基本公民权利在社会的法律实践中被忽视。其三，这种解说的方式使公民权利的概念不能给人以安全感。事实上，权利应当基于公民的概念得到解说。公民权利应当被视为国家政治权力的基础和

① 《饮冰室合集》第 1 册，中华书局 2015 年版，第 128 页。
② 《谭嗣同全集》上册，中华书局 1981 年版，第 248 页。
③ 《饮冰室合集》第 2 册，中华书局 2015 年版，第 279—280 页。
④ 梁启超：《新民说》，中州古籍出版社 1998 年版，第 178—179 页。

来源。① 与传统社会不同，现代文明独特的地方在于，它倾向于根据权利概念来系统阐述义务原则。长期以来，我们多侧重于公民的义务主体身份，而忽视其权利主体身份；多侧重于公民的义务意识、守法意识和道德意识的培养，而忽视公民的权利意识、参与管理国家和社会事务的意识的培养。对于中国这样一个公民权利意识长期稀缺，公民权利的保障和落实都很不够的国家来说，提升公民权利意识，显得尤为重要。事实上，公民义务感和社会责任感的确立，根本上依赖于每个公民权利意识和权利主体地位的确立。唯有确立了公民的权利主体地位，使他们真正感受到自己是社会的主人，他们才可能有对于他人和社会的切身责任感。每一个人都有关心自己的本能，对于大多数人来说，权利比义务具有更大的号召力。从提升权利意识、保障权利出发来催生和带动义务感及责任的担当，更为合乎人性的规律，也更为有效。

权利本质上是一个人对特定目的、利益和价值的自觉要求，它在现实性上表现为个人与他人、个人与社会、个人与国家等之间的权利认可或权利保障的制度性关系。蔡元培指出："人之在社会也，其本务虽不一而足，而约之以二纲：曰公义；曰公德。公义者，不侵他人权利之谓也。我与人同居社会之中，人我之权利，非有径庭，我既不欲有侵我之权利者，则我亦决勿侵人之权利。人与人互不相侵，而公义立矣……人仅仅不侵他人权利，则徒有消极之道德，而未足以尽对于社会之本务也。对于社会之本务，又有积极之道德，博爱是也。""夫人既不侵他人权利，又能见他人之穷困而救之，举社会之公益而行之，则人生对于社会之本务，始可谓之完成矣。吾请举孔子之言以为证。孔子曰：'己所不欲，勿施于人。'又曰：'己欲立而立人，己欲达而达人。'是二者，

① 廖申白：《交往生活的公共性转变》，北京师范大学出版社 2007 年版，第 122—123 页。

一则限制人，使不可为；一则劝导人，使为之。一为消极之道德，一为
积极之道德。一为公义，一为公德，二者不可偏废。"①

权利意味着一种资格，"权利概念的要旨是'资格'，说你对某事享
有权利，就是说你被赋予某种资格"②。对一个人来说，国家和法律的赋
权过程，本质上是获得公民身份的过程；权利意识提升的过程，本质上
是公民身份意识不断发展和提升的过程。"公民身份可以定义为各种实
践的集合（司法的、政治的、经济的和文化的），通过这些实践，人们
获得了成为社会成员的能力，并相应形塑了资源在个人与社会群体之间
的流动"③。韦伯认为，公民身份起源于步兵团的形成、城市民兵的发展
和封建战争原则的最终崩溃过程中，它是传统、宗教和地域等更加原始
纽带的世俗化表现。公民身份本质上指的是社会成员身份在政治共同体
中的性质，是一系列政治、经济、文化、社会权利的复合体，公民身份
的内容所指的正是界定公民身份概念的权利和义务的内容、性质、类型
与形式，以及各种制度安排所导致的权利与义务的分配等。"所有人要
求享受这些条件的权利实际上就是要求分享社会遗产的权利；进而就是
要求成为社会的完全成员的权利，即成为公民的权利"④。

公民身份的扩展意味着公民权利的扩展。这种扩展表现为：18 世纪
的狭义公民权利，即马歇尔所说的个体自由所必需的公民权利，如人身
自由，言论、思想和信仰的自由，拥有财产和订立有效契约的权利以及

---

① 刘梦溪主编：《中国现代学术经典·蔡元培卷》，河北教育出版社 1996 年版，第
165—167 页。

② ［英］米尔恩：《人的权利与人的多样性——人权哲学》，夏勇、张志铭译，中国
大百科全书出版社 1995 年版，第 111 页。

③ ［英］布赖恩·特纳：《公民身份与社会理论》，郭忠华、蒋红军译，吉林出版集
团有限责任公司 2007 年版，第 2 页。

④ ［英］T.H. 马歇尔、安东尼·吉登斯等：《公民身份与社会阶级》，载郭忠华、刘
训练编，江苏人民出版社 2007 年版，第 6 页。

司法权利等；19世纪政治权利，即参与行使政治权力的权利；20世纪内容广泛的社会权利，当代的新社会运动如黑人运动、妇女运动等提出了诸多新的权利主张，如同性恋者的权利、艾滋病患者权利等。从这个意义上说，"公民身份是一种地位，一种共同体的所有成员都享有的地位，所有拥有这种地位的人，在这一地位所赋予的权利和义务上都是平等的"①。在封建社会，身份是由血缘关系或共同血统决定的，身份是等级的标志和不平等的尺度，不存在对所有人来说都一样的、由其社会成员身份所赋予的权利和义务，因而也就不存在一种可以对抗阶级不平等的平等原则。"公民身份需要一种不同类型的纽带，一种建立在忠诚于共同拥有之文明的基础上的对共同体成员身份的直接感受。这种忠诚是拥有权利并受到共同法律保护的自由人的忠诚，它的发展既受到为获得这些权利而斗争的推动，也受到了在获得它们后对其享有的推动"②。

法国社会学家涂尔干（1858—1917）在《职业伦理与公民道德》一书中指出，在以个人主义为基础的现代社会，要确保社会秩序和增强社会凝聚力，从精神动力来说，不可能依靠那种传统的通过国家机构而形成的强制性或强迫性的"集体意识"，而只能依靠一种自愿的合作精神，这种精神体现在公民身份中。公民身份是一种长期的集体无意识，它通过形成一种普遍的成员身份而超越了阶级和性别的划分。因而，公民身份能够取代作为传统社会特点的集体情感的宗教基础，它是长期团结与合作的基础，可以发展成为某些更大社会实体（如人类本身）的道德框架。英国学者T.H.马歇尔在《公民身份与社会阶级》中认为，公民身份有助于包容社会冲突造成的社会分裂的影响，因为日益扩展的公民权

---

① ［英］T.H.马歇尔、安东尼·吉登斯等：《公民身份与社会阶级》，载郭忠华、刘训练编，江苏人民出版社2007年版，第15页。

② ［英］T.H.马歇尔、安东尼·吉登斯等：《公民身份与社会阶级》，载郭忠华、刘训练编，江苏人民出版社2007年版，第21页。

利，尤其是社会权利与公民身份地位的相互结合，日益破坏着整个社会的不平等体系。① 在马歇尔看来，公民身份是通过减少阶级怨恨的方式来修正阶级不平等模式的。他论证道，作为一种普遍的公民身份权利，对于社会保障的一般经验将导致阶级融合，因为这样一种经验将在公民中间产生一种普遍的意识形式，这种意识将超越或至少减少公民之间差异的相关性和社会可见性。这就是说，阶级差异或阶级冲突可以通过社会态度的改变而得到缓解或实际上被取消。可见，公民身份是所有成员都拥有的一种权利与义务体系的象征符号，它体现一种现代平等原则。

----

① T.H.马歇尔认为，18 世纪的公民权利由于以个人主义为基础强调公民的独立自主，而与资本主义市场经济体系相适应，但到 19、20 世纪的时候，当公民身份逐渐包括政治权利和社会权利时，公民身份与资本主义阶级体系的关系更具冲突性，但也更能修正这种不平等的阶级体系。因为，公民权利更多是一种法律层面的权利，往往会因阶级歧视和经济机会的缺乏而流于形式；政治权利虽然对修正不平等具有更大的潜力，但往往因需要大量的经验、组织、时间等而难以显示其意义；社会权利则因容许提供各种救济、福利等社会保障，从不平等中消除经济因素，从而能够直接影响不平等体系。

第四章　公共意识：公民意识的社会性之维

历史地看，现代公民身份是城市化的产物，而城市化则是商业化、工业化、市场化的结果。现代公民意识根基于现代社会公共领域的不断拓展，反映现代生活的公共性特质，体现现代人的公共诉求。从根本上说，公民意识是社会成员基于公民身份而参与社会公共生活和公共事务所应具备的公共性、共同性、共通性观念，这些观念促使其作为公民去增进公共领域的价值。一般地说：

> 最低程度的公民意识是指法律意识，其进一步的内容是指公正意识，而其最高程度的内容则是指公共意识。①

一、城市化进程中的"市民－公民"意识及其变革

（一）城市化、市民及其意识

"城市化"一词是从英语 Urbanization 翻译过来的，也可译为城

---

① 〔德〕奥特弗利德·赫费：《经济公民、国家公民和世界公民——全球化时代的政治伦理学》，沈国琴等译，上海译文出版社 2010 年版，第 77 页。

镇化或都市化，最早由西班牙巴塞罗那的城市规划师、建筑师伊德丰索·塞尔达 (1816—1876) 提出。在《城市化概论》这本人类历史上第一部有关城市化问题的专著[1]，塞尔达认为，传统城市在工业化中面临人口暴增、急剧扩张的压力，需要通过城市化的形式满足人们的各种需求。城市化是伴随工业化的发展而发展的，城市化的过程本身也是资本的发展过程。人口向城市集中的过程，即人的市民化，是城市化的根本内容。从共同生活到共同居住，非农产业在城镇集聚、农村人口向城镇集中的自然历史过程，这是人类社会发展的客观趋势，也是国家现代化的重要标志。1847 年，恩格斯说："近 600 年来，一切进步的运动都发源于城市。"[1]

在《1857—1858 年经济学手稿》中，马克思对西方城市的历史进行了回顾："古典古代的历史是城市的历史，不过这是以土地所有制和农业为基础的城市；亚细亚的历史是城市和乡村的一种无差别的统一（真正的大城市在这里只能看作王宫的营垒，看作真正的经济结构上的赘疣）；中世纪（日耳曼时代）是从乡村这个历史的舞台出发的，然后，它的进一步发展是在城市和乡村的对立中进行的；现代的历史是乡村城市化，而不像古代那样，城市乡村化。"[2] 古典古代的城市即"随历史保存下来的城市"，或是几个部落通过契约，或是通过征服联合而形成的，即部落城市。城市首先是军事设施，同时又具有行政中心的性质。城市最初是堡垒，是城堡。堡垒是战争的需要，是一种出于防护的保护围墙，是一个围子。在现代英语中，表示城市的词 town，原意是围子。"在平时，这些围子总是空着的。只有当举行宗教的或世俗的典礼，或者战争迫使人们带着牧群到那里避难的时候，人们才涌到那里。但是，

---

① 《马克思恩格斯文集》第 1 卷，人民出版社 2009 年版，第 661 页。
② 《马克思恩格斯全集》第 30 卷，人民出版社 1995 年版，第 473—474 页。

随着文明的发展，这些地方逐渐地由间断性的热闹变成经常性的热闹。庙宇建立起来了；地方长官或酋长设置了他们的邸寓；商人和工匠也来定居。当初只是偶尔作为集会中心的地方变成一座城镇，即这个部落全境的行政、宗教、政治和经济的中心，这个地方通常就以这个部落的名字命名。……城镇实际上是为部落而建立的，部落的每一个人，无论居住在城墙之内或之外，都同样是城镇的公民。……城市制度在古典时代等于政府组织制度"①。

从世界范围看，现代意义的城市化进程始于西欧。在近代西欧，随着政治（国家）从宗教（伦理）中解放出来，经济在社会中日益获得举足轻重的地位和影响力，直到社会最终成为一个市场社会，产生市民等级。市民等级在当时的英、法、德有不同指称，在英国称为"burghers Class"，在法国称为"bourgeoisie"，在德国称为"Bürgertum"。这三个词有一个共同词根即"bourg"，指城镇。市民概念的产生，与城市这个特定地理空间相关，更与现代意义的城市化、商业化、市场化内在关联。从历史来看，市民的生存方式和精神世界，与做生意、商业、市场等紧密勾连。

罗马帝国时代，尤其到 9 世纪，出现教会城市。教会按照帝国行政区域来划分教区，每个主教区相当于一个城市，教会组织具有城市特性。在那时，"城市"一词具有主教管辖城市即主教管区中心的特殊含义。在城镇中事实上几乎只有或多或少直接从属于教会的居民，包括大教堂以及聚集在其周围的其他教堂的教士，修道院的修士（他们来到主教管区的主教教座所在地定居，有时为数相当多），教会学校的师生，最后还有仆役以及自由的或非自由的工匠（他们对于满足祭祀的需要以

---

① ［比利时］亨利·皮雷纳：《中世纪的城市》，陈国樑译，商务印书馆 2006 年版，第 37 页。

及教士日常生活的需要是必不可少的）。城镇居民中包括骑士、农奴和自由民，他们与城镇之外的同类人的区别仅在于他们是聚居在一个地方。居民由主教进行管理，他们不再要求分享丝毫的政府权力。当时的文献中用来指城镇居民的"公民"（civis）一词仅仅是地形学上的一个名称，不具有法律上的意义。神权制度完全代替了古代的城市制度。这些城市仍是周围农村的市场、所在区大地主的居地，有些城市也是商业中心。但商业在城市中处于次要地位，城镇主要是受到侵略、掠夺和充满恐怖的社会的保障。从 9 世纪起，每个地方都布满了堡垒。当时的文献给予这些堡垒各种各样的名称：堡 (castellum)、营 (castrum)、镇 (oppidum)、城 (urbs)、市 (municipium)，这些名称中最常用而且最具专门用语性的是城堡（burgus）。总体而言，城镇和城堡只是筑垒之地和行政中枢，它们的居民既不拥有特别法，也不拥有他们自己的制度。镇和城堡在城市的历史上起过重要的作用，它们是城市的踏脚石。当经济复兴出现以后（经济复兴的最先征兆出现在 10 世纪），城市就在它们的城墙周围形成 ①。

当时，越来越多的人离开土地，去过流浪和冒险的生活。流浪的游民群众收获时节去当雇工，打起仗来受雇当兵，遇到机会就进行抢劫。第一批做生意的行家就出现在这批流浪者和冒险家之中。商业使商人成为通常享有自由身份的人。由于离开了乡土，商人事实上自行获得了解放。商人摆脱了仍然压在农民身上的领地权力和领主权力，他们周游各地，不属于任何人，显得与众不同。商人走的正是曾经战争频发的路，结果是用于战争的堡垒成为商人的聚居地。但由于缺少地方，商人们从一开始就不得不定居在城堡之外。他们在城堡旁边建

---

① ［比利时］亨利·皮雷纳：《中世纪的城市》，陈国樑译，商务印书馆 2006 年版，第 7—8、41—49 页。

起一个外堡 (forisburgus)，即一个郊区 (suburbium)。这种郊区，有些文献还称之为新堡 (novus burgus)，以别于与之相连的封建城堡即旧堡 (vetus burgus)。最迟从 11 世纪初期起，新堡的居民得到市民 (burgenses) 这个名称。这个词于 1007 年第一次出现在法兰西；1056 年出现在佛兰德尔的圣奥梅尔；以后经莫泽尔河地区传入神圣罗马帝国。因此，新堡即商人城堡的居民，得到了或者更可能是他们为自己创造了市民这个名称。这个名称从来没有应用于旧堡的居民。旧堡的居民被称为堡垒的居民 (castellani) 或营地的居民 (castrenses)。市民主要是从移民而来的。从 11 世纪起，移民开始不断将旧堡的居民同化。通过新旧堡的逐渐融合，旧堡不断被新堡吸收，诞生了现代城市。商人成功的基本原因是才智，或者更确切地说是商业意识。追求利润的观念指导着商人的一切行动，在商人的身上可以明显地看出那种著名的"资本主义的精神"①。

随着城乡分离，人也分化为"城市动物"与"乡村动物"。城乡之间的对立"把一部分人变为受局限的城市动物；把另一部分人变为受局限的乡村动物，并且每天都重新产生二者利益之间的对立"②。可以看出，城乡之间存在对立，城市和乡村内部也存在明显的分化。比如，城市里有师傅、学徒、帮工、平民短工的划分，乡村里有王公、贵族、僧侣、农民的划分。马克思认为，在中世纪时市民阶级的产生有个漫长而缓慢的过程，"每一城市中的市民为了自卫都不得不联合起来反对农村贵族；商业的扩大和交通道路的开辟，使一些城市了解到有另一些捍卫同样利益、反对同样敌人的城市。从各个城市的许多地域性市民团体中，开始非常缓慢地产生出市民阶级"③。这些市民生活的条件，由于生

---

① 参见［比利时］亨利·皮雷纳：《中世纪的城市》，陈国樑译，商务印书馆 2006 年版，第 73—97 页。

② 《马克思恩格斯文集》第 1 卷，人民出版社 2009 年版，第 556 页。

③ 《马克思恩格斯文集》第 1 卷，人民出版社 2009 年版，第 569 页。

产关系以及劳动方式的不同，对他们来说是共性的，而不是以个人意志为转移的。"市民创造了这些条件，因为他们挣脱了封建的联系；同时他们又是由这些条件所创造的，因为他们是由自己同既存封建制度的对立所决定的。随着各城市间的联系的产生，这些共同的条件发展为阶级条件"①。

自 11 世纪起，随着商业的复兴，欧洲出现新兴城市。新兴城市即"由获得自由的农奴重新建立起来的"城市，它依次经历了行会城市、工厂城市、商业城市、大工业城市。在 12 世纪，"日益紧密的利害关系把城乡联结在一起：乡村向城市供应粮食，反过来城市向乡村供应商品和产品。市民的物质生活依靠农民，而农民的社会生活则依靠市民。这一事实的后果是无法估量的"。这时，城市不再仅仅是王公贵族的城堡或行宫所在地，不再仅仅是贸易的集中地，而是成为"市民社会"。"十一、十二世纪城市兴起后，引起了西欧封建社会内部阶级关系新的变化，主要表现是市民的兴起"。② 在当时，市民主要指以独立的商人和手工业者为核心的群体，是骑士、教士和农奴等词的反义词。③ 这里的"市民"兼具经济与政治双重含义，从经济上来说，市民是指从事某种职业、具有一定社会地位和财富的城市中产阶级；从政治上来说，市民是指在启蒙运动以及政治革命的影响下有着自己政治诉求的城市人群，他们要求参与城市的管理、要求公共话语空间等。

在近代欧洲，新兴城市市民摆脱了封建庄园的人身依附和奴役关系，依赖商业交换而生存，可以自由追逐自己的利益。

---

① 《马克思恩格斯文集》第 1 卷，人民出版社 2009 年版，第 569 页。
② ［比利时］亨利·皮雷纳：《中世纪的城市》，陈国樑译，商务印书馆 2006 年版，第 65—66、93—94 页。
③ ［法］马克·布洛赫：《封建社会》下卷，李增洪等译，商务印书馆 2004 年版，第 575—576 页。

　　市民向农民展示了一种较为舒适、讲究的生活方式，这种生活方式激起了农民的希望，因而增加了他们的需要和提高了他们的生活标准。然而城市的出现并非仅仅在这方面有力地刺激了社会的进步。城市的出现还向全世界传播了新的劳动观念，这对社会进步同样做出了贡献。在城市出现以前，劳动是奴役性的；随着城市的出现，劳动成为自由的。①

　　身份自由是"市民阶级必要的和普遍的属性。每个城市在这方面都享有'特许权'。农奴身份的一切痕迹在城市的墙垣之内消失。尽管财富的多寡造成人与人之间的差别甚至鲜明的对比，然而在身份方面人人都是平等的。德意志的谚语说：'城市的空气使人自由'，这条真理适合于所有的地方。从前自由为贵族所垄断；普通的人只在例外的情况下才享有自由。由于城市，自由恢复了它在社会中作为公民的天赋属性的地位。从此以后只要居住在城市的土地上就可以获得自由。每个在城墙内住满一年零一天的农奴，就确定无疑地享有了自由。时效取消了他的领主对他本人和他的财产所拥有的一切权利。出身如何无关紧要。无论婴儿在摇篮之中带着什么烙印，这种烙印在城市的空气中消失。自由在开始时仅为商人在事实上所享有，而现在则成为全体市民依法享有的共同权利"。"市民和自由民成为同义词。自由在中世纪是与一个城市的公民资格不可分割的属性"。市民"承担了向周围传播自由思想并且促使（虽然并非有意）农村阶级逐渐解放的使命"②。

　　到 16 世纪，随着民族国家时代的来临，政治国家与经济领域日益

　　① ［比利时］亨利·皮雷纳：《中世纪的城市》，陈国樑译，商务印书馆 2006 年版，第 66 页。

　　② ［比利时］亨利·皮雷纳：《中世纪的城市》，陈国樑译，商务印书馆 2006 年版，第 122、123、134 页。

分离，市民概念在相对于和区别于公民概念的意义上，获得了更具"私"层面的经济学内涵，一般指称获得各种商业经营权利并以追逐自我经济利益最大化为目的的人。市民是商业贸易和市场交换的主体，其最重要的自由是从事经济活动的自由，是拥有财产的自由。16世纪法国思想家布丹（1530—1596）在其国家主权学说中，将主权概念与社会和市民的传统观念对立起来。先于所有其他社会形式的"共和国"，其标志就在于"最高权力"的特征。这样一来，市民共同体受到排斥而淡出了政治理论的中心。对绝对统治权力的服从使得从前市民共同体的基础，即"市民"发生了变化。市民不仅被贬低为臣民，而且也被贬低为"城市的居民"。作为城市共同体成员的市民有着"有产阶级"（bourgeois）这一称呼，从而区别于作为"国家"成员的市民。这样，在城市市民或者"有产阶级"（bourgeois）之间，已经存在着如同"市民"与"公民"之间的对立。

到18世纪，"市民"包括城市居民、与僧侣和贵族阶层以及农民阶层相区别的市民阶层成员、国家的臣民、具有市民独特性质的人等。"臣民"是指所有那些服从于当局并且遵守其法则与命令的所有人，"市民"一词有时也是这样定义，但它有另外的含义。这里市民与臣民最重要的区别就在于后者所具有的"臣民属性"，"人们可以是仅仅只是服从于最高当局的直接臣民，也可以是间接的臣民，即服从于另一个臣民"。"市民，就其尊严与自由方面超过了臣民，在一个共和国内有许多臣民，他们占有财产，但却并不是市民"。①"只有到了18世纪，在'市民社会'中，社会联系的各种形式，对个人说来，才表现为只是达到他私人目的的手段，才表现为外在的必然性"②。

---

① 郭台辉、余慧元：《历史发展中的公民概念》，天津人民出版社2013年版，第89—95页。

② 《马克思恩格斯文集》第8卷，人民出版社2009年版，第6页。

霍布斯、洛克、曼德维尔（1670—1733）等思想家，提出人性恶、财产权至上、私人恶德即公利等观点，奠定了市民概念的性恶论和伦理学基础。斯密、边沁（1748—1832）、李嘉图（1772—1823）等古典经济学家则从人的自利或利己本性出发，证成商业社会或市场社会的天然合理性，凸显经济活动的自足性和独立性，建构了"经济人"理论。"经济人"是对"市民"的理论抽象，其原型是18世纪英国市民社会形成过程中产生的"市民形象"。市民被卢梭称为"布尔乔亚"（Bourgeoisie）即资产者，市民从事商业等营利性活动，视私人利益为根本，是个人主义分子。黑格尔真正确立了市民概念的现代内涵，他说："个别的人，作为这种国家的市民来说，就是私人，他们都把本身利益作为自己的目的。"① 市民是单个的个人或"私人"，是需求实体，追求个人利益最大化。在黑格尔那里，市民即自私自利的私民、私人，是市场交易主体。马克思秉持黑格尔的市民概念，市民即"封闭于自身、封闭于自己的私人利益和自己的私人任意行为、脱离共同体的个体"；市民"作为私人进行活动，把他人看做工具，把自己也降为工具，并成为异己力量的玩物"；"市民社会中的人，即仅仅通过私人利益和无意识的自然必然性这一纽带同别人发生联系的独立的人，即为挣钱而干活的奴隶，是自己的利己和别人的利己的奴隶"②。

在中国语境中，"市民"这一术语是在1890—1920年的中国城市尤其是沿海城市出现的，与当时城市的商业活动、地方自治等相关，特别是士绅和商业精英为了满足城市的治理需要而推动地方政府自治的后果。"在二十世纪之初，从传统的上流社会还产生了一个新的社会阶层。这个阶层无以名之，但是当时文献提到的'绅商'几乎都是指它。

---

① ［德］黑格尔：《法哲学原理》，范扬、张企泰译，商务印书馆1961年版，第201页。

② 《马克思恩格斯文集》第1卷，人民出版社2009年版，第42、30、312—313页。

绅商既可指官员和文士，也可指商人……经营商业的绅士是新绅士阶层当中的多数人，是它最活跃、最有影响的部分"①。"绅商"的共同特点是参与商业，包括从事贸易、银行、工业和各种企业。1903 年，邹容（1885—1905）在《革命军》中说："外国之富商大贾，皆为议员，执政权，而中国则贬之曰末务，卑之曰市井，贱之曰市侩，不得与士大夫伍"。相关研究② 表明，上海开埠后不久，上海租界的外来移民人口就达到并始终保持在 80% 以上。五湖四海的移民来到上海以后，开始转变为中国近代的市民群体。这个群体的主要成员，是由工商业实业家、产业工人、职员和各式文职人员、小贩、小商、工匠和个体劳动者所组成。

在近现代中国，殖着现代工商业在中国的崛起，逐渐产生了现代意义的城市。当时的上海，是引领中国现代城市发展和现代城市市民意识的楷模。以工商业为基础的上海市民意识有力地改造了中国传统文化观念，并不断辐射和传播到全国各地。上海市民群体展现了两种特性：③首先，他们割断了与传统的物质依存关系，并在一个充满生机和竞争的城市中，以生存和发展为动力，极大地激发了主观能动性和创造力。其次，这些移民群体在离别乡土的同时，也就相当程度地割断了与传统宗族、血缘和社会文化的联系，而进入到上海这个市场经济、商业伦理和法治规范的近代社会形态中。独立自主、个体本位与民主意识，成为这些移民转变为现代市民的思想观念的基本标志和尺度。

"城市化"作为专业术语引入到中国比较晚，大约 20 世纪 70 年代末 80 年代初，在我国研究城市与乡村的有关学术文献中开始出现"城

---

①　[美] 费正清：《剑桥中国晚清史》下卷，中国社会科学院历史研究所编译室译，中国社会科学出版社 1978 年版，第 620—621 页。

②　参见徐甡民：《上海市民社会史》，文汇出版社 2007 年版，第 33—51 页。

③　参见徐甡民：《上海市民社会史》，文汇出版社 2007 年版，第 33—51 页。

市化"一词。1983 年，社会学家费孝通（1910—2005）先生提出"小城镇大问题"。1998 年 10 月，党的十五届三中全会提出"小城镇，大战略"，进一步提升了发展小城镇的重要地位，使得小城镇成为推进我国城市化的重要途径。我国的城市化不仅要"大、中、小城市化"，而且还要"小城镇化"。因此，在我国，"城镇化"替代了"城市化"，代表着中国特色的城市化。当今中国的"城镇化与工业化、信息化和农业现代化同步发展，是现代化建设的核心内容，彼此相辅相成。工业化处于主导地位，是发展的动力；农业现代化是重要基础，是发展的根基；信息化具有后发优势，为发展注入新的活力；城镇化是载体和平台，承载工业化和信息化发展空间，带动农业现代化加快发展，发挥着不可替代的融合作用"。①

1949 年底，我国 5.4167 亿总人口中有 5765 万人居住在城镇，城镇化率只有 10.64%，建制市 132 个。1958 年颁布的《中华人民共和国户口登记条例》规定：农民由农村迁移到城市，必须持有城市劳动部门的录用证明、学校录取证明，或者城市登记机关的准予迁入证明。此后又进一步实施了与这种户籍制度相配套的食品供给制度、就业制度、住房制度、教育制度等。在极为严格的户籍管理制度下，农民向市民转变的渠道仅限于国家招工、参军和升学等。到 1978 年底，全国总人口中居住在城镇的为 1.72 亿人，城镇化率为 17.92%，建制市 193 个。

20 世纪 80 年代开始，鼓励农村劳动力"离土不离乡，进厂不进城"。从 80 年代中期开始，国家控制农村劳动力流动的政策开始松动。国务院下发的《关于农民进入集镇落户问题的通知》规定：凡申请到集镇务工、经商、从事服务业的农民和家属，在集镇有固定住所，有经营能力，或在乡镇企事业单位长期务工的，公安部门应准予落实常住户

---

① 《十八大以来重要文献选编》（上），中央文献出版社 2014 年版，第 880 页。

口。这是多年来政府对自主流入城镇的农村流动人口的第一次正式肯定和认可。党的十六大以来，党和国家先后颁布了一系列针对进城务工人员的政策方针，并在内容和实效上取得了重大突破。2006 年，颁布《国务院关于解决农民工问题的若干意见》，形成了较为完整的农民工政策体系；2007 年颁布《中华人民共和国就业促进法》《劳动合同法》《劳动争议调解仲裁法》，基本形成了消除进城务工人员就业歧视和促进机会平等的法律框架。2012 年 12 月，中共中央、国务院颁布的《关于加快发展现代农业进一步增强农村发展活力的若干意见》强调，"有序推进农业转移人口市民化，把推进人口城镇化特别是农民工在城镇落户作为城镇化的重要任务。加快改革户籍制度，落实放宽中小城市和小城镇落户条件的政策。加强农民工职业培训、社会保障、权益保护，推动农民工平等享有劳动报酬、子女教育、公共卫生、计划生育、住房租购、文化服务等基本权益，努力实现城镇基本公共服务常住人口全覆盖"[1]。在户籍制度改革方面，2003 年，党的十六届三中全会提出，要"加快城镇化进程，在城市有稳定职业和住所的农业人口，可按当地规定在就业地或居住地登记户籍，并依法享有当地居民应有的权利，承担应尽的义务"[2]。2011 年 2 月，国务院办公厅颁布《关于积极稳妥推进户籍管理制度改革的通知》。通知指出，统筹推进工业化和农业现代化、城镇化和社会主义新农村建设、大中小城市和小城镇协调发展，引导非农产业和农村人口有序向中小城市和建制镇转移，逐步满足符合条件的农村人口落户需求，逐步实现城乡基本公共服务均等化。2014 年 7 月，国务院颁布《关于进一步推进户籍制度改革的意见》，取消了农业户口与非农业户口之间的区分，要求在全国范围内推广实施居住证制度，进一步明

---

① 《十八大以来重要文献选编》（上），中央文献出版社 2014 年版，第 105 页。

② 《十六大以来重要文献选编》（上），中央文献出版社 2005 年版，第 469—470 页。

确了户口迁移落户的政策。《意见》的颁布和实施，说明我国基本破除了城乡人口在地域流动上的限制，我国的户籍制度基本恢复了登记人口和引导人口有序流动的基本社会功能。

改革开放以来，我国的城镇化进程明显加快。据相关数据统计显示，2011年，我国城镇化率达到51.3%，城镇人口6.9亿人，建制市657个，城镇人口首次超过农村人口，进入以城市社会为主体的新时期。从1978年到2013年，我国城镇常住人口从1.7亿人增加到7.3亿人，城镇化率从17.9%提升到53.7%，年均提高1.02个百分点；城市数量从193个增加到658个，建制镇数量从2173个增加到20113个。预计到2040年，我国城镇化水平会达到最高峰值，按届时全国预计总人口14.7亿计算，我国城镇人口将超过10亿人。

城镇化进程的加快，使得中国人的生存方式和精神世界发生了重大变化。从农民意识、小农意识到市民意识的转型，可谓这种变化的最突出表现之一。中国封建社会历史悠久，自给自足的自然经济、家国一体的政治结构、伦理本位的文化样态等，形塑了中国人根深蒂固的小农意识，如宗法意识、等级意识、特权意识、皇权意识、官本位意识、家长制意识、圈子意识、平均意识、守成意识、江湖意识等。这些小农意识在城市化的快速发展中不断被消解，中国人的独立意识、自利意识、竞争意识、效率意识、创新意识等不断增强。

在今天的汉语语境中，市民一般指具有城市户口（身份）、居住在市区内（地域）、从事非农生产劳动（职业）的人，即城市居民。这种意义的"市民"，更大程度上是一种行政管理意义的术语。我国城镇化快速发展过程中存在的一个突出问题是，大量农业转移人口难以融入飞速发展的城市社会，城市社会的市民化进程相对滞后。从相关数据来看，2013年我国常住人口城镇化率已经超过50%，但户籍人口城镇化率还不到40%。这个数据远远低于发达国家80%的平均水平，也低于人均收入与我国相近的发展中国家 60% 的平均水平。目前，进城务工人员已成为我国产业工人的主体，但由于户籍制度对城市乡村的区分，相当一部分进城务工人员及其随迁家属并不能在教育、就业、医疗、养老、保障性住房等方面享受城镇居民的基本公共服务。而且，这部分人口并未真正融入城镇、享受城镇居民的公共服务，还不是真正意义上的市民，但"被市民化"了。进城务工人员在现实性和自我认同方面，他们仍然是农民。但新生代进城务工人员在身份认同上产生了迷茫，他们遇到了比第一代进城务工人员更大的困惑。新生代农民工既不是真正意义上的农民，也不是真正的产业工人，他们在城市被边缘化并被排除在城市的政治、社会、经济和文化生活之外。他们处在"农民"与"市民"之间的尴尬状态，成为"都市乡民"。① 这些"都市乡民"也就是进城生活的农民，包括"城中村"失地农民、城市流动人口聚居区、建筑业进城务工人员、聚居在集体宿舍的进城务工人员等，他们能够在城市工作、享受城市公共服务，但并没有完成人格和生活方式转型。实际上，他们处于"半市民化"状态、"两栖"状态。导致这种现象的重要根源在于，长期以来，在城镇化进程中，一些地方把推进城镇化简单等同于城市建设，过度注重城市建成区规模的扩张而忽视城市人口规模的集聚，一些城市急功近利，过分追求宽马路、大广场，新城新区、开发区和工业园区等区域占地面积过大却人口密度偏低，把农业转移人员仅仅当作生产者和劳动力，而不愿意接受他们本人和家属进入城市成为市民，这一切造成我国部分地区城镇化落后于工业化、人口的城镇化落后于土地的城镇化。

近年来，国家非常重视城镇化进程中人的市民化问题。2013 年 12

---

　　① 　王兴周：《都市乡民：中国城市化的新难题》，《中国社会科学报》2015 年 6 月 26 日。

月，中央城镇化工作会议召开。习近平发表讲话指出，城镇化的第一个基本原则是以人为本，"推进以人为核心的城镇化，提高城镇人口素质和居民生活质量，把促进有能力在城镇稳定就业和生活的常住人口有序实现市民化作为首要任务"①。他强调，推进农业转移人口市民化，要坚持自愿原则，即"要充分尊重农民意愿，让他们自己选择，不能采取强迫的做法，不能强取豪夺，不顾条件拆除农房，逼农民进城，让农民工'被落户'、'被上楼'"②。2014 年 3 月，中共中央国务院颁布《国家新型城镇化规划(2014—2020 年)》。2015 年 12 月，中央城市工作会议召开。2016 年 2 月，国务院颁布《关于深入推进新型城镇化建设的若干意见》。这些会议和文件都反复强调，解决好人的问题，是推进新型城镇化的关键。必须坚持以人的城镇化为核心，有序推进农业转移人口市民化。从目前我国城镇化发展要求来看，主要任务是解决在城镇就业的农业转移人口的落户问题，推进和提高农业转移人口融入城镇的水平，提高城镇人口素质和居民生活质量。

农民市民化即农民向市民转化，亦即农村人口向城镇迁移和聚集。农民市民化，确切地说，就是借助工业化和城市化使传统农民、进城务工人员等在身份、地位、社会权利以及生产生活方式和价值观念等方面向城市市民的全面转型，取得作为城市居民的合法身份和居留权、就业权、受教育权、社会保障权等社会权利。所谓农民市民化，不仅是农民的社会存在方式的转化，即农民由居住在农村转变为居住在城市，由农村户口转变为城市户口，由从事农业生产劳动转变为从事非农业劳动，更重要的是农民的思想观念、思维方式、价值取向、行为习惯等的转化，具备现代市民的人格特质和基本素质。

---

① 《十八大以来重要文献选编》(上)，中央文献出版社 2014 年版，第 592 页。
② 《十八大以来重要文献选编》(上)，中央文献出版社 2014 年版，第 594 页。

从人的存在方式和精神世界的意义上说，在加快农业转移人口市民化进程的同时，更进一步提升所有市民的公民化水平，① 这是我国城镇化进程中人的现代化的两个基本目标和任务。实现这个目标和任务，将是一个艰巨而漫长的历史过程。习近平指出："真正使农民变为市民并不断提高素质，需要长期努力，不可能一蹴而就……在人口城镇化问题上，我们要有足够的历史耐心。"②

（二）这种意识的限度

1767 年，英国思想家亚当·弗格森（1723—1816）的《市民社会史论》一书出版。这本书最早全面论述了市民和市民社会，揭示了市民及其意识的矛盾性或两面性，即一方面个体在市民社会范围内不受封建专制、宗法等级以及国家的束缚，获得消极意义的自由，追求发财致富和财产的积累；另一方面，财富的积累刺激了市民的物欲和致富欲，侵蚀了传统公民美德，使市民陷于自利性生活方式，导致人的工具化，妨碍个体的社会生活和公共生活。历史地看，欧洲近代城市化进程中所形成的市民意识，具有狭隘性、利己性等特质。"使城市生气勃勃的市民观念是非常利己的。城市小心翼翼地将自己在城墙之内享有的自由给自己保留着。周围的农民对它采说似乎丝毫不是同乡。它只想到剥削他们以图利。它竭尽全力地防止农民从事由它所垄断的工业生产；它把供应的义务强加于农民"。对市民来说，"他们要求人身的自由，也并非把自

---

① 这里论及的市民与公民概念，不仅仅是地理学、政治学、法学等意义上的，而且主要是人学、精神哲学、伦理学等意义上的，是人的生存论、价值论意义的概念，标志人的生存方式和精神世界的两种不同状态。在思想史上，"市民—公民"是西方近代思想家分析现代社会和现代人存在方式的重要理论范式。

② 《十八大以来重要文献选编》（上），中央文献出版社 2014 年版，第 594—595 页。

由当作天赋的权利。只在有利可图的情况下他们才寻求人身的自由"。①
所以，黑格尔认为，市民是需求实体，追求个人利益最大化，以他人为
手段。

> 在市民社会中，每个人都以自身为目的，其他一切在他
> 看来都是虚无。但是，如果他不同别人发生关系，他就不能
> 达到他的全部目的，因此，其他人便成为特殊的人达到目的
> 的手段。②

根据马克思的三种社会形态理论，现代社会总体上属于第二大社会
形态，即"以物的依赖性为基础的人的独立性"的社会。由于人对"物
的依赖"③，人作为现代意义的独立个体，在特定条件下获得了更多的平
等和自由，人与人之间的普遍交往得到了延伸，从而形成"普遍的社会
物质变换，全面的关系，多方面的需求以及全面的能力的体系"。但是，
"物的依赖关系"是商品、货币、资本等的王国，人的价值被归结为物
的价值，"人的社会关系转化为物的社会关系；人的能力转化为物的能
力"，④ 个人受物化的社会关系的摆布，"物"成为统治人、主宰人的力
量。在实际生活中，不但人成为物的奴隶，而且决定人的价值和人格的
标准也常常表现为财产、地位、权力等。社会把人作为"工具"对待，

---

① ［比利时］亨利·皮雷纳：《中世纪的城市》，陈国樑译，商务印书馆 2006 年版，
第 133、108 页。

② ［德］黑格尔：《法哲学原理》，范扬、张企泰译，商务印书馆 1961 年版，第
197 页。

③ 马克思这里所说的"物"主要指经济学意义上的"物"，如商品、货币、资本等。
许多现代思想家在更为广泛的意义上运用"物"这个概念，用"物"指称一切有可能与
人的本真相对立的东西，如政治学意义上的权力、组织、官僚制等，文化学意义上的精
神产品、文字、语言、科技等，生物学意义上的身体、肉体、物欲等。

④ 《马克思恩格斯全集》第 30 卷，人民出版社 1995 年版，第 107 页。

作为"物"来管理。在《资本论》中，马克思把"物"称为"死劳动""产品"，把"人"称为"活劳动""生产者"，认为资本家对工人的统治实际上"就是物对人的统治，死劳动对活劳动的统治，产品对生产者的统治"。他进一步说明，"实际的生产者表现为单纯的生产手段，物质财富表现为目的本身。因此，这种物质财富的发展是与个人相对立的，是以牺牲个人为代价的"。①

在马克思看来，市民社会是一个物的依赖状态的社会，他把市民社会与犹太人的利己主义结合起来，确认犹太精神是市民社会的一种主导性精神。在《论犹太人问题》中，马克思指出，犹太人是从市民社会内部产生的，犹太宗教的基本要素是人的实际需要和利己主义，是自私自利、经商牟利、金钱崇拜等。"整个市民社会就是这种由于各自的个性而从此相互隔绝的所有个人之间相互反对的战争，就是摆脱了特权桎梏的自然生命力的不可遏止的普遍运动"②。可以说，犹太人用他们自己的方式解放自己，"不仅因为他掌握了金钱势力，而且因为金钱通过犹太人或者其他的人而成了世界势力，犹太人的实际精神成了基督教各国人民的实际精神"③。犹太精神"在基督教社会本身中保持了自己的地位，甚至得到高度的发展。犹太人作为市民社会的特殊成员，只是市民社会的犹太精神的特殊表现"④。犹太人的真正本质在市民社会得到了普遍实现，犹太人的社会解放就是社会从犹太精神中解放出来。在《神圣家族》中，马克思、恩格斯指出，犹太精神是现实世界的重要一环，犹太精神同历史一起变化和发展，在工商业的实践中得到证明。而犹太精神的局限性在于，它"不可能创造任何新的世界，它只能把新的世间创造物和

① 《马克思恩格斯全集》第49卷，人民出版社1982年版，第48、98页。
② 《马克思恩格斯文集》第1卷，人民出版社2009年版，第316页。
③ 《马克思恩格斯文集》第1卷，人民出版社2009年版，第50页。
④ 《马克思恩格斯文集》第1卷，人民出版社2009年版，第51页。

世间关系吸引到自己的活动范围内，因为以自私自利为明智的实际需要是被动的，不能任意扩大，而是随着社会状况的进一步发展而扩大。犹太精神随着市民社会的完成而达到自己的顶点"①。而市民社会则会"扯断人的一切类联系，代之以利己主义和自私自利的需要，使人的世界分解为原子式的相互敌对的个人的世界"②。因而，要消除市民社会中的犹太精神，"就是消除现代生活实践中的非人性的任务，这种非人性的最高表现就是货币制度"③。

在中国，市民概念常常也被赋予某种贬义色彩，以至于在"市民"前冠以"小"，即"小市民"。《现代汉语词典》对"小市民"的解释：一是指城市中占有少量生产资料或财产的居民。一般是小资产阶级，如手工业者、小商人、小房东等。二是指格调不高、喜欢斤斤计较的人。我们惯于将上层人士视为文明、高雅，有教养的代表，并以能够脱离小市民阶层进入上层社会为人生成功的理想化目标。这种小市民有时候也被称为市侩、市井、小资（产者）等。其持有的思想观念和处世原则，如自私自利、安于世俗生活、追求感官享乐、胸无大志等，常常被质疑、否定和批判，成为指责一个人贪财势利、斤斤计较、缺乏教养、文明素质低、言行不佳、没有品位等的专用词。20世纪相当长一个时期，在我国的文化思想及其作品中，"市民"常常更多的是一个负面的符号和形象。

人的市民化是市场化的产物。市场经济使人获得独立自主地位，培养人的独立人格，发展扩大公共领域，创造社会活动空间。但是，市场本身有其自身的局限性，它既不能自主生产社会公共价值，也不能自动培育出人的公共责任感。在市场机制作用下，人可能更多地会感受到

① 《马克思恩格斯文集》第1卷，人民出版社2009年版，第53—54页。
② 《马克思恩格斯文集》第1卷，人民出版社2009年版，第54页。
③ 《马克思恩格斯文集》第1卷，人民出版社2009年版，第308页。

无休止的竞争和压力、孤立、冷漠与无情。在我国市场经济发展过程中，存在自私自利、唯利是图、对社会公共事务表现冷淡，甚至有丧失社会公德、职业道德，侵害他人权益、破坏市场公共秩序和公共环境的现象。历史地看，在最初市民阶层的思想中，是没有任何人权和公民权可言的，市民追求自由只不过是为了有利可图，为了争取经济权利甚至不惜使用暴力，以经济利益为主导的人。[①] 市民是经济个人主义者和机会主义者，他沉湎于享受个人的独立，追求各自的利益，改善物质生活条件的要求被看作一切，生活的最高目标是在物质消费中证明自己的价值，在赚取利润和资本中体现人生的意义。市民虽然也具有权利意识，但却疏于参与公共政治生活。他有选择性地参与公共政治生活，目的更多地在于维护自己的私利，他们懂得运用相关资源以影响对自身不利的公共政策。

（三）这种意识的超越

历史地看，"市民"与"公民"表征了西方近代社会变革中由于市民社会与政治国家的分离而赋予个体的双重身份，即作为经济（私人）领域主体的市民与作为政治（公共）领域主体的公民，呈现了现代人的存在及其本质的二重化。"市民—公民"曾是西方近代思想家分析现代社会和现代人存在方式以及精神世界特质的重要理论范式。

在近代欧洲，16 世纪以后，随着经济与政治的分离，随着经济市场化和政治民主化的推进，市民与公民概念开始分化。法国思想家让·博丹（1529—1596）较早把市民和公民明确区分开来，把公民与公

---

① ［比利时］亨利·皮雷纳：《中世纪城市》，陈国樑译，商务印书馆 1985 年版，第 108 页。

共事务联系起来，而把市民与私人事务相联系。德国思想家普芬道夫（1632—1694）在其《人和公民的自然法义务》（1673）一书中提出"好公民"的行为标准，即一个"好公民"会为公共利益竭尽全力，使个人利益服从公共利益。在卢梭看来，在他那个时代，真正意义的公民已随着城邦的消失而消失，但大多数人并没有真正理解"公民"一词的真实含义，而把城市看作城邦，把市民看作公民。在卢梭看来，市民是个人主义分子，具有异化本质；公民则是"主权权威的参与者"①，充满对祖国、自由以及法律的热爱，秉赋公共人格即"公我"和"公意"。市民和公民分别代表着财富与美德、私人与公共、奴役与自由。公民概念凝结着启蒙运动和法国大革命的核心理念，如自由、平等、博爱等，是推翻王权和建构新社会的合法性话语，具有强大的号召力。公民概念通过诸如爱国主义、公共精神、美德、幸福等相关术语而得到规定，标志人的普遍特性，意味着增进社会公共福祉和社会利益；公民概念将古罗马的美德观、个人利益对公共利益的服从、奉献祖国的精神等德性结合并体现出来；公民是个体的倡导者、平等的捍卫者，超越了所有空间、职业和社会条件，是权利与自由的来源。②

"市民—公民"范式是德国古典哲学家阐释启蒙或批判市场社会的重要理论工具之一。在康德看来，人既是感性存在物又是理性存在物。作为感性存在物，人是感性经验世界的成员，受制于外在必然性；作为理性存在物，人是理性王国的成员，摒除感性束缚，拥有意志自由。康德据此区分市民与公民。他认为，市民更具感性特质，秉赋经济和社会属性；公民更具理性特质，是人在政治结构中的一种存在方式。在康德那里，市民单独的经济或社会性质，甚至单独的法的性质，都不足以使

① ［法］卢梭：《社会契约论》，何兆武译，商务印书馆2003年版，第25—26页。
② 郭台辉、余慧元：《历史中的公民概念》，天津人民出版社2013年版，第59—81页。

其成为公民，只有政治的行动才使其成为公民。^① 因此，在康德后期思想中，财产权被视为公民身份中最不重要的一个条件。^② 黑格尔把市民和公民概念改造为人的两种不同的人性状态和生存方式的代名词，建构了完整的"市民—公民"理论。黑格尔区分自然社会（家庭）、市民社会、政治社会（国家），并在汲取斯密"商业社会"观念的基础上，指明市民社会是一个"非政治社会"，是一个交织着利己主义个人欲望的商品交换社会，从而把古典自由主义者作为解释原则的"市民社会"改造为一个批判性概念。黑格尔明确区分了现代社会"人"的双重身份，即市民（bourgeois）与公民（citoyen）。在《精神哲学手稿》中，黑格尔指出：

> 同一个人，一方面要为自己和家人考虑，付出劳动。另一方面，要随着契约等的签署，以普遍事物为目的，为普遍性事物付出劳动。从前者而论，他是布尔乔亚（bourgeois）；从后者来看，他是公民（citoyen）。^③

在黑格尔看来，市民即自私自利的私民、私人，是市场交易主体；公民则以普遍性为目的，追求公共利益、是参与国家普遍事务的伦理主体。"市民—公民"是青年马克思展开政治批判的最重要理论范式之一，^④马克思据此对资产阶级政治革命及其局限性进行深度批判，揭示资产阶

---

① 韩水法：《康德法哲学中的公民概念》，载韩水法、黄燎宇编：《从市民社会到公民社会——理解"市民—公民"概念的维度》，北京大学出版社 2011 年版，第 1—24 页。

② 余慧元：《从特权到权利——公民观念发展的德国道路》，《马克思主义与现实》2011 年第 6 期。

③ ［日］植村邦彦：《何谓"市民社会"——基本概念的变迁史》，赵平等译，南京大学出版社 2014 年版，第 81—82 页。

④ 寇东亮：《马克思早期思想中的"市民—公民"观念及其批判意蕴》，《哲学研究》2016 年第 8 期。

级政治革命所形塑的现代人"市民—公民"二重化身份的矛盾性和内在张力，要求通过消解个体的"市民—公民"二重化，实现人的普遍的、彻底的解放。

在我国，公民概念在法律意义上指具有中华人民共和国国籍，并依据我国宪法和法律的规定，享有权利并承担义务的社会成员；在政治和伦理意义上指与自由、权利、自治、参与、民主、法治、公共精神、公德等密切关联的价值诉求的主体，这种主体更多关注公共利益、富于公共精神、参与公共事务等。所以，有学者认为①，市民与公民概念呈现了不同的人性状态。比如，在立法中，如果采用市民的标准，就可以说一个法律规定的人性标准较低；如果采用公民的标准，就可以说一个法律规定的人性标准较高。

实际上，"人的城市化"通常包括"人口城市化"和"人格城市化"两个方面。所谓"人口城市化"，就是进城农民获得城市社会合法身份，争取享有与城市居民平等的公民权利，平等分享城市公共福利。人口城市化也就是通常所说的"市民身份化"。所谓"人格城市化"，指进入城市的传统农民不断放弃农村生活方式而认同和接纳城市生活方式，并按照现代城市精神不断改变自己的思想观念和行为模式的过程。"人口城市化"虽然不容易，但实现"人格城市化"将更为艰难。"人口城市化"和"人格城市化"是一体两面的关系。从社会身份转型的意义上说，从新中国成立至改革开放以前的30年，中国社会完成了从"子民社会（封建王朝）"向"居民社会（计划经济）"的过渡；改革开放推动中国社会从"居民社会（管理严格）"向"市民社会（迁徙自由）"的过渡。但是，仅仅有这两个过渡是不够的，我们还必须推进从"市民"向"公民"的提升。这一"提升"不仅仅是个人社会身份的变化，更重要的是人的精

① 徐国栋：《人性论与市民法》，法律出版社 2006 年版，第 22 页。

神面貌与文化气质的改变。我们要把"大国小民"的传统文化逐步改造成"强国公民"的现代文化，从"大国小民"走向"强国公民"。①

在我国，随着市场经济的推进，随着城市化进程的加快，"市民—公民"日益成为当代中国人社会身份的基本存在方式之一。我们必须正视这种社会身份产生的历史必然性，以及这种社会身份所蕴含的现代人生存方式和精神生态的时代合理性和实践正当性，同时，也必须正视这种社会身份及其蕴含的生存方式和精神生态的冲突和矛盾。就现实性而言，我们要在推进"人的市民化"的同时，加快"人的公民化"进程，不断实现个体从市民即"私人"的生存方式和精神世界走向"公民"即"公共人"的生存方式和精神世界。

二、公–私关系、公共性与公共意识

（一）公、私与公共性

在中国传统思想语境中，"公"一般有五个规定②：一是指政府或政府事务，与其相对的私指民间或私人，在这个意义上，公主要是描述性概念。二是指普遍、全体，也带有平均、平等的伦理意义，指的不仅是朝廷、政府，还包括国家、天下，甚至宇宙的总和；这个意义上的公主要是规范性概念，具有强烈的道德内涵，与其相对的私，代表的是妨碍普遍利益实现的私利行为或特殊关心。因而，常常用"无私"来规定公。法家的公指君主或国家的规定和利益，具有国家主义的意味。这种意义

---

① 刘伯奎：《大国小民——中国市民精神解剖报告》，东方出版社 2011 年版，第122—123 页。

② 参见陈弱水：《公共意识与中国文化》，新星出版社 2006 年版，第76—99 页。

上的公观念在近代以前的中国最具代表性，深入中国人的心灵中。三是直接代表善或世界的根本原理如义、正、天理，即正确的道理。强调公的心理层面，认为公的主要精义是在动心处无私欲之杂，心之公私决定了行为的正误。公多与代表道德原理的字连在一起，如公正、公道、公义；在宋代理学中有强烈表现。四是在承认普遍、全体的同时，承认私的正当性，甚至认为理想的公就是全天下的私都得到合理实现的境界；萌芽于明代晚期重视私、情、人欲的思潮，明确宣示于明清之际。五是指共，包括共同、共有、众人等，很大程度上属于描述性概念，但也有深刻的伦理意义；其出现的主要场合有：政治领域，如公议、公论等；家族或宗族，如公祠等；一般社会生活。在中国传统思想中，有以"公"字为核心组成的一系列社会价值和道德概念，如"公道""公法""公器""奉公""为公""贵公""公正""公心"等。"天下"是公的最高指称。"天下"这一概念指天之下，即凭借人类的感官和感觉系统能够认识和把握到的天空之下的无限空间。这种共同感觉中渗透了天的调和、条理、公正、正义等观念，因而，这种共同空间中包含道义性的观念，这种天之公也是以民为公的公。

在中国传统思想中，"私"首先是给自己的领属划界，划出与自己相关的或自己拥有的那部分，或是群体，如自己人、家人等，或是物品如院落、田地等。《诗经·小雅·大田》曰："雨我公田，遂及我私。"井田制把土地分为九块，类似井字。中间是田主的田，四周的田分配给农奴耕种。田主的田称为公田，农人的田则为私田。私田的承担者是家庭，以一家一户为生产单位，劳动者种了公田种私田，同是靠天吃饭，公田有雨，私田也就不缺水。这表明，私不是指单个人，而是指以家庭为单位的小群体。与私相近的词语有我、己、身、欲、心等。

在中国传统思想中，"公"常常是通过私的反面来加以界定的，泛指那些不归于私的部分。在传统社会，公的领域大多指天下、社会、朝廷、国家等，私则是具有社会独立单位意义的社会人之私。于是，在中国传统社会中，公与私常常有着游移的边界。从国家的观点看，朝廷、国家、政府、爵位是公，臣僚和民间区域、民间事务等是私；但站在天下的观点看，就变成了民众是公，朝廷、国家是私。帝王之"公"的内里其实是一个"私"，一个笼罩着各个私人的"私"的"大私"。① 所以，历史学家蔡尚思（1905—2008）先生认为，作为中国传统思想之代表的心学，本质上可谓私心说："心外无理，心外无物，心外无神，心外无事，心外无学，心外无行，心外无言。"②

公私关系作为一种基本的社会关系，实质上是一种利益关系。从社会利益关系来看，"私"往往是指成年男性的"私"及其背后的一个基本社会单位——具有血缘关系的家庭或家族，即一家一姓之私。总体而言，私一般是指具有独立社会意义、作为一家一姓的承当者和代表者的社会人之私。这是小农家庭经济条件下形成的公私关系中私的实践形态。"在中国长期小农经济基础上形成的公与私的社会关系，从实践形态来说，公私领域的划分大致是以家为界限。即公的领域指天下、社会、朝廷国家，私的领域则多指社会人及其一家一姓，亦即身家之私"③。这种公私观存在的问题是明显的。费孝通认为，"所谓'私'的问题却是个群己、人我的界线怎样划清的问题"，即是说中国因为家这个基本的私的单位可以伸缩，而使中国人的行动会视情境而定，这种以可以伸缩的群己界线来构成的社会结构，是一种"差序结构"。"在差序格局中，社会关系是逐渐从一个一个人推出去的，是私人联系的增加，

---

① 廖申白：《交往生活的公共性转变》，北京师范大学出版社 2007 年版，第 167—168 页。

② 蔡尚思：《中国传统思想总批判》，上海古籍出版社 2006 年版，第 110—123 页。

③ 李长莉：《公私领域及私观念的近代演变》，载刘泽华等：《公私观念与中国社会》，中国人民大学出版社 2003 年版，第 226—227 页。

社会范围是一根根私人联系所构成的网络"。于是，对于一个人来说，
"为自己可以牺牲家，为家可以牺牲族……这是一个事实上的公式。在
这种公式里，你如果说他私么？他是不能承认的，因为当他牺牲族时，
他可以为了家，家在他看来是公的……在差序格局里，公和私是相对而
言的，站在任何一圈里，向内看也可以说是公的"。①

　　西方的公私观比较复杂。近代西方自由主义秉持公私二元论，以
自立、独立的个体的人为起点（社会契约论），强调"个人＝私"的领
域从"国家＝公"的干涉中分离出来并加以保护。后来出现的国家主
义公私观强调公一元论，倡导"公＝国家＝官"，遏制或不承认个人的
私领域的独自价值，强调国家所代表的公的价值的一元主导性。20 世
纪晚期以来，公私观走向另一个极端，从"国家＝公"解放出来的私，
成为一个支点，私的欲望和利益的追求得到肯定，但公私分离导致了无
公之私的膨胀，出现了自我主义的私一元论。

　　历史发展证明，公与私不是相反相抵的，而是互为前提的，是一体
两面的关系。对私的认可和尊重，是公的前提和基础；公是私的集合和
升华。在现代社会，公与私不是两极对立的，两者可以通过"公共"这
一媒介而融通。公与共是有区别的，以往强调公，并把"公共"理解为
"公"，但对于"共"的问题没有明确的认识。我们一直在讨论失去了"共"
的公，导致把公等同于国家，等同于官。"共"指一种多要素相互作用、
互相影响的空间。如果说"公"是一种制度，那么"共"就是行为者的
集合。这种集合作为一种中介，弥合公与私之间的冲突和矛盾，使其在
"共"中彼此融通。托克维尔、韦伯、迪尔凯姆等认为，像"社团""社群"
等，都具有抑制个体主义的重要作用，可以弥合私与公之间的鸿沟。托
克维尔指出，在"社团中，承认个人的独立，每个人就像在社会里一样，

———————————
　　① 费孝通：《乡土中国 生育制度》，北京大学出版社 1998 年版，第 30 页。

同时朝着一个目标前进，但并非都要循着同一条路走不可。没有人放弃自己的意志和理性，但要用自己的意志和理性去成就共同的事业"①。迪尔凯姆认为，一种有力的"法人社团"或"职业团体"，"之所以认为它是必不可少的，并不在于它促进了经济的发展，而在于它对道德所产生的切实影响，它遏止了个人利己主义的膨胀，培植了劳动者对团结互助的极大热情，防止了工业和商业关系中强权法则的肆意横行"。②"社团"既是个人自由结合的产物，同时又超出了个人的自由，通过提供共享的道德秩序和道德力量，在个人自由与道德共契之间实现了一种平衡。现代社群主义者把"社群"作为克服"道德个体主义"的途径，他们指出，"社群主义的本体论"在于人首先是在现实世界中实现某种生活的社会生物，"一个人的道德立场必须与其社群主义的本体论一致"。③ 社群为个人提供了一个与他人"共"在的场域。一个人只有在"社群"中才可能界定自己，才能回答"你是谁"的问题。

在汉语语境中，有学者认为，"公象瓮（甓）形，在古代大家经常要围在瓮旁取酒共饮，故公得引申为公私之公"④。这是以"共"释"公"。日本学者沟口雄三依据《诗经》中"公田"的例子推论，汉字"公"的原初含义是共同性。⑤"公共"一词在中国古代典籍和文化思想中早就出现。《史记·张释之传》记载了一个故事：汉武帝一次出游，由于马被人惊吓了，而从马上摔下来。汉武帝大怒，要斩惊马之人，当时作

---

① ［德］韦伯：《新教伦理与资本主义精神》，于晓等译，生活·读书·新知三联书店1997年版，第220—221页。

② ［德］迪尔凯姆：《社会分工论》，渠东译，生活·读书·新知三联书店2000年版，第22页。

③ ［美］贝尔：《社群主义及其批评者》，李琨译，生活·读书·新知三联书店2002年版，第64页。

④ 徐中舒：《徐中舒历史论文选辑》，中华书局1998年版，第1441页。

⑤ ［日］沟口雄三：《中国的公与私·公私》，郑静译，生活·读书·新知三联书店2011年版，第230—240页。

为司法官的张释之反对这样做，他说："法者，天子所以天下公共也。"
朱熹把存在于天地间的理称为"公共之理"，把存在于天地间的气称为
"公共之气"。他说："这理是天下公共之理，人人都一般，初无物我之
分。""天地公共之气，人不得擅而有之。"① 这里的"公共"指不为任何
个体所私有。可见，"共"是"公"的基础。

在西方语境中，"公共"一词派生自两种渊源：一种是源自古希腊
词汇（pubes or maturity），强调个人能超出自身利益去理解并考虑他
人的利益，表示一个人在身体上、情感上和智力上已经成熟，同时意
味着具备公共精神和公共意识，是一个人成熟并可以参加公共事务的
标志。另一种是起源于古希腊词汇（koinon），英语词汇（common），
意思是人与人之间在工作、交往中相互照顾和关心的一种状态。在古
希腊社会里，"公共"是一种所有成年男子都可以参加的政治共同体，
其主要职责是建立一些永久的标准和规则，目的是为了获取最大的
善。因此，"公共"一词在当时多用来指称人的社会性，更多地指古
希腊政治社会早期的民主观念及其实现方式。到 17 世纪末，公共意
味着向任何人开放，私人意味着一个由家人和朋友构成的、受到遮蔽
的生活区域。在 18 世纪，人们通过区分公共与私人来表达自然与文
化的对立，将公共等同于文化，将自然等同于私人。但是，这两个领
域之间并非一种完全对立的关系，而是一种互相补充、互相平衡的关
系。根据哈贝马斯的研究，英国直到 17 世纪中叶才开始使用"公共"
一词，其含义通常用"世界"或"人类"来代替"公共"；法语中的"公
共"一词，最早是用来描绘格林字典所说的"公众"；"公共"一词在
德国 18 世纪才开始出现，并从柏林传播开来。② 康德时代的德国，公

---

① 黎靖德编：《朱子语类》，中华书局 1986 年版，第 399、76 页。
② ［德］哈贝马斯：《公共领域的结构转型》，曹卫东译，学林出版社 1999 年版，
第 24 页。

共的被理解为与国家相关的、与君主相关的。康德认为，理性的公共使用就是被自我雇佣的知识分子即"学者"所使用，其核心是言论自由和出版自由。康德所言说的"学者"，隐喻着一种公共领域的大众主体，力图恢复"公共的"这个词与"人民"这个词的联系。在康德那里，公共性主要表现为，言论的公开与自由、公开批判的理性、公意与合法性的基础等。康德强调，公共性首先是一种体现共同体生存价值的先验的普遍权利。他说：

> 从公共权利的全部质料之中（就国家之内人与人的或者还有各个国家相互之间各和不同的由经验所给定的关系）进行抽象，那么我就只剩下公共性这一形式；这种可能性是每一项权利要求中都包含着的，因为没有它就不会有正义（正义是只能被想象为可以公开宣告的），因而也就不会有权利，权利仅仅是由正义所授予的。①

在康德的思想中，公共性是公共权利的本质，是社会正义的前提。公共性是全体公民都有资格享受他们的普遍权利，任何国家的法规都必须无条件地维护公民的权利。

进入 20 世纪，西方学者有关公共性的认识和理解更加自觉和完善，形成了一些有代表性且影响较大的理论观点。汉娜·阿伦特认为，公共性是人作为类存在的现实性，它意味着共同性，公共性是人为的，是一种认同感。阿伦特在分析公共性问题时提出"劳动—工作—行动"对应"私人领域—社会领域—公共领域"。她认为，作为行动的公共领域，是一个以公开的、自由的身份从事政治活动的空

---

① ［德］康德：《历史理性批判》，何兆武译，商务印书馆 1990 年版，第 139 页。

间，它排除一切仅仅维持生命或具有谋生性目的的活动领域。公共领域的基本行动方式是言语交谈，其本质特征是政治自由，其核心理念是公共性。在阿伦特看来，公共性意味着公共生活的关联性、公共空间的在场性。阿伦特说：

> "公共"一词表示世界本身，就世界对我们所有人来说是共同的，并且不同于我们在它里面拥有的一个私人处所而言。不过，这个世界不等于地球或自然，后者作为有限空间，为人类活动或有机生命的存在提供了一般条件。与世界相关的是人造物品，人手的产物，以及在这个人为世界中一起居住的人们之间发生的事情。在世界上一起生活，根本上意味着一个事物世界存在于共同拥有它们的人们中间，仿佛一张桌子置于围桌而坐的人们之间。这个世界，就像每一个"介于之间"（in-between）的东西一样，让人们既相互，又彼此分开。①

公共性是一种质的相关性，不同质的个体以相关性彼此证明，而不是互相排斥、你死我亡。因此，公共性是一个空间与时间融合在一起的概念，是差异性的"同时在场"。

罗尔斯认为，公共性是一种对公平正义的"重叠共识"。在《正义论》中，罗尔斯对洛克、康德等人的社会契约思想加以概括并提升到一个更高的抽象水平，把社会制度理解为公共的规则体系。这种公共性的一个基本内涵是公开性，这种公开性保证在公共领域的成员知道对他们相互期望的行为界限在哪里，什么样的行为可以被允许。公

---

① [美]汉娜·阿伦特：《人的境况》，王寅丽译，上海人民出版社 2009 年版，第 34 页。

开性的基础是一种共同的价值观，即对何为正义、何为非正义有一种公共的理解。罗尔斯在《政治自由主义》一书中通过"重叠共识"概念，提出了在原有正义两原则之基础上的"多元宽容"的原则。在《作为公平的正义》一书中，罗尔斯谈到了公共性是重叠共识的三个层次。第一层次是公民对正义原则和公共知识的相互承认；第二层次是公民在能够接受正义原则基础上所持有的普遍信念；第三层次是公民对作为公平的正义的观念的相互承认。罗尔斯认为，实现了这三个条件，公共性才会被满足。①

今天，人们对公共性的理解是多角度和多样的。如公共物品说，认为公共性即非排他的可共享性；公共需要说，认为公共性即源于社会的公共需要而产生的特性；公共事务说，认为公共性即共同体的公共事务所具有的特性；公共领域说，德国哲学家哈贝马斯认为，公共生活是以社会之公与私二元对立为前提而存在的，它是建立在资产阶级私人领域充分成熟的基础之上的，并且具有独特的批判功能；等等。概要地说，我们可以把共同体中公共意志、公共情感、公共理性、公共价值、公共需要、公共利益对于个人意志、个人情感、个人理性、个人价值、个人需要、个人利益所具有的代表性或体现度，称为公共性。公共性是一个复合型的概念，也是一个质与量统一的概念。公共性的质的规定是指共同体中由个人让渡出去后又返还个人或物质性或精神性或制度性的社会资源。共同体符合大多数成员，乃至全体成员的个人性，是公共性质的正向规定。公共性的量的规定是指个人让渡出去的部分在返还个人时的多寡。它们往往已被折扣或叠加了，那些返还多的则说明公共性强，反之则说明公共性弱。

---

① ［美］罗尔斯：《作为公平的正义》，姚大志译，生活·读书·新知三联书店 2002年版，第 196—199 页。

（二）人的公共性

在西方思想史上，思想家们首先在政治生活领域发现人的公共性。比如在古希腊社会中，城邦是公共组织，是公共生活领域；家庭则是自然组织，是私人生活领域，家庭与城邦之间存在着鸿沟。古希腊思想家认为，个人只有进入城邦，参与城邦的公共活动，才能成为真正的人。一个人如果没有参与城邦政治事务，他就不是公民。柏拉图在《理想国》中提出了一个理想的伦理共同体，这个伦理共同体为个人灵魂与德性的培育提供了不可或缺的实体基础。柏拉图说："在我看来，之所以要建立一个城邦，是因为我们每一个人不能单靠自己达到自足，我们需要许多东西。""我们每个人为了各种需要，招来各种各样的人。由于需要许多东西，我们邀请许多人住在一起，作为伙伴和助手，这个公共住宅区，我们把它叫做城邦"。① 亚里士多德把城邦视为"追求最高善"的社会共同体，他强调，凡隔离而自外于城邦的人，如果不是一只野兽，就是一位神。在他看来，私人生活本身并不是人的本性的体现，而仅仅旨在谋生。

近代思想家在强调自然状态与社会状态对立的同时，发现了人的社会公共性。霍布斯认为，"认识你自己"这一箴言"是教导我们，由于一个人的思想感情与别人的相似，所以每个人对自己进行反省时，要考虑当他在'思考'、'推理'、'希望'和'害怕'等等的时候，他是在做什么和他是根据什么而这样做的；从而他就可以在类似的情况下了解和知道别人的思想感情"②。在卢梭那里，与人从自然状态过渡到社会状态再进到政治社会状态相适应，人有一个从自然人到社会人再到政治人与

---

① ［古希腊］柏拉图：《理想国》，郭斌和、张竹明译，商务印书馆 1996 年版，第 58 页。

② ［英］霍布斯：《利维坦》，黎思复、黎廷弼译，商务印书馆 1985 年版，第 2 页。

道德人的发展。卢梭指出：

> 公民只不过是一个分数的单位，是依赖于分母的，它的价值在于他同总体，即同社会的关系。好的社会制度是这样的制度：它知道如何才能够最好地使人改变他的天性，如何才能够剥夺他的绝对的存在，而给他以相对的存在，并且把"我"转移到共同体中去，以便使各个人不再把自己看作一个独立的人，而只看作共同体的一部分。①

西方心理学家把自我意识划分为相对的两部分，一是"公我意识"（Public self-consciousness），即个体将注意力集中在社会场合中别人怎样看自己；一是"私我意识"（Private self-consciousness），即个体将注意力集中在自己的能力、性格及感受上。中国人注重面子及面子功夫，是"公我意识"的表现。还有学者把自我区分为主体我（self-as-subject）或"I 我"与客体我（self-as-object）或"M 我"。传统儒家语境中的"人"主要被视为"关系中的人"，由此形成自我的"社会取向"②主导形式。在传统中国社会，一个人的行为的决定性因素并非个人的理智、情感、动机和愿望，而是文化系统所决定的社会关系和社会规范。

马克思从人的存在论和实践论角度，确认公共性是人的一种本体属性和实践属性。马克思说："人对自身的关系只有通过他对他人的关系，才成为对他来说对象性的、现实的关系"。因而，人的本质不是单个人

---

① ［法］卢梭：《爱弥儿》上卷，李平沤译，商务印书馆 1978 年版，第 9—10 页。

② 我国台湾学者杨国枢认为，这种社会取向主要有家庭取向、他人取向、关系取向和权威取向等四种。参见杨国枢等：《中国人的自我：心理学的分析》，重庆大学出版社 2009 年版。费孝通的"差序格局"说（参见费孝通：《乡土中国 生育制度》，北京大学出版社 1998 年版）、黄光国的"人情与面子"理论（参见黄光国等编订：《面子——中国人的权力游戏》，中国人民大学出版社 2004 年版）等，都反映了这种社会取向的特点。

所固有的抽象物，在其现实性上，它是一切社会关系的总和。人是一个总体性、整体性的存在。

> 人是特殊的个体，并且正是人的特殊性使人成为个体，成为现实的、单个的社会存在物，同样，人也是总体，是观念的总体，是被思考和被感知的社会的自为的主体存在，正如人在现实中既作为对社会存在的直观和现实享受而存在，又作为人的生命表现的总体而存在一样。①

公共性并不是单个人所固有的属性，而是个人在社会活动、社会交往和社会关系中所生成的特性，是人在公共领域、公共生活中形成的属性。在马克思看来，公共性是与人的实践活动密切联系的。实践是人的存在方式，人是在实践中自我生成的。"正是在改造对象世界中，人才真正地证明自己是类存在物。这种生产是人的能动的类生活"②。公共性与实践性内在关联，公共性是实践的社会属性，实践是公共性的根基。人的公共性是人们在共同生活、社会实践中体现出来的社会属性，这种公共性是适应共同体生活和社会实践需要的。马克思说：

> 人的本质是人的真正的社会联系，所以人在积极实现自己本质的过程中创造、生产人的社会联系、社会本质，而社会本质不是一种同单个人相对立的抽象的一般力量，而是每一个单个人的本质，是他自己的活动，他自己的生活，他自己的享受，他自己的财富……真正的社会联系并不是由反思产生的，

---

① 《马克思恩格斯文集》第 1 卷，人民出版社 2009 年版，第 165、188 页。
② 《马克思恩格斯文集》第 1 卷，人民出版社 2009 年版，第 163 页。

它是由于有了个人的需要和利己主义才出现的，也就是个人在
积极实现其存在时的直接产物。①

人的公共性表现为人的社会关系，这些社会关系不是既成不变的，
而是不断生成的，是历史的产物。"人们在自己生活的社会生产中发生
一定的、必然的、不以他们的意志为转移的关系，即同他们的物质生产
力的一定发展阶段相适合的生产关系。这些生产关系的总和构成社会的
经济结构，即有法律的和政治的上层建筑竖立其上并有一定的社会意识
形式与之相适应的现实基础，物质生活的生产方式制约着整个社会生
活、政治生活和精神生活的过程"②。生产关系、政治关系和法律关系是
社会关系的主要构成部分，其中，生产关系对人的公共性的存在和发展
具有决定性作用。人的公共性的发展取决于各种社会关系的发展，人的
公共性与社会关系具有内在一致性。也是在这个意义上，马克思进一步
指出，人"作为处于生产力和需要的一定发展阶段上的个人而发生交
往的……一个人的发展取决于和他直接或间接交往的其他一切人的发
展"③。马克思强调，一个人所具有的需要在何种程度上成为人的需要，
一个重要的标志在于"别人作为人在何种程度上对他来说成为需要"④。

（三）公共意识

严格意义的公共意识，是伴随现代公共性的产生而产生和发展的。

---

① 马克思：《1844 年经济学哲学手稿》，人民出版社 2000 年版，第 170—171 页。
② 《马克思恩格斯文集》第 2 卷，人民出版社 2009 年版，第 591 页。
③ 马克思、恩格斯：《德意志意识形态》（节选本），人民出版社 2003 年版，第
98—99 页。
④ 《马克思恩格斯文集》第 1 卷，人民出版社 2009 年版，第 195、185 页。

哈贝马斯认为，自古希腊以来，社会有明确的公私划分，"公"代表国家，"私"代表家庭和市民社会。在古希腊罗马时代，公私分明，所谓的公共领域，就是公众发表意见或进行交往的场所。在中世纪，公私不分，公吞没私，不允许私的存在，公共性等同于"所有权"。直到近代（17、18世纪）以来，在私人领域之中诞生了公共领域，才有了真正意义上的公共性。① 从这个层面上来说，公共性是现代社会和现代性最基本的特征之一。现代主体精神、契约精神、民主精神、平等精神、人道精神、博爱精神等，可以说都是公共性发展的产物。

公共意识涉及主体间的可传达性、可证明性问题。"公民一词在自由主义的话语里暗示一种超越自我关联的关切的个人关系"②。在西方近代思想中，从笛卡尔"无限的上帝"到康德的"信仰彼岸"再到黑格尔的"绝对精神"，都在对理性反思本性的追寻中不可避免地预设了一个以主体性为主导话语的同一性"他者"，试图为理性的确定性及其反思本性的确立提供根基。现代西方思想力图建构新的他者理论。胡塞尔在思辨层面提出主体间性理论，哈贝马斯则在操作层面提出主体间性理论。他们认为，交往活动是主体间的交往。主体间如果没有相互理解、相互尊重的必要，就没有正常交往的可能，也就不会有最基本的社会团结。

按照费孝通的说法，中国传统社会结构是一种"差序格局"，是一个根据私人联系所构成的社会关系网络。公与私、自家与公家，在中国传统社会中，有着游移的边界。"公"是以国家政权、官等形式来体现的，政权又以君主为代表。《诗经》曰："普天之下，莫非王土；率土之滨，

---

① 参见［德］哈贝马斯：《公共领域的结构转型》，曹卫东等译，学林出版社1999年版。

② ［美］塞缪尔·鲍尔斯、赫伯特·金蒂斯：《民主和资本主义》，韩水法译，商务印书馆2003年版，第178页。

莫非王臣。"费孝通指出："所谓'私'的问题却是个群己、人我的界线怎样划清的问题。"因为在古代中国，家这个基本单位可以伸缩，使得中国人的行动会视情境而定。这种以可伸缩的群己界线来构成的社会结构，是一种"差序"结构。费孝通认为，在中国传统社会，一个人"为自己可以牺牲家，为家可以牺牲族……这是一个事实上的公式。在这种公式里，你如果说他私么？他是不能承认的，因为当他牺牲族时，他可以为了家，家在他看来是公的。……在差序格局里，公和私是相对而言的，站在任何一圈里，向内看也可以说是公的。……在差序格局中，社会关系是逐渐从一个一个人推出去的，是私人联系的增加，社会范围是一根根私人联系所构成的网络"。①

公共意识的薄弱甚至缺失，是 20 世纪中国思想界在诊断中国近现代落伍根源时普遍强调的一个原因。陈独秀认为，妨碍中国人的"公共心"的不是"个人主义"，而是家族主义。他说："我以为戕贼中国人公共心的不是个人主义，中国人底个人权利和社会公益，都做了家族底牺牲品。"② 在鲁迅看来，中国国民性的主要缺陷是毫无公共心。他说："中国公共的东西，实在不容易保存。如果当局者是外行，他便将东西糟完，倘是内行，他便将东西偷完。"③ 鲁迅对那些麻木的"看客"深恶痛绝并大加鞭笞。林语堂指出，"公共精神"对中国人来说是一个新名词，正如"公民意识""社会服务"等。

梁漱溟对中国社会的"公共性"问题更是感受至深，在其所著《中国文化要义》一书中，对这一问题更是作了系统深刻分析。在谈到"公共观念"问题时，他指出："人们的品性，固皆养成于不知不觉之间；但同时亦应承认，公共观念不失为一切公德之本。所谓公共观念，即指国

---

① 费孝通：《乡土中国 生育制度》，北京大学出版社 1998 年版，第 30 页。
② 《陈独秀著作选编》第二卷，上海人民出版社 2010 年版，第 220 页。
③ 《鲁迅全集》第三卷，人民文学出版社 2006 年版，第 576 页。

民之于其国，地方人之于其地方，教徒之于其教，党员之于其党……如是之类的观念。中国人，于身家而外漠不关心，素来缺乏于此。特别是国家观念之薄弱，使外国人惊奇。"① 梁漱溟认为，中国与西方在伦理上的最大不同有两点，"一则西方人极重对于社会的道德，就是公德，而中国人差不多不讲，所讲的都是这人对那人的道德，就是私德。……一则中国人以服从侍奉一个人为道德"②。费孝通说："私的毛病在中国实在比愚和病更普遍得多，从上到下似乎没有不害这种毛病的。"③ 当年思想先贤们已经认识到，中国社会尤其是中国文化欲回应现代性的挑战而获致"新生"、开出"新气象"，不能仅以"船坚炮利"为能事已毕，也不能仍限于把"道"封闭在内在超越的形上领域之内，而是同时意味着"群""己"界限的调整，意味着文化传统创造性转化的重点，必定要从"内圣"的道德本体移至"外王"的公共哲学视界上来。

改革开放以来，随着经济社会全面发展和人的素质的普遍提升，我国公民的公共意识和公共精神也获得了良好的发展。但同时，公共意识薄弱甚至缺失，在我国社会各个领域、各个层面仍不同程度存在。部分政府机构、政府官员缺乏公共精神，假借公共利益之名滥权谋私，严重危害了公共利益；公共设施损坏，法规意识欠缺、法治意识不足、合作意识欠佳等等现象不同程度地存在；不能很好处理国家、集体和个人三者之间的利益关系，许多人只顾自家不顾国家，只顾自己不顾集体，只顾个人不顾他人。

公民是对个体"公共"属性的抽象，是个体公共性的呈现与表达。公民即"公共人"。个体获得"公民"身份，意味着人与人、人与社会（包括国家及各种社会组织团体等）之间的关系突破了血缘、地域、宗

---

① 梁漱溟：《中国文化要义》，上海世纪出版集团 2005 年版，第 68 页。
② 《梁漱溟全集》第一卷，山东人民出版社 2005 年版，第 369 页。
③ 费孝通：《乡土中国 生育制度》，北京大学出版社 1998 年版，第 22—23 页。

法、等级、专制、阶级等特殊主义框架，进入自由、平等、独立、民主等普遍主义价值框架。可见，公共性是公民的核心特质，公共意识是公民的核心意识。陶行知认为，公私混杂是中国人的一个习惯。"公民教育之事乃在使人自得一种不愿取之精神。要晓得一个人爱国不爱国，只须看他对于公有财产之态度，只须看他对于公有财产有没有不愿取之精神"①。公共意识是指公民所具有的超越个体自然性、个人功利目的和私人界限而去关注和关心公共事务、公共事业和公共利益的意识观念、思想境界和行为态度，它体现于公民与国家、政府、社会、公共事务、公共事业以及与其他公民的关系之中，表现为平等意识、公正意识、法治意识、公德意识等。

三、陌生化境遇的公民公共意识

（一）陌生化与"他者"意识

德国思想家舍勒在谈到现代社会生活的特征时说："最令人确信无疑的恐怕莫过于深深的陌化"，"陌化并非是触及到我们社会秩序的这一或那一个方面或某类现象，而是触及我们的社会秩序之总体"。② 陌化即陌生化。20 世纪晚期以来，随着市场化、城市化、网络化的推进，随着人们的社会交往和社会流动性的加速，陌生化日益成为当代中国社会的一种客观趋势和中国人的一种强烈的经验感受。一般地说，人类社会在任何时候都会面临陌生问题，陌生是人类社会固有的一种属

---

① 胡晓风等编：《陶行知教育文集》，四川教育出版社 2007 年版，第 141 页。
② 刘小枫选编：《舍勒选集》下，上海三联书店 1999 年版，第 1194—1195 页。

性。但是，陌生化则是现代社会的产物，是现代社会所独有的重要特性。因而，陌生化也成为现代思想家关注的问题。德国社会学家齐美尔（1858—1918）把研究陌生人问题视为解决"社会是如何可能的"这一问题的关键。美国法学家劳伦斯·弗里德曼首先提出"陌生人社会"这一概念，用以指称现代社会的本质。费孝通认为，乡土中国是熟人社会，现代社会则是陌生人社会。

陌生化既是现代社会高度发展的产物，更是现代社会高效发展的动力。一方面，陌生化是现代化进程的必然产物，是市场化、工业化、城市化、理性化、民主化、信息化、个人化等现代社会要素日益发展的产物，指称现代社会的速变性、异质性、新颖性、流动性、疏离感、孤独感等特质。陌生化是现代社会高度发展的重要标志之一。另一方面，陌生化也是现代社会高效发展的动力机制。现代社会是以"物"的依赖性为基础的社会，健全的市场经济、完备的民主政治、成熟的理性文化、有序的社会生活等，都需要一种必不可少的"陌生关系"来支撑和维系。契约、民主、理性、法治等，都蕴含着对"陌生关系"的肯定、尊重和张扬。"如果现代生活要继续下去的话，就必须保护和培养陌生关系"①。同时，陌生化还意味着创新和重生。② 陌生化是相对于熟悉而言的。熟悉是人的日常生活的一种常态。日常生活的一切东西因熟悉而会逐渐成

---

① [英]齐格蒙特·鲍曼：《后现代伦理学》，张成岗译，江苏人民出版社2003年版，第187—188页。

② 在文论意义上，"陌生化"是一种艺术创作方法。陌生化意即使创作对象陌生、奇特、不同寻常，也就是在文艺创作中，通过采用新奇的艺术技巧，对人们习以为常、熟视无睹、从未质疑的熟知对象进行"陌生"的艺术加工，使之成为陌生的文本经验，使对象与审美主体之间保持一定距离，打破审美主体的习惯性感知方式和思维定势，唤醒审美主体对生活的感受，使其以一种新奇的眼光去感受熟知对象的生动性和丰富性，从而延长审美主体对熟知对象的感知历程，提高审美快感，最终获得"陌生美感"。后来，陌生化方法由文论范围拓展到更为广泛的学科领域，马尔库塞等社会批判理论家把陌生化方法作为批判现代社会人的思维单一、批判精神缺失等现象的理论工具。

为人的习惯、经验和无意识，人会由此对熟悉的东西习焉不察、熟视无睹。但是，熟知不等于真知。黑格尔说："熟知的东西所以不是真正知道了的东西，正因为它是熟知的。有一种最习以为常的自欺欺人的事情，就是在认识的时候先假定某种东西是已经熟知了的，因而就这样地不去管它了。"① 一味固守熟知，人便会陷入海德格尔所说的沉沦和"常人"状态。陌生化意味着对人的熟悉状态的批判、否定、剥离、解构、颠覆、变形、创造等，它代表着差异性、独特性、新颖性、复杂性等。从广义上说，"陌生化"是克服人的异化状态的一种方式。通过陌生化方式，使人摆脱虚妄、流俗等"常人"生存状态，唤醒和激发人的质疑、批判和改善现状的决心，达到对本真生活的更深刻的理解与熟悉。可见，"陌生化"与其说是"使之陌生"，不如说是"使之新颖"。从这个意义上说，当代中国社会从传统"熟人社会"走向现代"陌生人社会"，具有历史的必然性和合理性。

陌生化具有风险效应，这种效应是多方面的和多重的。陌生化对人的社会心态的影响最为直接和持久。陌生化意味着无序、混乱、危险。在陌生化进程中，失衡、忐忑、空虚、焦虑等会成为一种普遍性的社会心态。英国思想家吉登斯提出"本体性安全"概念，用以描述和批判现代人所普遍具有的一种"本体性焦虑"或"存在性焦虑"。"本体性安全"即人们对其自我认同之连续性以及对他们行动的社会与无助环境之恒常性所具有的信心，这是一种对人与物的可靠性感受②。安全感是人的心理需要的重要方面，是人格中最基础、最重要的成分之一。马斯洛把安全需要视为继生理需要之后的人的第一需要，它具体表现为依赖感、稳

---

① ［德］黑格尔：《精神现象学》上，贺麟、王玖兴译，商务印书馆1979年版，第20页。

② ［英］安东尼·吉登斯：《现代性的后果》，田禾译，译林出版社2000年版，第80页。

定感、归属感，对秩序、体制、法律、界限等的需要，以及对恐吓、焦躁、混乱等的规避。只有安全需要得到很好的满足，人才会产生爱、情感和归属的需要。当这种最基础、最重要的安全需要受到威胁时，人的心态便会产生诸多问题。

进入 21 世纪，一系列公共道德事件的频发，使得"陌生""陌生人""陌生人社会"等概念，在中国社会被广泛谈论和运用。

美国思想家萨托利认为，平等首先应当明显"表现为一种抗议性理想，实际上是和自由一样杰出的抗议性理想。平等体现并刺激着人对宿命和命运、对偶然的差异、具体的特权和不公正的权力的反抗"①。从这个层面上来看，平等是对等级、特权和不平等的否定和超越。有等级、特权和不平等的地方，就不可能有平等。中国近现代意义的平等意识，最初是伴随着对"君为臣纲""夫为妻纲""父为子纲"的批判而萌生和发展的。中国古代社会是以宗法血缘为纽带的等级社会，强调血缘亲疏、上下尊卑、长幼有序、差等有别等。在今天，在我们的现实生活中，人与人之间仍然存在着各种不平等现象。这种不平等现象反映在观念上，就是人与人之间还存在着以"物"的方式相互对待的现象，就是有些人把他人当作纯粹工具来看待。一些人力图"创造出一种支配他人的、异己的本质力量，以便从这里找到他自己的利己需要的满足"②，于是，导致有的人遵循"丛林法则"，强调人人互为手段，视"他者"为"敌人"。

马克思指出：

> 人对自身的任何关系，只有通过人对他人的关系才能得到实现和表现……人对自身的关系只有通过他对他人的关系，才

---

① ［美］萨托利：《民主新论》，冯克利、阎克文译，上海人民出版社 2009 年版，第 337 页。

② 《马克思恩格斯文集》第 1 卷，人民出版社 2009 年版，第 223 页。

能成为对他来说是对象性的、现实的关系。①

"我—他"关系是人际关系的基本符号和基础。"意识到他人，感觉到他人，然后关心他人是所有道德的基本特征"②。平等待人，一视同仁，是公民平等意识的核心内涵之一。恩格斯说："一切人，作为人来说，都有某些共同点，在这些共同点所及的范围内，他们是平等的，这样的观念自然是非常古老的。但是现代的平等要求与此完全不同；这种平等要求更应当是从人的这种共同特性中，从人就他们是人而言的这种平等中引申出这样的要求：一切人，或至少是一个国家的一切公民，或一个社会的一切成员，都应当有平等的政治地位和社会地位。"③马克思说："平等是人在实践领域中对他自身的意识，也就是说，人意识到别人是同自己平等的人，人把别人当做同自己平等的人来对待。平等是法国的用语，它表示人的本质的统一，表示人的类意识和类行为，表示人和人的实际的同一性，也就是说，它表示人同人的社会关系或人的关系。"④"公民"概念强调人与人的平等关系。这种平等体现为既有"自我意识"，意识到自己是一个独立自主的个体，更有"他者意识"，能自觉承担起对他人和社会的责任。

在一定意义上，"我"与"他者"的关系是一种个体性与普遍性、主观性与客观性的关系。黑格尔认为，与普遍性相对立的个体性，既是恶的根源也是恶的内容。人是个体性与普遍性、主观性与客观性的统一，但人们往往把自己的个体性、主观性与普遍性、客观性对立起来，使自我脱离普遍性和客观性而陷于纯粹的个体性和绝对的主观性中，从而也

---

① 《马克思恩格斯文集》第 1 卷，人民出版社 2009 年版，第 164—165 页。
② ［美］罗斯特：《黄金法则》，赵稀方译，华夏出版社 2000 年版，第 7 页。
③ 《马克思恩格斯文集》第 9 卷，人民出版社 2009 年版，第 109 页。
④ 《马克思恩格斯文集》第 1 卷，人民出版社 2009 年版，第 264 页。

使自己陷于恶之中。所以，黑格尔指出："从形式方面看，恶是个人最特有的东西，因为恶正是个人把自己设定为完全自为的东西的主观性。"① 德国现代宗教哲学家马丁·布伯认为，可以用"我—你"关系与"我—它"关系来概括人对待世界和他人的态度，这两种关系体现的是"我"对与"我"相关的一切事物（包括他人）的态度或关联方式，也是两种不同的人生态度或生活方式。②"我"同"他者"建立何种关系，"我"就是何种的"我"。"我—你"关系体现的是一种亲密无间、相互对等、彼此信任、开放自在的关系，在这种关系中，双方都是主体，来往是双向的。"我—它"关系体现的则是一种考察探究、单方占有、利用榨取的关系，在这种关系中，"我"为主体，"它"为客体，只有单向的由主到客，由我到物（包括被视为物的人）的过程。就人的生存与发展而言，"我—它"关系是必不可少的，但这种关系是纯粹工具性的，如果把人与人之间的关系完全转换成"我—它"关系，那是十分可怕的。对人采取"我—它"态度，不仅贬低了别人，同时也使自己的人性被扭曲。只有通过真正的符合人性的关系，即"我—你"关系，人才能成为真正的人。"我—你"关系涉及人的整个存在，要求人用自己的整个身心对别人的全部存在做出反应。如果同"他人"建立了一种"我—你"关系，那就意味着把"他者"带入了"我"的道德视野之内，呈现的是"我"对"他者"的认同。

英国学者齐格蒙特·鲍曼（1925—2017）概括了对"他者"的三种理论描述模式。③ 第一种是一般社会学的描述。传统的社会学理论往往把"他者"消融在更具包容性的行动情景、行动者处境或通常说的"环

---

① ［德］黑格尔：《法哲学原理》，范扬、张企泰译，商务印书馆 1961 年版，第 148 页。

② ［德］马丁·布伯：《我与你》，陈维纲译，生活·读书·新知三联书店 2002 年版，第 124—127 页。

③ ［英］齐格蒙特·鲍曼：《现代性与大屠杀》，杨渝东等译，译林出版社 2002 年版，第 234—240 页。

230

境"概念当中，没有赋予"与他者相处"一种特殊的地位或意义，"他者"仅仅是一个行动者。行动领域中"他者"的存在仅仅被视为构成一种技术上的挑战，在完全由行动者目标营造的"与他者相处"的情境中，道德是一种外来的侵扰。第二种是萨特式的描述。萨特的自我—他者关系模式提供了一个消极的道德观念，把道德视为一种限制或一种约束。萨特的新意在于把"他者"从行动者的视域的其他组成中单列了出来，作为具有特别性质、地位和能力的单位，"他者"成了一个"他我"。但"他者"的存在让我陷入了耻辱，"他者"代表的是一种烦恼与负担，是人的处境的一个敌对的外在者，是对自我自由的一种约束，"他者就是地狱"。第三种是生存论的描述。这种生存论描述可以概括为："我们为一切负一切责任，在一切人之前为一切人负责，而我的负责超过了其他一切人。"在这种描述中，"与他者相处"的最基本特征是"责任"。责任是主体本质的、主要的和基本的结构，变得有责任是作为主体的建构。责任是人类主体的存在模式，道德的最朴素的形式就是主体间关系的基本结构，它不受任何非道德因素的影响（比如，利益、收益计算、理性的研究、可选择的解决方式或者向强制屈服等）。

　　鲍曼认为，生存论描述提供了一个真正的、原创性的道德社会学研究的起点①。第三种描述呈现的是人与人"相依"（being-for）的和睦状态，这种状态比人与人"相伴"（being-aside）或"相处"（being-with）的和睦状态或水平要高。"相依"是为保护和捍卫"他者"的独特性而产生的，自我是承担这一任务和责任的主体。相依是对相处的超越，这种相依状态与整体性和不可分割性相关。一旦与"相依"相联系，道德就被带入了同情、服务、做善事、为他者牺牲的框架中。从习俗到道德

---

　　①　[英]齐格蒙特·鲍曼：《现代性与大屠杀》，杨渝东等译，译林出版社2002年版，第63—64页。

的转变，是以与他者的感情关系的出现（或者再现）为标志的，相依在它形成关于他者的一种特定行为过程之前，是一种与他者的感情约定。这里说的感情不必就是共鸣或同感，更不必是同情或怜悯，而是说将他者视为一种感情的目标。也就是说，一个人首先不是将他者看作他的对象加以利用，而是将他者看作生活事件中的一个伙伴。

现代伦理学往往把他者视为一个面具，面具并不像面孔（face）一样值得信赖，它可以被戴上或摘下。面具用一种习惯性的礼貌维持自我与他者之间的关系，这种习惯性的礼貌从表面看似乎是和睦共处的工具，事实上，它产生的效果是分裂。它往往成为人们保持相互隔离和自我绝缘的手段。要把"与他人的面具性共在"转换为"与他人的面孔性共在"，不把与他者的遭遇看成是与面具或角色的遭遇，而是看成与面孔的遭遇；再进一步，要将"与他人的面孔性共在（live with）"转换为"为他者而存在 (live for)"。"与他者共存"既可以被伦理道德所调节，也可以被法制化的规则所调整。但是，"为他者而存在"则不可能被法制化的规则所调整。因为法制化的规则在自我与他者之间架构起了"距离"，这种规则帮助和鼓励个人去追求适合他们自我利益的东西。在法治化规则中，每个人的利益都不一定是他者的利益。个体和他者之间的"距离"通过个体之间利益的分离和冲突超越了共谋的危险。"在一个仅仅被解析为可以编纂的规则的世界里，他者作为一种令人迷惑的但是首先是一种容易混淆的矛盾存在，隐现在自我的外围：自我身份的潜在停泊点，同时也是对自我自作主张的障碍和反抗"。在现代规范伦理学的律法主义视野中，"他者是向自我实现进军路上的矛盾的具体化和最可怕的绊脚石"。① 因此，从"与他人的面孔性共在（live with）"转换

---

① ［英］齐格蒙特·鲍曼：《生活在碎片之中——论后现代道德》，郁建兴等译，学林出版社 2002 年版，第 98 页。

为"为他者而存在 (live for)"，这体现的是一种道德视野的转换。这种转换将会导致一种新型伦理学的生成，这种新型伦理学将"是这样一种伦理学，它重新将他者作为邻居、手、脑的亲密之物接纳回道德自我坚硬的中心，从计算出的利益废墟上返回到它被逐出之地；是这样一种伦理学，它重新恢复了亲近独立的道德意义；是这样一种伦理学，在道德自我形成自身的过程中，它将他者作为至关重要的人物进行重新铸造"。这种伦理学聚焦于"交互主体"，它是关于"他者"的伦理学，是一种"他者的人道主义"。在这种伦理学中，他者不再是自我的牺牲品，而是"道德生活的守门人"。① 在这种伦理学视阈中，个体能够在整体利益与个体利益、社会价值与自我价值、义务与权利、贡献与索取等之间确立合理的人际互动关系。

（二）公正意识的四重规定

公正的必要性、重要性和意义是显而易见的，人们对此谈论的很多，也较为深入，这反映了人们对公正问题的迫切要求和殷切期待。罗尔斯指出，正义可以说是"社会制度的首要价值"②，"正义的主要问题是关心社会的基本结构，或更准确地说，是社会主要制度分配基本权利和义务，决定由社会合作产生的利益之划分的方式"③。公平既是正义的体现，也是正义的前提和基础。在一个社会，如果没有公平，就不可能有正义。公平正义是马克思主义价值观的最基本要素之一，是社会主义社会的根本要求，也是中国特色社会主义的本质特征。

---

① [英]齐格蒙特·鲍曼：《后现代伦理学》，张成岗译，江苏人民出版社2003年版，第98—99页。

② [美]罗尔斯：《正义论》，何怀宏等译，中国社会科学出版社2001年版，第3页。

③ [美]罗尔斯：《正义论》，何怀宏等译，中国社会科学出版社2001年版，第5页。

作为一种公民意识，公平正义体现为公民的公正感。所谓公正感，就是公民"按照正义原则的要求行动的强烈的通常有效的欲望"①。维护社会正义，是每一个公民的道德责任；拥有公平正义感，是公民的基本素质。罗尔斯把正义感称为自然义务，即不是谁强加给你的，而是你与生俱来的天然义务。因为，我们每个人都从正义中获益，在一个有正义存在的社会，我们才能够正常地生活、工作、享乐。因此，罗尔斯把"公民具有一种有效的正义感"，看作一笔巨大的社会财富。在他看来，人一旦具备正义感的习性，就会竭力维护正义的制度，同时削弱从事不正义行为的动机或冲动。在任何一个社会里，如果人人都充满正义感，则邪恶必无处藏身；如果大多数人丧失正义感，整个社会必将陷入混乱无序、人人自危的境地。维护社会正义，其实也是维护每个人自己的利益；无视甚至任凭损害社会正义的事频频发生，每一个人最终都可能会成为一个受害者。只有富于正义感的人越来越多，只有越来越多的人都做正义之事，社会才会更加稳定、更加和谐。就我国经济社会发展现状而言，作为一种公民意识，公正包含四个方面的基本内容：

其一，权责一体。公民权利是公民享有的为社会法律或制度所承认的利益、要求、资格和权能等，是公民自觉地意识到自身的利益，并采取被社会法律或制度所允许的积极行动获取这种利益。公民责任就是公民履行与自己的公民身份相适应的、符合社会规范预期的职责和任务，也就是公民应履行的义务。公民责任意识就是公民能够正确认识自己行为的性质、意义、作用和后果，并能依据这种认识而自觉地选择和控制自己的行为。在我国现阶段，人们的权责意识还存在不少问题。许多人能够自觉地主张和维护自己的权利，但却不懂得尊重他人的权利。他们只要权利，不愿履行责任。公民的权利与责任是不可分割的。有权利就

① ［美］罗尔斯：《正义论》，何怀宏等译，中国社会科学出版社2001年版，第456页。

有责任，有责任就有权利。没有责任的权利只能是特权，没有权利的责任只能是奴役。作为公民，必须正确认识和把握权利与责任的关系，树立权利与责任相统一的观念即权责意识，切实做到正确行使公民权利，积极履行公民责任。

其二，平等对待。公正是体现人与人之间平等对待关系的价值准则。在最为宽泛的意义上说，一切人，作为人来说，都有某些共同点，在这些共同点所及的范围内，他们是平等的。但在现代意义上说，平等则指，一切人或一个社会的一切成员，或一个国家的一切公民，都应当有平等的政治地位和社会地位。在社会主义社会，平等对待既包括形式方面的，如法律面前人人平等、权利与义务的对等性、机会的均等性、程序公平公开等，更包括实质方面的，如起点平等、结果平等等。平等对待针对的是等级、特权、歧视等现象。有等级和特权的地方，就不可能有公正。歧视是一种典型的社会不公平观念。所谓歧视，就是因某些不正确的文化传统、价值观念、风俗习惯，或者因某些不健全的制度体制、政策措施等，而产生的对某些人群或阶层生存、生活和发展的不公正限制乃至排斥的不当观念和行为，是对某些社会群体、某些社会成员一种观念和权利的剥夺。歧视表现在许多方面，如地域口音歧视、性别相貌歧视、职业背景歧视、家庭出身歧视、宗教信仰歧视、文化教育程度歧视、身高年龄歧视、身体疾病歧视等等。权利公平、机会公平、规则公平、分配公平是公平的主要内容。

其三，包容普惠。包容普惠是社会主义公正的应有之义。包容即尊重差异和容纳多样；普惠即让一切文明成果惠及全体社会成员，特别是惠及社会弱势群体。包容普惠原则与20世纪晚期勃兴的"包容性增长""包容性发展"等观念相契合。"包容性发展"强调发展机会平等、发展成果共享，它在根本上涉及的是发展中的平等和公平问题，其最基本含义是让最大多数人公平合理地参与发展进程，分享发展成果。它要求，尊重和保障全体社会成员的生存权和发展权，消除人们在参与发展进程和分享发展成果方面的障碍，保护弱势群体，实现人人参与、人人共享、人人受益。包容普惠原则是社会主义"共同富裕"本质的要求。实现全体社会成员的共同富裕，是社会主义的本质特征和根本要求。改革开放以来，在"一部分人先富"政策的驱动下，我国的生产力和社会财富急剧增长，但并不是所有的人都从这种高速增长中获得了相应的受益。因此，更加关注和保护弱势群体，是包容普惠原则着力强调的方面。它强调，贫困人口、弱势群体应享有平等的社会经济和政治权利，参与经济发展并作出贡献，而在分享发展成果时不会面临权利缺失、体制障碍和社会歧视等。包容普惠原则的实现过程，就是不断消解社会排斥和提升社会公平正义的过程。在创新、协调、绿色、开放、共享五大发展理念中，共享发展理念是公正观念的具体体现，其主要有四个方面内涵：全民共享，即共享发展是人人享有、各得其所，不是少数人共享、一部分人共享；全面共享，即共享发展就要共享国家经济、政治、文化、社会、生态文明各方面建设成果，全面保障人民在各方面的合法权益；共建共享，即只有共建才能共享，共建的过程也是共享的过程；渐进共享，即共享发展必将有一个从低级到高级、从不均衡到均衡的过程，即使达到很高的水平也会有差别。共享发展理念强调，发展为了人民、发展依靠人民、发展成果由人民共享，使全体人民在共建共享发展中有更多满足感。

其四，得其应得。让每个人得到他所应该得到的，这是公正观念的最古老、最基本的规定之一。在一般意义上，"得其应得"指一个人的付出与收获的对等性，即每个人得到他应得的东西，一如常言说的"种瓜得瓜、种豆得豆""善有善报、恶有恶报"等。但在严格意义上，"得其应得"指一个人作为社会成员和国家公民，所应拥有或享有的社会地位、权利、义务、财富、机会等。在我国，"得其应得"首先集中体现为社会主义按劳分配原则。我国处于社会主义初级阶段，实行按劳分配原则，体现了有限生产力发展条件下劳动的谋生性特点，体现了劳动者在才能、劳动数量和质量等方面的差别。按劳分配就是一个人因其劳动付出而获得应有的报酬，即劳动付出与收入回报的对等。实行按劳分配，有利于调动劳动者的劳动积极性。曾在一个较长时期，我国居民劳动报酬占 GDP 的比重持续下降。据《社会蓝皮书：2013 年中国社会形势分析与预测》显示，1979—2011 年，中国人均 GDP 年均增长 8.8%，城镇居民人均可支配收入和农村居民人均纯收入年均增长均为 7.4%，比人均 GDP 增速低 1.4 个百分点。劳动者报酬占 GDP 的比重由 2004 年的 50.7% 下降到 2011 年的 44.9%。当下，我们应进一步落实社会主义按劳分配原则，着力保护劳动所得，努力实现劳动报酬和劳动生产率提高同步，提高劳动报酬在初次分配中的比重。同时，健全资本、知识、技术、管理等由要素市场决定的报酬机制，让一切劳动、知识、技术、管理、资本的活力竞相迸发，让一切创造社会财富的源泉充分涌流，使人们通过辛勤劳动实现幸福生活。

（三）法律信仰与法治精神

历史地看，中国封建社会的王权政治奉行两大法则，[1] 一是"结果重于过程"，即统治的合法性和稳定性完全取决于政绩的好坏。如果统治者可以长期维持清明的统治，则可以长治久安，反之则民怨沸腾、社会失序。二是"以实力论英雄"，即武力是最有效的政治手段，在朝代更迭中发挥着最重要的作用。这便是"成王败寇"。由此，导致古代中

---

[1]　肖永明、戴书宏：《"天人合一"与古代中国的政治生态》，《江南大学学报（人文社会科学版）》2013 年第 1 期。

国朝代更替频繁，以至近现代军阀割据等。

王权政治的两大法则，也潜移默化为古代中国人社会行为的潜规则。梁启超认为，对于传统中国人来说，"从前过的是单调生活，不是共同生活，自然没有什么合理的公守规则。从前国家和家族，都是由命令服从两种关系结构而成。命令的人，权力无上，不容有公认规则来束缚他，服从的人，只随时等着命令下来就去照办也用不着公认规则。因此之故，法治两字，在从前社会，可谓全无意义"①。所以，梁启超呼吁："先要把法治精神培养好了，才配谈政治。"②

针对我国法治建设现状，2014年，颁布《中共中央关于全面推进依法治国若干重大问题的决定》。其中指出，我国法治建设还存在许多不适应、不符合的问题，如有法不依、执法不严、违法不究现象还较为严重，部分社会成员尊法信法守法用法、依法维权意识不强，一些国家工作人员特别是领导干部依法办事观念不强、能力不足，知法犯法、以言代法、以权压法、徇私枉法现象依然存在。2014年5月9日，习近平在参加河南省兰考县委常委班子专题民主生活会时指出：

> 这些年，一些潜规则侵入党内，并逐渐流行起来，有的人甚至以深谙其道为荣，必须引起我们高度警觉。比如，在思想政治上，一些人信奉"马列主义对人，自由主义对己"，"两个嘴巴说话，两张面孔做人"；在组织生活中，一些人信奉"自我批评摆情况，相互批评提希望"，"你不批我，我不批你；你若批我，我必批你"，"上级对下级，哄着护着；下级对上级，捧着抬着；同级对同级，包着让着"；在执行政策中，一些人信

---

① 梁启超：《欧游心影录》，商务印书馆2014年版，第40、42页。
② 梁启超：《欧游心影录》，商务印书馆2014年版，第87页。

奉"遇到黄灯跑过去，遇到红灯绕过去"，"不求百姓拍手，只求领导点头"；在干部任用中，一些人信奉"不跑不送、降职使用，只跑不送、原地不动，又跑又送、提拔重用"；在人际交往中，一些人信奉"章子不如条子，条子不如面子"，"有关系走遍天下，没关系寸步难行"。这些潜规则看起来无影无踪，却又无处不在，听起来悖情悖理，却可畅通无阻，成为腐蚀党员和干部、败坏党的风气的沉疴毒瘤。①

2012 年 12 月 4 日，在首都各界纪念现行宪法公布施行 30 周年大会上的讲话中，习近平指出：

> 宪法的根基在于人民发自内心的拥护，宪法的伟力在于人民出自真诚的信仰。②

同样，法治的权威源自人们的内心拥护和真诚信仰。

现在，不少人把法治等同于"依法治国"或"依法行政"，仅仅从国家强制力角度来理解法治，认为法治就是"以法律治理"，法治的主体是国家和政府，社会和人民不是法治的主体而是法治的对象。这种理解难免停留于中国古代"法家"所说的"法治"。管子（前 723—前 645）所说的"法治"是这样的："有生法，有守法，有法于法。夫生法者，君也；守法者，臣也；法于法者，民也；君臣上下贵贱皆从法，此谓为大治。"③ 韩非强调，君主"以法为本"，融通"法""势""术"，唯

---

① 《习近平关于党风廉政建设和反腐败斗争论述摘编》，中央文献出版社、中国方正出版社 2015 年版，第 44—45 页。

② 《十八大以来重要文献选编》（上），中央文献出版社 2014 年版，第 90 页。

③ 《管子》，李山译注，商务印书馆 2009 年版，第 240 页。

此才可实现"法治"。可见，法家所谓"法治"，主要是以法律"治事""治民"，主要是一种统治术，这与现代法治的基本精神是相违背的。

亚里士多德说：

> 法治应包含两重含义：已经成立的法律秩序获得普遍的服从，而大家所服从的法律又应该本身是制定良好的法律。①

在他看来，法的至上性（这是法治的关键）和法的良好性（这是法治的基石）是法治的两个基本特征或两个基本标志。法治是一种理性的办事原则，就是人们通常所说的"依法办事"。依法办事的基本含义就是，在制定法律之后，任何人和组织的行为均受既定法律规则的约束，必须养成自觉守法、遇事找法、解决问题靠法的习惯，强化规则意识，使尊法守法成为每一个公民的自觉追求和行动。法是人们事先设定的规则，具有稳定性、连续性、普遍性和一致性的特点，它不受当事人的情感与意志的左右。依法办事是理性的原则，党的十八大报告提出，要"运用法治思维和法治方式"解决问题。敬畏法律，遵守法规，践行法则，是法治思维和法治方式的基本要义。十九大报告强调，必须坚持厉行法治，推进科学立法、严格执法、公正司法、全民守法，建设社会主义法治文化，树立宪法法律至上、法律面前人人平等的法治理念。

法治体现一种特定的精神，这种精神表现为一整套关于法律、权利和权力问题的原则、观念、价值体系，包括法律至上、善法之治、平等适用、制约权力、权利本位、正当程序等。任何法都体现一定的价值观，自由、平等、正义、人权等是人类善良愿望和美好追求的集中反

---

① ［古希腊］亚里士多德：《政治学》，吴寿彭译，商务印书馆1965年版，第199页。

映，法将其凝练和提升为自己的基本价值目标，确立为人们行为的基本
价值观念和价值准则，因而，法治代表了一种普遍的社会道义原则。从
这个意义上说，法治是法的价值理想和精神内涵的实现过程，它最终体
现为建构一种美好的社会状态和秩序，即"法治政府""法治国家""法
治社会"。法把人类的基本价值观念和价值准则从一般道德意义的"应
该"转换为特定法律意义的"必须"。人们对于法的遵守，显然是对于
法所体现的价值原则和价值准则的遵守。在这种对法的遵守中，法所体
现的价值原则和价值准则会更加深入人心，得到人们的普遍认可，进一
步内化为人的内在精神追求，成为推动人向善的一种动力，使人的行为
倾向于法所昭示的价值期望和价值目标。

（四）公德意识

日本近代思想家福泽谕吉，最早把道德分为公德与私德。他于
1875 年出版《文明论概论》一书，首次提出"公德"一词，主要指一
切显露于社会生活中的德性。19、20 世纪之交的日本，"公德"一词的
集体主义含义并不强烈，主要指个人对公共秩序及社会其他成员所应有
的责任和爱心。福泽谕言把"凡属于内心活动的，如笃实、纯洁、谦
逊、严肃等叫做私德"，把"与外界接触而表现于社交行为的，如廉耻、
公平、正直、勇敢等叫公德"。他认为日本通常认定的道德，"是专指个
人的私德而言的。考其意义，都是古书里的温良恭谦让、无为而治、圣
无梦、大智若愚、仁者如山为本旨的"。[①]他指出，私德是一种被动的、
教人忍耐屈从的道德。在文明社会，公德比私德重要，而用私德去教化

---

① ［日］福泽谕吉：《文明论概论》，北京编译社译，商务印书馆 1982 年版，第 73、
74 页。

人只是未开化社会维持社会秩序的一种手段。

梁启超在流亡日本期间，接受了福泽谕吉的"私德"与"公德"的提法，并进一步发挥了福泽谕吉的思想。"我国民所最缺者，公德其一端也。……人人独善其身者谓之私德，人人向善其群者谓之公德。……无私德则不能立。……无公德则不能团。……吾中国道德之发达，不可谓不早，虽然，偏于私德，而公德殆阙如"①。近代中国学界兴起的"群学"思潮，提倡"群重己轻，舍公为私"，希望打破家庭、宗族等小单位的隔阂，解放全民的能量，为国家的全体大利献身奋斗。梁启超的公德观是当时群学思潮的一部分，它虽然也包含关于个人对社会的义务的社会伦理内涵，但主要指国家观念与爱国心。所以，在《新民说》中，梁启超紧接"论公德"后就是"论国家思想"。这就是说，国家观念是公德的核心。公德观念在中国的流行起于 1904 年刘师培（1884—1919）的《伦理学教科书》，其中认为，当时中国人对公德的理解主要有两方面，一是贡献国家、合群重团体的心态和行为，二是个人在社会生活中应遵循的规范。公德观念在现代中国的产生，与革命政党和政治集体主义的兴起密不可分。

梁启超把私德界定为"人人独善其身"②，一个人能够爱自己和家人，爱亲戚和朋友，这都是一种良好的私德。梁启超把公德界定为"人人相善其群"。他说："夫所谓公德云者，就其本体言之，谓一团体中人公共之德性也；就其构成此本体之作用言之，谓个人对于本团体公共观念所发之德性也。"③ 中国古代社会有较为发达的家族生活或宗族生活，而没有成熟的公共生活，因此，人们往往只是由家庭的亲情伦理关系向外推展"修齐治国平天下"。梁启超说："公德者私德之推也，知私德而不知

---

① 梁启超：《新民说》，中州古籍出版社 1998 年版，第 62 页。
② 梁启超：《新民说》，中州古籍出版社 1998 年版，第 62 页。
③ 梁启超：《新民说》，中州古籍出版社 1998 年版，第 196 页。

公德，所缺者只在一推。"① 但是，这种从私德到公德的"推"，往往会产生两种倾向：或者是把家庭亲情推展至整个社会，从而把某种准家庭关系的"大家庭伦理"转换为社会公共生活关系，进而难以演化出现代平等观念；或者是在公共生活中引发一种排除对他者的同情、关怀与关切的"丛林法则"，出现"一切人对一切人的战争"。

在现代意义上，所谓私德，就是一个人在家庭生活和熟人交往生活中应该遵循的道德原则和道德规范，涵盖了夫妻、长幼、亲友、邻里等之间的关系；所谓公德，就是人们在社会公共生活中应该遵循的道德原则和道德规范，它涵盖了人与人、人与社会、人与国家、人与自然等之间的关系。在现代社会，人们相互交往日益频繁，公共生活领域不断扩大，社会公德在维护公众利益、建构公共秩序、保持社会稳定等方面的作用日益突出。公德是社会成员为维护社会正常生活秩序和人际关系而必须共同遵守的社会公共生活准则，它调节人们在社会公共生活中的相互关系，保障人们的共同利益，维护社会公共生活秩序。遵守社会公德，越来越成为衡量一个人的道德修养和行为文明程度的重要标志。社会公德是家庭道德、职业道德的基础，是公民的个人修养、社会文明进步的标志，对职业道德、家庭美德等方面的建设都具有引领作用。

公德意识是现代社会公共生活的伦理基础和道德支撑。汉娜·阿伦特强调，公共性是一种相关性，是差异性的"同时在场"。她说："任何在公共场合出现的东西能被所有人看到和听到，有最大程度的公开性。"② 在阿伦特那里，公共性包含公共生活的关联性和公共空间的在场性。公共生活的关联性即人们生活领域的相互依赖、相互影响、相互作用的关系，公共空间的在场性即公共领域的方方面面同时存在，公共世

---

①　梁启超：《新民说》，中州古籍出版社 1998 年版，第 197 页。

②　[美] 汉娜·阿伦特：《人的境况》，王寅丽译，上海人民出版社 2009 年版，第32 页。

界在这种存在中展现自身。在现代社会，人们的全部社会关系处于不断革命化的过程，社会越发展，公共生活领域越扩大，社会所涉及的公共伦理和规范要求就越多。比如，职业生活是现代个人生活的最重要内容之一。任何一种正当的职业都有着超出自身服务社会与他人的意义指向。对每个人来说，职业的"谋生"性质固然非常重要，但职业所承担的社会道义价值也越来越重要。只有充分理解职业的道德属性，一个人才会拥有深厚的职业责任感，才会对自己所从事的职业秉持一种崇高的使命感。同时，经济全球化实际上是人的活动方式、存在分工的社会化发展，也是人的自身需要的品德、能力、社会交往关系的全面和谐发展，它把社会公德教育扩展到国际范围。总之，在这样一个时空融合的差异性的"同时在场"的现代社会生活中，人们对自身合理利益的明确意识以及对他人和社会合理利益的承认，显得尤为重要。为此，就必须通过建立各种理性化的规则来调节人们之间的各种利益关系。相应地，社会公德也成为现代道德的核心之一。

公德是公民道德意识的根本所在。公民道德是与公民作为法定政治权利和义务主体相关的道德，是人们在社会生活中基于权利与义务之上的彼此相互对待的道德。从这个意义上说，公民道德是公民所具有的维护公共生活所必需的道德品性。公民道德倡导自尊、尊重、平等、公正、个人权利、对各种法律条文和规则的遵守等品质，强调爱国、忠于职守、对国家或社会的责任等。公民道德是覆盖全体社会成员的，是全民道德。从道德意义讲，一个合格的公民，不仅要遵纪守法，严格自律，做到文明礼貌、爱护公物、诚实守信等（西方学者把这个意义上的公民称为"消极的公民"），而且还要具有独立创新意识和批判精神，积极参与社会公共事务，维护社会的公共利益，也就是做一个"积极的公民"。

第五章　参与意识：公民 意识的实践性之维

　　参与性是公民的一种公共生活方式，是公民的根本特质之一，也是积极公民的根本要求。公民的主体意识和公共意识最终体现为一种参与意识。公民参与意识是民主社会对公民素质的必然要求，体现公民的自我管理、自我服务、自我教育、自我监督，呈现了公民意识的主体性维度。参与意识是公民意识的实践性要素，公民参与意识也是公民的一种实践理性和实践精神，是公民对其参与的目的、行为、途径和能力的理性认识和自觉认同，体现为一种能力意识。公民参与意识是公民实现有效参与的基本条件。

一、现代犬儒主义与"犬儒文化"

（一）现代犬儒主义

　　作为一个概念，犬儒或犬儒主义具有多义性，其内涵和外延在思想史上经历了不断演化、变形和重构的过程。起源于古希腊的犬儒主义，最初是褒义词，指称一种远离世俗、回归自然、追求真善的人生态度和生活方式。后来具有了更为积极的意义，指称一种鄙视虚伪、愤世嫉俗、针砭时弊的批判精神和反抗意识。犬儒学派的首创者雅典安提斯泰纳（约公元前445—前365），早年是苏格拉底的弟子，苏格拉底去世后，他住在快犬健身房，这种房子是专供外邦人和比较穷的人进行体育锻炼的场所。所谓犬儒学派，即以该地点而得名（也有人解释说，这个学派的人过的生活被当时人认为与狗无异因而得名）。安提斯泰纳反对柏拉图的理念说，鄙弃自然科学和数学，认为人生唯一的目的在于追求幸福，而幸福就是自制、自主、自足，他以此自豪，穿着满身是洞的衣服。犬儒学派最有名的代表第欧根尼（约公元前412—前324年），是一个流亡到雅典的外来客，奉行人性自然，把动物的生活当作人类的楷模，以动物和野蛮人的生活方式来反对希腊世界的文明。在雅典公民看来，第欧根尼是一个"疯子"，是一个和流浪狗差不多的人物。犬儒学派要求把人重新置于自然（内在的人性自然）这一基石上，提倡"回到自然"去，主张人对科学、国家、法律、文化、社会生活、宗教、家庭、婚姻等，采取漠不关心的态度，因为这些东西都是不自然的，都是对人的败坏。从公元6世纪开始，古代犬儒主义失去影响。古代犬儒主义具有三个基本特征①：一是随遇而安，去欲望的生活方式；二是绝对怀疑和不相信一切现有价值；三是戏剧性的冷嘲热讽、夸张玩笑。

到了现代，犬儒主义具有了诸多不同内涵。在与政治制度和权力结构直接相关的意义上，犬儒主义指称有权者与无权者的主奴关系、顺民苟安和逆来顺受、谎言和欺骗、全民假面游戏、不拒绝的理解、不反抗的清醒、不认同的接受等；在经济社会地位差别的意义上，犬儒主义指称弱者的自我防卫和暗中抵抗、对社会精英的不信任等；在社会人际间

---

① 徐贲：《颓废与沉默：透视犬儒文化》序，东方出版社2015年版，第8页。

行为意义上，犬儒主义指称缺乏信任、幸灾乐祸、无端猜疑不良动机、丧失信念和希望、不说理和说歪理等；在特定人群道德堕落意义上，犬儒主义指称官员的伪善和腐败、知识分子的首鼠两端、一般人的趋炎附势、谄媚输诚、出卖和背叛等。① 与此相应，有各种形态的犬儒主义，如抵抗的犬儒与顺从的犬儒、无权者的犬儒与有权者的犬儒、普通人的习惯性犬儒与精英分子的知识犬儒等。与古代犬儒主义相比，现代犬儒主义最重要的特征，就是它已经蜕变为一种将道德原则和良心抛到一边的虚无主义和无为主义。它秉持世界不可能变得更好的彻底悲观主义，并因此乐于奉行得过且过、随遇而安、难得糊涂、浑水摸鱼的生活态度。②

现代犬儒主义更具贬义化色彩，指称一种因愤世嫉俗而怀疑一切、绝对否定、玩世不恭、随遇而安的心理习性和游戏心态。在犬儒主义者看来，世界不存在任何终极价值和意义，是不值得严肃思考和认真对待的，人们不妨以游戏的态度和方式来对待一切。犬儒主义的存在状态一如海德格尔所谓"常人"的"常驻状态"③，如日常共在、庸庸碌碌、平均状态、公众意见、卸除存在之责、迎合顺从等等。相应地，其社会性格表现为服从、平凡、迁就、公众性、不负责任和适应感等。"犬儒主义意味着一种玩世不恭、愤世嫉俗的倾向"，"希望凭借灵魂的内在主体'真理'观念来超越政治现实以及再现的偶然性"。④ 斯洛文尼亚思想家斯拉沃热·齐泽克（1949— ）认为，犬儒主义已经成为一种意识形态，

---

① 徐贲：《颓废与沉默：透视犬儒文化》序，东方出版社 2015 年版，第 9—10 页。

② 徐贲：《颓废与沉默：透视犬儒文化》，东方出版社 2015 年版，第 3—27、34—46 页。

③ ［德］海德格尔：《存在与时间》，陈嘉映、王庆节译，生活·读书·新知三联书店 1999 年版，第 146—152 页。

④ ［英］提摩太·贝维斯：《犬儒主义与后现代性》，胡继华译，上海人民出版社 2008 年版，第 8、274 页。

是一种自在自为的意识形态。犬儒主义建立在幻象自身的透明性之上，它不再是无知无意识，而是自知中的故意；不再是对统治阶级的否定，而是对统治阶级意识形态的响应。这种犬儒主义，类似于阿伦特所说的顺从主义。

（二）中国"犬儒文化"及其意识

在中国传统思想中，存在一定程度的犬儒元素和意识。不少中国传统蒙学经典中，也存在一些所谓看透世道险恶、倡导明哲保身的犬儒箴言教诲。20世纪早期，许多思想家都注意到中国人的"旁观"品行。1900年，梁启超在《呵旁观者文》一文中分析了国人"旁观"品行的六种表现：浑沌派即"饥而食，饱而游，困而睡，觉而起。户以内即其小天地，争一钱可以陨身"；为我派即"亡此国而无损于我，则我惟旁观而已"；呜呼派即"'束手待毙'一语是其真传。如见火之起，不务扑灭，而太息于火势之炽炎；如见人之溺，不思拯援，而痛恨于波涛之澎"；笑骂派即愤世嫉俗、嬉笑怒骂，"既骂小人，亦骂君子；对老辈则骂其暮气已深，对青年则骂其躁进喜事"；暴弃派即自暴自弃、妄自菲薄；待时派即不作为地等待时来运转。① 当今，"旁观"仍然是一部分中国人的处世哲学。2014年9月，《人民论坛》发表中国社会病态调查分析报告，概括了十大社会病态，其中，位居第二的是"看客心态"。②"看客心态"等都是一种"犬儒主义"心态。

现在，一部分干部身在其位，不谋其政，得过且过，"为官不为"的懒政、怠政现象滋生蔓延。一些干部装聋作哑，遇事绕着走，能躲就

---

① 《饮冰室合集》第2册，中华书局2015年版，第453—459页。
② 徐艳红、袁静、谭峰：《当前社会病态调查分析报告》，《人民论坛》2014年第25期。

躲，能推就推；一些干部见风使舵，见机行事；一些干部胆小怕事，怕担风险，只要不出事，宁愿不做事；一些干部推诿扯皮，议而不决，决而不行。2013 年 6 月，习近平在全国组织工作会议上的讲话中指出：

> 现在，一些干部中好人主义盛行，不敢批评、不愿批评，不敢负责、不愿负责的现象相当普遍。有的怕得罪人，怕丢选票，搞无原则的一团和气，信奉多栽花、少栽刺的庸俗哲学，各人自扫门前雪、不管他人瓦上霜，事不关己高高挂起，满足于做得过且过的太平官；有的身居其位不谋其政，遇到矛盾绕道走，遇到群众诉求躲着行，推诿扯皮、敷衍塞责，致使小事拖大、大事拖成大祸；有的为人圆滑世故，处事精明透顶，工作拈轻怕重，岗位挑肥拣瘦，遇事明哲保身，有功劳抢得快，出了问题上推下卸。更可怕的是，这样的人有些还混得左右逢源甚至如鱼得水，付出的比别人少，得到的比别人多。这种不求有功、但求无过的"圆滑官"、"老好人"、"推拉门"、"墙头草"多了，党和人民事业还怎么向前发展啊？这些问题危害极大，必须下大气力解决。①

2016 年 1 月 18 日，习近平在省部级主要领导干部学习贯彻党的十八届五中全会精神专题研讨班上的讲话中专门谈到"为官不为"的问题，他指出："综合各方面反映，当前'为官不为'主要有 3 种情况：一是能力不足而'不能为'，二是动力不足而'不想为'，三是担当不足而'不敢为'。"②

---

① 《十八大以来重要文献选编》(上)，中央文献出版社 2014 年版，第 340—341 页。
② 《习近平谈治国理政》，第二卷，外文出版社 2017 年版，第 224 页。

知行脱节是犬儒主义的重要表现。在现实生活中，一些人有强烈的爱国情感，却缺乏主人翁责任感和使命感；有真善美的认知，却没有良好的行为习惯；期待建立良好的社会秩序，自身却不愿接受各种规章制度的约束；有成就事业的愿望，却缺乏脚踏实地的实干精神；认同诚信价值理念，却心口不一、弄虚作假；认同爱护公物、勤俭节约、维护公德，但乱扔、乱倒、乱张贴等破坏社会公德现象屡见不鲜；认同"重义轻利"价值取向，但在行动上，重实惠、讲实利，趋同选择功利主义价值取向；等等。究其历史根源，中国传统文化存在着一种以知促行的价值倾向。历史学家蔡尚思（1905—2008）认为，王守仁等心学家所谓的"知行合一"，其要旨是，心外无行。"在表面上，虽处处以知行并举；但就内容观，却侧重内知而不侧重外行，如其所谓'知之真切笃实处便是行'，'只就一个知，已自行在'……他简直只要'内知'而不要'外行'"。[①] 马克思说：

> 意识和存在是不同的，而当我只是扬弃了这个世界的思想存在，即这个世界作为范畴、作为观点的存在的时候，也就是说，当我改变了我自己的主观意识而并没有用真正对象性的方式改变对象性现实，即并没有改变我自己的对象性现实和其他人的对象性现实的时候，这个世界仍然还像往昔一样继续存在。[②]

近年来，中国社会流行诸多"心灵鸡汤"。这些"心灵鸡汤"把人世间的一切不合理、不公正或丑恶现象，以及人们由此而产生的不满、

---

① 蔡尚思：《中国传统思想总批判》，上海古籍出版社 2006 年版，第 121—122 页。
② 《马克思恩格斯文集》第 1 卷，人民出版社 2009 年版，第 358 页。

抱怨和悲观，都归结于人的心理或心态，它要求人们向内用力，不断改变自己的心理、心态和心境，在"心灵的自我调适"中转换看问题的角度，从而放弃改变不合理现实的积极态度和行为，而达致对不合理现实的漠视甚至认同。客观地说，"犬儒意识"根源于特定的社会存在，"犬儒意识"的产生与现代社会中的专制、集权、强权、不公正、制度缺失、政策偏差或失误等密不可分。"一个人可以拥有一种美德而从未表现出来。在一个物资丰富的社会，某些人可能具有帮助贫困的人们的品性，但是从未表现出来是因为没有机会这样做。品性有一种范例性的特征。在一个非常压抑的社会里，可能许多人都有美德有品行，但是缺乏机会去展示必要的行为。比如，忠诚在一个压制友谊的社会里就没有什么余地。虽然这些品性在一个特定的情形中可能没有产生现实的好的后果，但是这些人还是具有美德。当然，品性必须是真正在场的，而证明它在场的唯一证据就是行动者的行动或行为"①。

二、人的实践本质、参与性与积极公民

（一）人的实践本质

马克思在批判近代抽象人性论的过程中充分借鉴和吸收了英国古典政治经济学和黑格尔哲学中蕴含主体性、能动性原则的劳动概念，把生产理解为人和历史的本体论规定。他认为，实践是人的存在方式，人是在实践中自我生成的。在实践中，通过创造对象世界，改造

---

① ［美］朱丽亚·德里弗：《美德和人性》，载徐向东编：《美德伦理与道德要求》，江苏人民出版社 2007 年版，第 335 页。

251

无机界，"人证明自己是有意识的类存在物"。人的生命活动的性质在于实践性的生产，人的生产的独特性在于，人的生产是全面的，人生产整个自然界，人"懂得按照任何一个种的尺度来进行生产，并且懂得处处都把固有的尺度运用于对象"。因此，"生产是人的能动的类生活"。① 因此，人并无什么先天的本质，人的本质是在人的实践活动中生成的。

> 个人怎样表现自己的生命，他们自己就是怎样的。因此，他们是什么样的，这同他们的生产是一致的——既和他们生产什么一致，又和他们怎样生产一致。②

这里的"生产"是广义的，就是实践本身。实践是人的一种创造性的物质活动，是人的自由本质的集中体现。阿伦特认为，自由与人的行动相关。"只要人们行动，他们就是自由的（区别于他们所拥有的自由天赋）；自由既不在行动之前，也不在行动之后；因为成为自由的和去行动是一回事"③。

马克思以人的生产实践为切入点，认为人是通过社会交往实践、建构了各种各样的社会关系的，"人的本质不是单个人所固有的抽象物，在其现实性上，它是一切社会关系的总和"④。人的本质是随着社会关系的变化而发展变化的，是历史的、社会的和实践的。人的本质的实践性表现为人的改造世界的本性。"旧唯物主义的立脚点是市民社会，新唯

---

① 《马克思恩格斯文集》第 1 卷，人民出版社 2009 年版，第 162—163 页。

② 《马克思恩格斯文集》第 1 卷，人民出版社 2009 年版，第 520 页。

③ ［美］阿伦特：《过去与未来之间》，王寅丽等译，译林出版社 2011 年版，第 145 页。

④ 《马克思恩格斯文集》第 1 卷，人民出版社 2009 年版，第 501 页。

物主义的立脚点则是人类社会或社会的人类"①。旧唯物主义立足于对市民社会的非批判地直观，而新唯物主义则立足于对市民社会的改造，力图超越"市民社会"，进入"人类社会"。

针对青年黑格尔派把人的解放问题观念化和精神化的倾向，马克思强调人的解放从根本上说不是一个纯粹的精神批判的过程，而是一个现实的行动实践的过程。批判的批判者"教导工人们说，只要他们在思想中消除了雇佣劳动的想法，只要他们在思想上不再认为自己是雇佣工人，并且按照这种极其丰富的想象，不再为他们个人而索取报酬，那么他们在现实中就不再是雇佣工人了。从这以后，作为绝对的唯心主义者，作为以太般的生物，他们自然就可以靠纯粹思维的以太来生活了。批判的批判教导工人们说，只要他们在思想上征服了资本这个范畴，他们也就消除了现实的资本；只要他们在意识中改变自己的'抽象的我'，并把现实地改变自己的现实存在、改变自己存在的现实条件、即改变自己的现实的'我'的任何行动当作非批判的行为轻蔑地加以拒绝，他们就会现实地发生变化并使自己成为现实的人。这种'精神'既然把现实只看作一些范畴，它自然也就把人的一切活动和实践统统归结为批判的辩证思维过程"。马克思则指出，事实上，无产阶级"并不认为用'纯粹的思维'就能够摆脱自己的企业主和他们自己实际的屈辱地位。他们非常痛苦地感到存在和思维之间、意识和生活之间的差别。他们知道，财产、资本、金钱、雇佣劳动以及诸如此类的东西绝不是想象中的幻影，而是工人自我异化的十分实际、十分具体的产物，因此，也必须用实际的和具体的方式来消灭它们，以便使人不仅能在思维中、在意识中，而且也能在群众的存在中、在生活中真正成其为人"。② 所以，马

---

① 《马克思恩格斯文集》第 1 卷，人民出版社 2009 年版，第 501、502 页。
② 《马克思恩格斯文集》第 1 卷，人民出版社 2009 年版，第 273—274 页。

克思强调："全部问题都在于使现存世界革命化，实际地反对并改变现存的事物。"① 这一"使现存世界革命化"的进程集中体现为马克思所言谈的"解放"。但在马克思看来：

> 只有在现实的世界中并使用现实的手段才能实现真正的解放……当人们还不能使自己吃喝住穿在质和量方面得到充分保证的时候，人们就根本不能获得解放。"解放"是一种历史活动，不是思想活动。"解放"是由历史的关系，是由工业状况、商业状况、农业状况、交往状况促成的。②

也是在这个意义上，马克思说："共产主义对我们来说不是应当确立的状况，不是现实应当与之相适应的理想。我们所称为共产主义的是那种消灭现存状况的现实的运动。"③

（二）参与性是公民的根本特质

行动是公民身份的核心要素之一。公民身份既与社会结构的制度性特征相关，也与行动者的观念相关。前者表现为宪法、法律等客观制度形式，后者表现为公民的权利意识、义务意识等观念形态。公民行动则是将两者联系在一起，并使其发生变化的动力。④ 一个人的公民资格，是同他积极参与公共事务密不可分的。亚里士多德这样解释公民概念，公民即"凡得参加司法事务和治权机构的人"，或"凡有权参加议事和

---

① 《马克思恩格斯文集》第 1 卷，人民出版社 2009 年版，第 527 页。
② 《马克思恩格斯文集》第 1 卷，人民出版社 2009 年版，第 527 页。
③ 《马克思恩格斯文集》第 1 卷，人民出版社 2009 年版，第 539 页。
④ 郭忠华：《公民身份的核心问题》，中央编译出版社 2016 年版，第 64 页。

审判职能的人"。① 卢梭把公民定义为"作为主权的参与者"。公民积极参与政治一直是共和主义公民观念和公民资格理论的最根本理念。美国学者加布里埃尔·A.阿尔蒙德和西德尼·维巴在《公民文化》一书中，把参与性视为公民的根本特质。"公民是指能够参与管理他所在政治体系的人。对政治体系中做出的决策，他能够发挥影响"。"公民强调参与者角色，但对臣民和村民则甚少提及"。② 在现代政治中，所谓公民，根本上指有资格和有能力参与公共事务的人。

参与性强化一个人的公民特质。一般地说，一个人总是拥有一种自我表达的愿望，并希望使自我表达成为可能和现实。只有这样，这个人才能自愿承担各种责任，不断养成各种公民意识。参与是建立在市场原则、公共利益和价值认同之上的社会合作，只有通过参与公共事务，一个人才能真正克服其自私、狭隘、自我中心主义等缺点，培养公共精神和公民美德。陶行知强调"行"在塑造公民人格中的关键作用，他认为，公民教育旨在培育公民的自由、平等、民胞等共和精神，使公民养成自治习惯，培养"自主、自立、自动的共和国民"。要塑造这样的公民，必须以"行"为根基。公民教育根本上是"行"的教育，"'行动'是中国教育的开始"。公民教育是"教学做合一"，这包括三方面："一是事怎样做便怎样学，怎样学便怎样做；二是对事说是做，对己说是学，对人说是教；三是教育不是教人，不是教人学，乃是教人学做事。无论哪方面，'做'成了学的中心即成了教的中心。要想教得好，学得好，就须做得好"。③

---

① [古希腊] 亚里士多德：《政治学》，吴寿彭译，商务印书馆1965年版，第111、113页。

② [美] 加布里埃尔·A.阿尔蒙德等：《公民文化》，张明澍译，商务印书馆、人民出版社2014年版，第210页。

③ 胡晓风等编：《陶行知教育文集》，四川教育出版社2007年版，第49、321、233页。

参与性是公民的一种生活方式，是公民的一种公共生活。"公民
这个角色代表了民主参与的最高形式"①。在大众媒体和网络社会崛起
的时代，公民参与获得了前所未有的成长空间和社会生态。互联网既
方便了公民参与的方式，也刺激了公民参与的积极性。随着互联网的
发展，公民参与的途径更为拓展，网络、手机、个人电脑等新媒体的
普及为公民有序政治参与提供了有力的技术支撑，电视辩论、网络论
坛、网络组织、手机短信等一些新的公民参与形式正日益勃兴。在我
国，人民代表大会制度、中国共产党领导的多党合作和政治协商制度
以及政务公开、村民自治、社区参与、工青妇等，都是公民政治参与
的重要渠道和途径。

（三）参与意识是积极公民的主观要件

在亚里士多德那里，理想公民指既是好的统治者又是好的被统
治者。好的公民有两个面相，一是积极的，有所为，展现于政治参
与；一是消极的，有所守，展现于公民对规则和法律的遵守。一个合
格的公民，不仅要遵纪守法，严格自律，做到文明礼貌、爱护公物、
诚实守信等（西方学者把这个意义上的公民称为"消极的公民"），
更要具有独立创新意识和批判精神，能够以公民身份或以公民名义
积极参与社会公共事务，维护公共利益，也就是做一个"积极的公
民"。从单纯维护自我权利的、被动的"消极公民"，转变为理性参
与公共生活和公共事务的"积极公民"，是现代公民发展的自我诉求
和时代要求。

---

① ［美］加布里埃尔·A. 阿尔蒙德等：《公民文化》，徐湘林等译，东方出版社
2008 年版，第 174 页。

马克思指出：

> 意识在任何时期候都只能是被意识到了的存在，而人们的
> 存在就是他们的现实生活过程。①

公民参与本质上是人们的"现实生活过程"，是一种生活实践和行动，其中孕育着丰富的公民意识要素。公民意识的形成不是简单的教化过程，在其深层意义上，它是一个实践的过程，是一个"人成其为公民"的社会实践塑造工程。只有真正的社会实践，才有可能推进公民意识的不断提升和完善，从而塑造真正的公民。实践是一种潜移默化的教育模式，公民在具体的行动中塑造着自己的思维方式和行为方式，进行自我教育，生成和积淀积极公民意识。从这个意义上说，参与意识是公民意识的基础和归宿。林语堂说："强者有参与精神，因为他们有力量参与，温顺者——他们占人口的大多数——消极避世，因为他们需要保护自己。"② 公民参与意识指公民主动参与公共生活的意愿和行为倾向，是公民能动地实现其权利和主体性的参与行为在观念中的反映。③ 参与意识体现公民的自我管理、自我服务、自我教育、自我监督，呈现了公民意识的主体性维度。

参与意识是民主社会对公民素质的必然要求。在公民的所有参与中，政治参与最具实质性意义，公民参与可以等同于政治参与。专制制度下的臣民没有参与社会政治生活的权利，只有服从的义务；民主社会的公民则是社会的主人，是国家的主权者，作为主权者，公民比臣民需

---

① 《马克思恩格斯文集》第 1 卷，人民出版社 2009 年版，第 524 页。
② 林语堂：《中国人》，郝志东、沈益洪译，学林出版社 1994 年版，第 62 页。
③ 章秀英：《公民意识评价与培育机制》，中国社会科学出版社 2012 年版，第129 页。

要更多的参与意识和能力。民主的内核在于，让全体公民真正平等地、普遍地参与社会公共事务，从而主导或影响政治过程。没有公民的积极参与，民主就不可能成熟、发达和完善。公民参与意识、能力和水平，是衡量政治民主化的重要标志。20世纪晚期以来，人们越来越认识到，民主并不等于定期选举和多党竞争，必须让民主运转起来。对公民直接参与的重视，催生了诸如参与式民主、协商民主等新型民主理论，其核心理念是，要求扩大公民在国家事务和社会公共生活中的直接参与。阿诺德·考夫曼在1960年首次提出"参与民主"的概念，美国学者卡罗尔·佩特曼在1970年出版的《参与和民主理论》一书中系统阐释了参与式民主理论。"参与式民主"理论秉承了古典民主公民积极参与的传统，肯定和推崇大众参与的价值，认为公共权力的合法性来自大众的积极参与，强调参与是扩大公民对社会生活控制的一种方式，公民通过参与塑造公共品格从而更好平衡个体利益与公共利益。"参与式民主"力图突破传统选举民主的局限性，注重公民在基层公共事务中的积极直接参与，要求不断实现和推进公民自治。传统选举民主主要表现为公民通过各种途径影响政府及其决策的过程，是对政治的间接参与，包括选举中的投票参与、公共政策参与等。美国学者卡尔·科恩指出：

> 如果一个社会不仅准许普遍参与而且鼓励持续、有力、有效并了解情况的参与，而且事实上实现了这种参与并把决定权留给参与者，这种社会的民主就是既有广度又有深度的民主。①

公民政治参与的最主要功能和价值在于，通过影响国家和政府的立法、司法、行政以及决策等，避免或减少政治体系及其运作对"公意"

---

① [美]科恩：《论民主》，聂崇信、朱秀贤译，商务印书馆1988年版，第22页。

和公共利益的偏离。新兴的治理理论强调，只有通过社会多主体的积极参与、沟通、协调、激励、规范和约束，才能真正形成一种遵循共同价值取向、实现共同目标的良好政治和社会秩序。不同于传统的少数人对多数人的自上而下的"统治"和"管理"，"治理"就是官民协同管理公共事务。治理意味着政治不是少数人的事，而是众人之事；政治不是单纯的"行政政治"，而是"参与政治"。公民有序的政治参与，是实现"善治"的根本保障。

扩大基层直接参与和实现基层民主自治，始终是社会主义民主建设的基础和方向。党的十五届三中全会过的《中共中央关于制定国民经济和社会发展第十个五年计划的建议》中首次提出了"公民参与"概念，要求扩大公民有序的政治参与。十六大报告强调：健全民主制度，丰富民主形式，扩大公民有序的政治参与。十七大报告明确将基层民主群众自治制度作为中国特色社会主义民主政治的重要组成部分，强调从各个层次、各个领域扩大公民有序政治参与，最广泛地动员和组织人民依法管理国家事务和社会事务、管理经济和文化事务。同时，报告还强调，我们不仅要培养有理想、有道德、有文化、有纪律的社会主义公民，更要培养具有民主法治、自由平等、公平正义的具有积极参与意识和参与行为的社会主义合格公民。十九大报告强调，扩大人民有序政治参与，保证人民依法实行民主选举、民主协商、民主决策、民主管理、民主监督，保障人民知情权、参与权、表达权、监督权。

积极的公民参与意识有助于消解公民参与实践中可能产生的负面效应。"公民参与带来的最根本的问题是，它可能对社会控制产生一定的威胁"①。改革开放以来，尤其是近年来，在我国，社会公共事务已不再

---

① ［美］约翰·克莱顿·托马斯：《公共决策中的公民参与》，孙柏瑛等译，中国人民大学出版社 2005 年版，第 11 页。

是政府部门的专利，公民参与已成常态；社会治理也不再只是政府单打独斗，"社会协同、公众参与"已成为"党委领导、政府负责"的重要补充。但由于公民的利益诉求存在差异、冲突甚至对立，许多利益诉求难以达成共识，在这种情况下，公民参与过程就可能产生各种社会矛盾和冲突，也可能出现"多数人的暴政"，进而导致社会秩序的混乱甚至崩溃，一定程度上降低政府管理效率，增加社会治理成本。

（四）我国公民参与意识存在的问题

在中国古代社会，知识分子有较强的政治参与意识。孔子主张君子要积极出仕，倡导"学而优则仕"。"学而优则仕"不是为了个人的得失，而是为了济世救民。《论语·宪问》记载："子路问君子。子曰：'修己以敬。'曰：'如斯而已乎？'曰：'修己以安人。'曰：'如斯而已乎？'曰：'修己以安百姓。修己以安百姓，尧、舜其犹病诸！'"范仲淹（989—1052）的"居庙堂之高则忧其民，处江湖之远则忧其君"，成为中国古代知识分子参与意识和参与行动的精神支撑。出仕、净谏、抗争等，是中国古代知识分子政治参与的一些主要方式。但是，知识分子的政治参与是以王权政治为基础的，必须服从王权政治的需要，因而这种参与从根本上说是被动的和臣民式的。而且，就总体而言，绝大多数人的政治行为更多是盲从的，人们信奉"不在其位，不谋其政"，参与意识极为薄弱，参与行为非常有限。

近现代以来，救亡图存唤醒了中国人普遍的参与意识和参与行为。中国共产党的群众路线可谓是一种现代政治参与模式。在中国共产党历史上，"群众路线"这个概念首次出现于1929年9月28日《中共中央给红军第四军前委的指示信》中。1943年6月1日，毛泽东在《关于领导方法的若干问题》中首次从哲学高度阐述了群众路线问题。他指出：

在我党的一切实际工作中，凡属正确的领导，必须是从群众中来，到群众中去。这就是说，将群众的意见（分散的无系统的意见）集中起来（经过研究，化为集中的系统的意见），又到群众中去作宣传解释，化为群众的意见，使群众坚持下去，见之行动，并在群众行动中考验这些意见是否正确。然后再从群众中集中起来，再到群众中去。①

从政治参与意识角度看，群众路线总体上是一种动员式政治参与意识。

今天，我国公民参与和参与意识仍存在诸多问题，如公民参与的物质条件有限、公民参与的组织机构和渠道单一、公民参与的制度保障不足、公众制度化参与意识薄弱、动员式的形式主义被动参与较多、公民参与的效果有限等。我国公民不缺乏公共责任意识、权利意识和法律意识，但缺乏的是积极参与意识和政治效能意识。

三、公民参与意识的三个基点

公民参与是公民基于关心公共事务和公共利益，通过合法、合理的途径和制度化的渠道，按照法定程序影响政府决策的行为活动，是一种制度化、规范化、程序化的参与。公民参与包括四个基本环节，一是想参与，即参与的动机和目的；二是敢参与，即参与的意志与行为；三是能参与，即参与的渠道和途径；四是会参与，即参与的能力和水平。公民参与意识就是公民对其参与的目的、行为、途径和水平的理性认识和

---

① 《毛泽东选集》第三卷，人民出版社1991年版，第899页。

自觉认同。

（一）自治意识

自治相对于"他治"而言，"他治"表现为统治、管制或管理，具有自上而下的他律性、强制性和命令性。自治则指个人或群体基于自身的目的和理性而对自身事务的自我管理或治理，包括理性独立、自我判断、权利维护、责任自负等。自治的主体可以是个体如个体行为自治，也可以是群体如家庭自治、职业团体自治、宗教团体自治、政治团体自治等。这里所说的自治，是政治哲学和公共哲学意义上的，是公民自治，强调的是作为平等个体的公民对国家和社会公共事务的直接参与。

在近代欧洲，面对"国家"这个强大的"利维坦"，个人如何保持自己的自主和自由，这成为近现代思想家关注和探讨的根本问题之一。从笛卡尔到康德，思想家们肯定文艺复兴关于人的独立性和自主性的思想，把这些思想进一步扩展为关于人的自我治理的思想。这种自我治理的立论根据是人的理性和自主，以及基于理性和自主的自然权利和社会契约，进而形成近代的公民概念和公民自治理论，以及"人民主权"学说。

公民自治被近代思想家视为现代政治的重要环节，自治意识被看作公民积极参与的精神动力。密尔在《代议制政府》中对古希腊陪审员制度和公民大会的实践给予高度赞扬，认为雅典公民对公共事务的直接参与使他们获得了知识和美德方面的良好熏陶，对公民的自治参与形式给予了极高的赞赏。他认为，英国人的民主精神和丰富的政治知识是与英国历史悠久的乡镇自治和人民陪审制度，以及英国人长期以来对地方公共事务的自治参与密切相关的。托克维尔认为，乡镇自治是美国民主得以发展的根本原因。由于受教会自治传统和洛克政治思想的影响，美国政治生活中有浓厚的"自治"精神。托克维尔说："你一踏上美国的国土，就会觉得置身于一片喧闹之中。嘈杂的喊叫四起，无数的呼声同时传到你的耳鼓，每个呼声都表达某一社会要求。你举目四望，看到人们都在活动：这里，有一伙人在开会，讨论如何建立一座教堂；那里，人们在忙于选举一名议员；再远一点，一个选区的代表正匆匆忙忙赶赴乡镇，去研究地方的某些改革事项；在另一处，是一群放下了田间工作的乡下人，前来讨论他们乡修路或建桥的计划。"① 所以，托克维尔的结论是："真正的知识，主要来自经验。假如美国人不是逐渐地习惯于自己治理自己，他们学到的书本知识今天也不会为他们的成功提供太大的帮助。"② 在自主治理乡镇公共事务的过程中，乡镇居民从实践经验中获得了比单纯的文化教育、思想启蒙更多的有关公共事务的管理知识。

马克思、恩格斯认为，资产阶级政治革命所建构的国家是以私有制为基础的，本质上是一种"统治"，是"阶级统治的工具"。这种政治革命所建构的公民身份，对于大多数社会成员来说，是抽象的、形式的和虚幻的。因而，资产阶级政治革命所谓"人人自由平等、共同治理社会"的承诺，不过是口头上的、空置的。随着历史的发展，这种"阶级国家"必然会消亡，取而代之的将是"自由人联合体"。通过这种联合体，将实现自由人的联合自治。当然，在马克思看来，国家的消亡和自由人联合体的建构，以及自由人的联合自治，将是一个以经济社会发展为基础的漫长的历史过程。从社会制度建构层面来看，马克思"自由人联合体"以及自由人的联合自治的构想是一个超政治的社会理想，但从制度文明的精神层面来看，马克思这一构想所蕴含的自治思想具有重要现实

---

① ［法］托克维尔：《论美国的民主》上卷，董果良译，商务印书馆 1988 年版，第 277 页。

② ［法］托克维尔：《论美国的民主》上卷，董果良译，商务印书馆 1988 年版，第 353 页。

意义。这一构想的启示意义在于，作为从"阶级国家"走向"自由人联合体"的过渡形式，无产阶级专政必须体现自由人联合自治的精神，要把自由人联合自治精神作为现实社会主义国家制度文明的精神质地和根本标志。事实上，在我国，无产阶级专政的本质，就是人民民主专政。这种人民民主专政就其本质而言，就是自由人联合自治的一种特定的历史形式。

增强公民自治意识，是实现人民民主的主体要件。在民主政治中，参与和自治是一体两面的关系，民主要求参与，没有参与就不可能有自治。自治的实现有助于公民对国家的认同，这种认同会激发和提供公民参与国家治理的积极性和自觉性，进而提升民主水平。20世纪晚期兴起的治理理论强调，只有通过社会多主体的积极参与、沟通、协调、激励、规范和约束，才能真正形成一种遵循共同价值取向、实现共同目标的良好政治和社会秩序。不同于传统的少数人对多数人的自上而下的"统治"和"管理"，"治理"就是官民协同管理公共事务。治理意味着政治不是少数人的事，而是众人之事；政治不是单纯的"行政政治"，而是"参与政治"。公民积极参与，是实现"善治"的根本保障。康有为在20世纪初的《公民自治篇》一文中，把地方自治作为政治制度的基础。他指出："为人代谋者之不如自为谋也，人治之者之不如自为治也，此天下之公理矣"。"今吾中国地方之大，病在于官代民治，而不听民自治也，救亡之道，听地方自治而已。"陶行知认为，共同自治是共和国立国的根本。他说：

> 共和国民最需要的操练，就是自治。在自治上，他们可以养成几种主要习惯：一是对于公共幸福，可以养成主动的兴味；对于公共事业，可以养成担负的能力；对于公共是非，可以养成明了的判断。简单些说：自治可以养成我们对于公共事

情上的愿力、智力、才力……一国当中，人民情愿被治，尚可
以苟安；人民能够自治，就可以太平；那最危险的国家，就是
人民既不愿被治，又不能自治。①

党的十九大报告把"自治"作为我国乡村治理必须遵循的基本原则
之一，强调健全自治、法治、德治相结合的乡村治理体系。

自治意识是自觉自主参与意识的集中表现，公民自治意识即公民对
于自己管理国家、社会和地方公共事务的必要性、可能性和能力的深刻
理解与自觉认同。公民自治意识包括自觉自主、目的正当等要素。公
民自治意义上的参与，应是基于"正确理解的利益"的自觉自主的参
与，而不是基于动员、说服、纯粹尽义务的被动参与。美国思想家乔万
尼·萨托利（1924—2017）指出："参与的含义是亲自参与，是自发自
愿的参与。也就是说，参与不只是'属于'（仅仅被卷入某事），更不是
非自愿的'被迫属于'。参与是自发的，因此同（由他人的意志）促动
截然相反，即它和动员相反。"② 同时，公民也是一个理性的经济人，每
个公民的动机不可能完全相同，他们往往会囿于利益需要，受欲望、情
感和意志的主宰，并且公民也会产生"搭便车"心理。"每个个人作为
人来说，可以具有个别的意志，而与他作为公民所具有的公意相反或
不同。他的个人利益对他所说的话，可以完全违背公共利益；他那绝对
的、天然独立的生存，可以使他把自己对于公共事业所负的义务看作是
一种无偿的贡献，而抛弃义务之为害于别人会远远小于因履行义务所加
给自己的负担"③。在这个意义上，公民把参与视为自己的权利和义务，

---

① 胡晓风等编：《陶行知教育文集》，四川教育出版社 2007 年版，第 55—56 页。
② ［美］萨托利：《民主新论》，冯克利、阎克文译，东方出版社 1993 年版，第
121 页。
③ ［法］卢梭：《社会契约论》，何兆武译，商务印书馆 1980 年版，第 28 页。

作为一种自觉的追求；公民能够不断突破狭隘的自利主义，将自己的私人利益与公共利益相结合，把增进和实现个人利益或特定群体的利益与促进和实现相关公共利益有机统一起来，表现出强烈的公共责任感。

真正的自治是公民的一种"自我立法的治理"，体现公民的一种自律意识。自律即自由的规律，也就是人自己为自己的言行所定的规律和规则。在参与意义上，自律意识是公民对自己言行的任意性和自发性的一种自我克制，体现为公民对自己的参与行为动机、方向和方式的选择的积极自主的自我调控、自我约束和自我规范。从这个意义上说，自律是一种更高层次的德性：人为自己的参与行为立法（作为主观法的德性）。德国伦理学家包尔生（1846—1908）指出："全部道德文化的主要目的是塑造和培养理性意志使之成为全部行动的调节原则。我们把这种德性或美德称为自我控制。"① 这种自我控制的德性可以规定为"以目的和理想来调节生活的能力。它是全部道德德性的基本条件，是全部人类价值的基本前提，甚至，是人类本性的基本特征"②。作为一种自我克制、自我控制的公民德性，自律对于人来说是一种受动，但"按人的方式来理解的受动，是人的一种自我享受"③。

（二）有序意识

有序相对于无序和失序而言，即有条理、有次序、整齐不乱。在行为学意义上，"无序"即人的社会行为完全失去约束的状态，表现为无

---

① ［德］包尔生：《伦理学体系》，何怀宏、廖申白译，中国社会科学出版社 1988 年版，第 412 页。

② ［德］包尔生：《伦理学体系》，何怀宏、廖申白译，中国社会科学出版社 1988 年版，第 412 页。

③ 《马克思恩格斯文集》第 1 卷，人民出版社 2009 年版，第 189 页。

组织性、盲目性；"失序"即人的行为出现一定范围和一定程度的紊乱。有序参与就是参与行为的所有构成要素和基本环节是按照特定的法则而有机排列、依序展开的，参与行为呈现出有组织性、有机性和自为性。公民有序参与是指公民通过一定的方式去直接或间接地影响公共生活和公共事务的社会行为。

公民有序参与意识是公民有序参与的内在要素与一种非制度性的前提条件，推动着公民有序参与的展开，决定着公民有序政治参与的水平与效果。由于人的主体精神的生成和实践能力的提高，现代社会整体上的不确定性日益加剧，以至于德国著名社会学家乌尔里希·贝克（1944—　）等人称当代社会为"风险社会"。"风险社会"概念的提出，预示着社会整体意义上的"风险"的提高。贝克认为，风险社会的突出特征有两个：一是具有不断扩散的人为不确定性逻辑；二是导致了现有社会结构、制度以及关系向更加复杂、偶然和分裂状态转变。贝克指出："在风险社会，不明的和无法预料的后果成为历史和社会的主宰力量。"[①] 风险社会的风险包括经济的、政治的、生态的和技术的等不同风险。许多风险是人类知觉系统无法直接感觉到的，许多风险"只在科学的思维中存在，不能被直接经验到。这是些采用化学公式、生物语境和医学诊断概念的危险"[②]。风险的严重程度超出了预警检测和事后处理的能力。公民参与实践也存在各种风险，失范、无序、冲突、混乱等，都可能是公民参与的伴生产物。应对和避免这些风险，需要政治的、经济的、法律的等制度设计，而包括公民意识在内的各种观念的、文化的手段，也是应对和避免各种政治参与风险的重要条件。公民在参与过程中要保持一种有序意识，这种有序意识既是政治的、法律的，是一种有

---

① [德]乌尔里希·贝克：《风险社会》，何博闻译，译林出版社 2004 年版，第 20 页。

② [德]乌尔里希·贝克：《风险社会》，何博闻译，译林出版社 2004 年版，第 59 页。

序政治、有序法治的意识，更是伦理的、道德的，是有序伦理、有序道德的意识。这种有序的伦理道德意识，要求一个人在参与过程中平衡好个人与共同体、私利与公利、私域与公域等关系，在参与公共事务过程中，能够超越个人利害而担当公共责任。从伦理道德意义上说，所谓有序意识，很重要的就是责任意识和价值认同。公民参与是一个协调和规范的过程，责任意识和价值认同是协同和规范的一些最重要机制。责任意识和价值认同，构成了公民参与行动的基本目标、规范和选择标准，具有行为定向的作用。

从构成要件上说，有序参与意识包括参与的适度、规范、程序等要素。公民参与有一个度的问题。公民参与的度，一般包括参与的广度和深度两个方面。参与的广度主要指参与公共活动和公共事务人数的多少及其参与内容的广泛性；参与的深度主要指影响公共生活和公共事务的程度及持续性。密尔说：

> 一国人民可能情愿要自由政府，但是如果由于懒惰，或是不关心，或是怯懦，或是缺乏公共精神，他们和保持这种制度所必要的努力不相称；如果当该项制度遭到直接攻击时他们不为它而斗争；如果他们能被阴谋诡计所骗脱离这种制度；如果由于一时的沮丧，或是暂时的惊慌失措，或是对某个人的一时狂热，他们能被诱使将自己的自由奉献于即使是一个伟大人物的脚下，或者托付给他以足够破坏他们的制度的权力；在所有这些场合，他们多少是和自由不相适合的。①

对一个国家的政治发展来说，公民参与"过度"或"不足"，都不

① ［英］密尔：《代议制政府》，汪瑄译，商务印书馆1982年版，第8—9页。

利于社会稳定。公民参与"过度"会引发诸多"政治热"症，形成"参与爆炸"，其后果是无序，对政治体系构成不必要的压力；公民参与"不足"则引发公民主体性萎缩，造成国家与公民的隔膜，其直接后果是民主政治基础的弱化与消解，导致政治发展滞后。①

　　无序是失范的产物和结果，有序则是以规范和程序为前提和基础。"失范"是一种离散社会状态，是指社会规范不完善、不合理，不能有效指导和约束人的行为的社会状态。公民无序参与是指由于社会失范引起的公民参与行为在一定范围和一定程度上出现的紊乱和混乱。公民参与必须借助一定的规则和程序，通过特定制度和正常渠道及途径，才能真正进行，公民参与是一个程序化、规范化、制度化的过程。在这个过程中，冲突和分歧是无法避免的，毕竟每个人都有自己的利益诉求。在我国，随着改革的全面深化和市场经济的纵深推进，利益分化日益扩大，不同群体之间的利益矛盾和利益冲突不断加剧，经济社会发展的不平衡和贫富差距不断拉大，这些都导致公民参与中出现了渠道不畅通、参与不平衡、缺乏理性引导、秩序化程度低等问题，公民参与存在一定程度的非理性和情绪化倾向。公民"无序"参与，会严重破坏社会稳定和安定，最终也会导致参与行为的失效，公民参与的理性化、组织化程度有待提高。为此，必须培育和提高公民在参与中的规则意识、程序意识和法治意识，使公民明白，在参与中必须遵守国家的宪法、法律、规章和条例等，在宪法和法律允许的范围内进行，只有这样，才能提高参与的效力和质量。要扩大公民有序政治参与，实际上就是强调公民的参与以及参与的有序性，即公民参与的规范化和程序化，这有助于提高公民参与的效果。

---

　　①　秦德君：《中国公民文化：道与器》，东方出版中心 2011 年版，第 281—282、298—299 页。

（三）能力意识

作为一种"实践理性"，公民参与意识也表现为一种能力意识。公民参与能力是实现有效参与的基本条件。在现代社会，公共事务和公共空间日益扩大，社会结构日趋复杂，社会行动愈益专业化和知识化。在这种背景下，公民要想有效参与，就必须掌握足够的相关文化知识，具备相应的参与技能。

早在1979年，罗马俱乐部在其发表的《学无止境》的报告中就指出，人口爆炸、环境危机、资源枯竭等全球问题产生的根源在于"人类的差距"，即"在日益增长的复杂性和我们对付这种复杂性的能力之间所存在的距离"，这种差距"把我们自己制造的、日益增长的复杂性和我们在发展自身能力方面的落后状态分为两边"。要消除"人类的差距"，就"必须把目标放在开发人们潜在的、处在心灵最深处的理解能力和学习能力上面……就是去学习我们需要学习和应当学习的东西——并且把它学好"。① 阿马蒂亚·森在研究贫困的根源问题时，提出"能力贫困论"。他认为，能力不足、能力匮乏是导致贫困的重要根源之一。因此，我们应该改变传统的衡量贫富的标准，即个人收入或资源的占有量。而应确立以人的能力为根据来测量人们的生活质量，考察个人在实现自我价值功能方面的实际能力。他提出，只有不断提高一个人的能力，才能保证其参与发展的机会平等；没有能力的提高，机会平等就会成为一句空话。真正的机会平等必须通过能力的平等才能实现。② 阿马蒂亚·森提

---

① ［美］詹姆斯·博特金等：《回答未来的挑战——罗马俱乐部的研究报告〈学无止境〉》，林均等译，上海人民出版社1984年版，第17、8—9页。

② 参见［印］阿马蒂亚·森：《以自由看待发展》，任赜、于真译，中国人民大学出版社2002年版，第85—110页。

出的"能力贫困理论"，强调解决贫困和失业的根本之道是提高个人的能力，而不是单纯发放失业救济。现代化的历史表明，物质资源的短缺并不能从根本上阻止一个国家或民族的现代化进程，但一个国家的人力资源贫乏，人力资本不足，则可能使其难以从根本上摆脱落后和贫穷。现在，不少发展中国家的发展正陷入"贫困——盲目利用资源环境——更贫困"的恶性循环。只有不断提高发展中国家和人民的发展能力，增强创新能力，提高人力资源质量，积累人力资本，才能使他们摆脱这种恶性循环，走向持续发展和富裕繁荣。

公民参与能力是公民综合素质在实践中的外化和体现，是公民在参与公共事务中所表现出来的实际行动的本领、技能及其效果。阿尔蒙德等强调，公民能力意识是公民积极参与的关键性因素之一。所谓能力意识，就是公民对自己能够发挥政治影响力的认知、认同和自信。如果民主制度需要公民实际上高度地参与决策，那么民主制度中公民的态度，就应该包含公民对实际上能够参与的感觉。一个人相信自己有参与能力的信念，对一个政治体系来说是很重要的。一个自认为是政治参与者的人，与一个觉得自己没有这种能力的人相比，在政治态度方面会有很大的不同。主观能力强的公民很可能是活跃的公民，很可能是一个积极参与的公民。有自信的公民不仅更容易成为政治传媒的接受者，他们本人也更有可能参与政治传播的过程。主观能力高的公民更可能是政党的活跃分子（某些政党的党员，或是活跃的竞选工作人员），他们在党派方面通常都有明确的立场。可见，对自己的能力有信心是一个关键性的政治态度，有自信的公民往往是民主的公民。①

在现代社会，人的实践能力获得高度发展，但人所能够做的并不一

---

① 参见［美］加布里埃尔·A.阿尔蒙德等：《公民文化》，张明澍译，商务印书馆、人民出版社 2014 年版，第 140—146、192—211 页。

定是他应当做的。能够做与应该做之间会产生冲突。在公民参与实践中，存在能力的滥用或无节制使用等问题，从而引发了一系列政治社会问题。因此，公民应加强自身参与能力的建设。能力建设问题是21世纪来临之际，1992年联合国环境与发展大会首脑会议通过的《21世纪议程》提出的一个理念。这个议程指出："能力建设意味着发展一个国家的人的、科学的、技术的、组织的、机构的和资源的能力。"① 这表明，能力建设至少包括了四个方面的具体内容，即人的能力建设、科技能力建设、制度能力建设和生态能力建设等。其中人的能力建设是核心，其他三个方面的内容实质上是宏观层面的人的能力建设。就公民有效参与而言，在能力建设中应培育和增强"能力伦理"意识。能力伦理以处理和调节人的能力与能力的运用之间的关系为核心，以规范人的能力及其运营为目的，要求人们必须认识到，自己"能够做（有能力做）"的并非一定都是"应该做"的，人们必须根据伦理道德规范对自己的能力及其运用进行利弊权衡和取舍，使人的能力的运用及其结果符合人类的一般道德要求和道德理想，有利于公民参与的积极展开和健康持续发展。

---

① 万以诚等选编：《新文明的路标——人类绿色运动史上的经典文献》，吉林人民出版社2000年版，第93—94页。

第六章　理性·精神·人格：公民意识教育的价值指向

公民意识教育涉及诸多内容，其目标指向在不同层面会有不同要求和不同表现。公民意识教育的最终目标是要塑造合格的公民，这种合格公民既有政治的、经济的和社会的基本规定，也有心理的、伦理的和人格的规定。陶行知说："教育就是教人做人，教人做好人，做好国民的意思。"①"做好国民"，就是做好公民。要做一个好公民，就是做思维理性、精神充实、人格健全的公民。从最一般意义上说，公民意识教育的基本目标就在于，确立公民理性，培育公民精神，塑造公民人格。理性、精神和人格三者的统一，这是公民意识教育的价值指向。

一、建构真理、情理、合理相统一的公民理性

理性是国家、政府、政党、利益集团以及个人等社会行为主体对客观世界及其规律的能动反映，是行为主体固有的能够认识自然和社会、

---

① 胡晓风等编：《陶行知教育文集》，四川教育出版社 2007 年版，第 630 页。

协调并整合社会行为主体之间关系的一种基本能力。在人的活动中，理性起着十分重要的作用。在社会实践领域，理性既作为认知理性和工具理性，同时也作为价值理性和目的理性发挥着重要作用。马克思在谈到他任主编时的《莱茵报》的宗旨时指出，《莱茵报》"试图唤起每个等级去反对自身的利己主义和局限性，它处处都把公民的理性同等级的非理性，把人类的爱同等级的仇恨对立起来"①。建构公民理性，是公民意识教育的前提和基础。

公民理性是一种科学理性。对"科学"概念的理解，主要有狭义和广义两个层面。在狭义层面，"科学"被理解为对自然规律的理性认识，以及通过这种认识所形成的知识体系，即自然科学。在广义层面，"科学"是人类对自然界、社会、思维及其规律的理性认识，并在这种认识活动中所建构的认识体系和知识体系，如自然科学、社会科学和人文科学等。英国物理学家贝尔纳（1901—1971）指出："科学可以作为一种建制，一种方法，一种积累的知识系统，一种维持和发展生产的主要因素，以及构成我们的诸信仰和对宇宙和人类的诸态度的最强大势力之一。"② 这就是说，"科学"既是一种知识体系，也是一种认识方法，更是一种探索精神。作为知识体系，科学是指客观的、正确的规律性认识。科学是反映自然界、社会、人本身的本质及其规律的知识体系，也就是自然科学、社会科学、人文科学的统称。在这个意义上，科学是"真实""正确"等的代名词，是一切观念和文化的仲裁标准。作为一种认识方法，科学意味着一种正确、合理的认知方式，以理性的方法进行缜密的研究，要求从能够用肯定的事实支持的确定知识出发，通过实验的或分析的和归纳的手段，对观察到的对象进行批判的、理性的解释，

① 《马克思恩格斯全集》第 1 卷，人民出版社 1995 年版，第 427 页。
② ［英］贝尔纳：《历史上的科学》，伍况甫等译，科学出版社 1959 年版，第 6 页。

并从中建立起由若干定律所支持的理论体系。科学理性意味着不受感性欲望的支配，不意气用事，不盲从冲动，不狭隘任性，不走极端。作为一种探索精神，科学是一个不断探索、发现和揭示真理的过程，这个过程充满了求实、质疑、进取、批判、创新等科学精神。

梁漱溟认为，传统中国是伦理本位的社会，伦理本位的社会，即重情谊的社会。"伦理社会，则其间关系准乎情理而定"①。情理自有其必然与合理的一面：

> "情理"包含了两方面的内容，"情"即"人情"，或"人性"；"理"即"天理"，或"外部原因"。"情"代表着可变的人的因素，"理"代表着不变的宇宙的法则。这两个因素的结合，就是评价某项活动，或某个历史问题的标准……中国人将合情理置于道理之上。道理是抽象的、分析性的、理想化的，并倾向于逻辑上的极端；而合情理精神则更现实、更人道，与实际紧密联系，能更正确地理解和审时度势。②

情一方面表示人的情感，另一方面也表示"情景"，即特定的、具体的情况或情境。在"情"的后一种意义中，"情理"即特殊与普遍、具体与抽象的统一。但是，"情理"思维也带来诸多问题，它导致人的概念分析、判断推理、抽象思维、逻辑表达等科学理性的不足，进而引发公共意识、规则意识、法治意识、公平意识等的缺失。科学理性是一种尊重客观规律，实事求是，冷静理智思考和分析问题，审慎处理问题的原则和态度。目前，国际通行的有关公民科学素养的测量指标主要有

---

① 《梁漱溟全集》第三卷，山东人民出版社 2005 年版，第 117 页。
② 林语堂：《中国人》，郝志东、沈益洪译，学林出版社 1994 年版，第 100 页。

三个，即了解科学知识、理解科学方法、理解科学对个人和社会的影响。中国科学技术协会第九次中国公民科学素质抽样调查显示，2015年我国公民具备基本科学素质的比例为 6.2%。这个水平仅相当于发达国家 20 世纪 80 年代末的水平。我国公民的科学素养亟待提高，公民意识教育旨在提升公民的科学素养和科学理性。

公民理性是一种公共理性。康德提出理性的"私下运用"与"公开运用"。在他看来，所谓理性的私下运用，就是"一个人在其所受任的一定公职岗位或者职务上所能运用的自己的理性"①。譬如，一个教师在讲台上讲课，或者一个牧师在教堂布道，他们的行为都是一种公职行为。对于维持一个共同体和一种共同利益来说，理性的私下运用是必不可少的手段。但理性的私下运用会妨碍启蒙。因为，在理性的私下运用中，不允许有争论或批判，而只能有服从或顺从。康德认为，只有理性的公开运用，才能摆脱个体理性的局限而获得集体理性的力量，进而才能冲破各种妨碍启蒙的阻力，最终真正获得启蒙。康德指出：

> 启蒙除了自由而外并不需要任何别的东西，而且还确乎是一切可以称之为自由的东西之中最无害的东西，那就是在一切事情上都有公开运用自己理性的自由。②

所谓理性的公开运用，指"任何人作为学者在全部听众面前所能做的那种运用"③。学者即能够进行自由而公开的批判与争论的人。与作为官吏、军官、牧师、商人、市民等"私人"不同，一个人作为学者，他

---

① [德] 康德：《历史理性批判文集》，何兆武译，商务印书馆 1990 年版，第 25 页。
② [德] 康德：《历史理性批判文集》，何兆武译，商务印书馆 1990 年版，第 24 页。
③ [德] 康德：《历史理性批判文集》，何兆武译，商务印书馆 1990 年版，第 24—25 页。

不是盲目的服从者或顺从者，而是一个可以对各种社会问题或权威进行
公开质疑和批判的"公共人"，具有强烈的公共精神。理性的公开运用，
意味着理性的相互交流、争辩和批判，表现为言论自由、思想批判、公
共意志等。

罗尔斯说："正是通过理性，我们才作为平等的人进入他人的公共
世界，并准备对他们提出或接受各种公平的合作项目。这些项目已作为
原则确立下来，它们具体规定着我们将要共享，并在我们相互间共同认
作是奠定我们社会关系之基础的理性"①。

公共理性是一个民主国家的基本特征。它是公民的理性，
是那些共享平等公民身份的人的理性。他们的理性目标是公共
善，此乃政治正义观念对社会之基本制度结构的要求所在，也
是这些制度所服务的目标和目的所在。②

公民理性的公共性表现在三个方面：其一，它是作为自由与平等的
公民的理性；其二，它的主题是公共善，这些公共善关乎根本政治正义
问题，是正义基本问题；其三，它是一种推理理性，是由公共推理表现
出来的。公民理性即"公民在有关宪法根本和基本正义问题的公共论坛
上所使用的推理理性'③。这种推理理性通过一组政治正义的合理性概念
进行理智的思考去满足相互性标准。在公共理性视域中，公民在承认和
尊重彼此尊严的基础上，从公共利益出发，以相互宽容、积极沟通、平
等对话和广泛交流等方式，提出自己对各种社会政治问题的见解，与他

---

① [美] 罗尔斯：《政治自由主义》，万俊人等译，译林出版社 2000 年版，第 55—
56 页。

② [美] 罗尔斯：《政治自由主义》，万俊人等译，译林出版社 2000 年版，第 225 页。

③ [美] 罗尔斯：《政治自由主义》，万俊人等译，译林出版社 2000 年版，第 10 页。

人进行有效的公平合作。

在现代社会，作为一种涉及公共事务的实践理性，公共理性展开于由公民参与而形成的公共政治、经济、文化等生活领域。从这个意义上说，公共理性是人们处理公共生活、在多元价值并存的社会实现"多元宽容"的一种理性原则，而不是基于某种完美理想和绝对真理建立的一种卢梭式的强制性"公意"，不是一种限制或否定个人生活的规范原则。哈贝马斯强调，公共理性的基础是主体的交往行为和交往理性。

> 交往理性不能简单地被归结为一种盲目的自我捍卫。交往理性所涉及到的不是一个自我捍卫的主体，该主体通过想象和行为而与客体发生联系，也不是一个与周围环境隔离开来的永久的系统，而是一种由符号构成的生活世界，其核心是其成员所做出的解释，而且只有通过交往行为才能得到再生产。①

公共理性在公共领域中的有效实践表现为公民个体、群体相互间就相关公共事务展开的协商对话、交流与批判。作为公共理性的基础，交往理性是主体间基于交往行为而共享的理性。只有基于交往理性形成的公共理性，才具有合理性与合法性。

公民理性是一种"合理"理性，即合理性。"合理性"概念，是韦伯通过改造黑格尔的"理性"概念而提出的一个社会学概念。在韦伯看来，合理性构成西方现代性的最深刻、本质的原因，这是现代性的基本特性。合理性概念具有社会建构的意义。一般地说，对合理性的理解存

---

① [德]哈贝马斯：《交往行为理论》第 1 卷，曹卫东译，上海人民出版社 2004 年版，第 380 页。

在两种倾向，一是科学主义的理解，把合理性理解为合规律性、合逻辑性，表现为技术合理性、工具合理性等，这种理解凸显了合理性之于社会生活的法制化、规范化意义；二是人本主义的理解，把合理性理解为合人性、合目的性，表现为人文合理性、价值合理性等，这种理解凸显了合理性之于社会生活的人性化、人文化的意义。这两种理解在本质上是互补的和统一的，合理性即合规律性与合目的性的统一。合理性是合规与合德相统一的理性。合理性概念和一个时代人们判定事物合理与否的价值观念直接相关，表达着人对世界的一种态度。德国思想家赫伯特・施奈德巴赫指出："当我们谈到合理思想、认识、行为和行为效果的时候，作为现实人的合理的思想、认识、行为之能力的合理性，往往是预先设定好了的……如果没有人的'合理性'的安排处置，世界也就无所谓合理的东西。"①"合理性"不是一个描述概念，而是一个规范概念，是就对人的思想、行为及其结果的理性评价、约束和规范而言的，正是在对于人的思想、行为及其结果的合理性评价中，我们可以找到理性的恰当位置和应有功能。

可见，"合理性"仅与人的行为、思想密切相关，它一方面指人的思想、行为及其结果合乎规律、合乎真理、合乎理性、合乎逻辑等，亦即有根据的、有道理的、有条理的；另一方面指人的思想、行为及其结果合乎目的、合乎利益、合乎道德等，"在这种意义上，这个词指的是某种'清醒的'、'合情理的'东西而不是'有条理的'东西。它指的是一系列的道德德性：容忍、尊敬别人的观点、乐于倾听、依赖于说服而不是压服。这些是一个文明社会如果要持续下去其成员必须拥有的德性。在'合理性'的这样一种意义上，这个词与其说是指'有条理'不

---

①　[德]赫伯特・施奈德巴赫：《作为合理性之理论的哲学》，载《德国哲学》第 7 辑，北京大学出版社 1989 年版，第 171 页。

如说是指'有教养'"①。这种意义的合理性所蕴含的理性品质，正是公民理性所应具备的。

二、涵养个性、群性、类性相统一的公民精神

精神的内涵有广义与狭义之分。哲学意义上的精神取其广义含义，等同于与物质相对的意识概念。狭义层面的精神是意识的一种，有精华、实质、活力的意思。相应地，公民精神广义上指公民意识，每一种公民意识都蕴含一种公民精神，前文述及的公民的主体意识、公共意识、参与意识等，同时也是公民的一种主体精神、公共精神、参与精神等。但这里更多地涉及的是狭义的公民精神，即公民意识的结晶、精华和实质，是公民意识的沉淀、凝聚和升华。

马克思指出："公民的最高利益即他们的精神。"② 精神是个人存在的深层本质。黑格尔说："精神的最初的和最简单的规定就是：精神是自我。"③ 也就是说，一个人只有拥有精神才能真正拥有"自我"，才会真正成为主体。梁启超在 20 世纪初提出"尽性主义"，他认为，尽性主义"是个人自立的第一义，也是国家生存的第一义"。所谓"尽性主义"，就是：

要把各人的天赋良能，发挥到十分圆满。就私人而论，必须如此才不至成为天地间一赘疣，人人可以自立，不必累

---

① ［美］理查德·罗蒂：《后哲学文化》，黄勇编译，上海译文出版社 2004 年版，第 76 页。

② 《马克思恩格斯全集》第 1 卷，人民出版社 1995 年版，第 108 页。

③ ［德］黑格尔：《精神哲学》，杨祖陶译，人民出版社 2006 年版，第 14 页。

人，也不必仰人鼻息。就社会国家而论，必须如此，然后人人各用其所长，自动的创造进化，合起来便成强固的国家、进步的社会。①

在黑格尔看来，个体精神具有内在的局限性，它必须不断超越自身，走向人与自然、人与人、人与社会、人与国家的关系，进入家庭、市民社会和国家领域，归结于团体精神、民族精神和国家精神，才能真正实现其现实性和真实性。"精神的整个发展过程无非是它自己本身提高为真理的过程"②。黑格尔把"精神"在其历史发展进程中的演变概括为六个阶段，即意识、自我意识、理性、精神、宗教、绝对知识，并描述和阐释了精神演进的历程，即从意识、自我意识和理性等主观精神，走向道德、伦理、法等客观精神，最后到达宗教、绝对知识等绝对精神。绝对精神是主观精神和客观精神的统一。黑格尔力图说明，个体精神是在外化与内化的双向运动中与"类"（人类或社会等团体）精神达到一体化的。只有达到这种一体化，个体精神才可能真正得以健全发展和提升。个体精神与"类"精神的这种一体化，源于精神的辩证本性："精神既是无限的，又是有限的，同时它既不仅仅是这一个，也不仅仅是那一个；精神在它的有限化里始终是无限的；因为它在自身中扬弃着有限性"。因此，对个人来说，"精神的整个发展过程无非是它自己本身提高为真理的过程，而所谓灵魂的种种力除去是这个提高过程的各个阶段以外，没有任何别的意义"。③

梁漱溟提出，现代中国人应具备两个特质，即"个性伸展社会性发达"。所谓"个性伸展"，就是一个人由以前的"没有'自己'，不

---

①　梁启超：《欧游心影录》，商务印书馆2014年版，第35—36页。
②　[德] 黑格尔：《精神哲学》，杨祖陶译，人民出版社2006年版，第8页。
③　[德] 黑格尔：《精神哲学》，杨祖陶译，人民出版社2006年版，第32、8页。

成'个'",到"觉知有自己,渐成一个个"。所谓"社会性发达",就是人的组织化和共谋生活的特性。"个性伸展"与"社会性发达"是"一体两面"的,"所谓个性伸展即指社会组织的不失个性,而所谓社会性发达亦即指个性不失的社会组织"①。这是对现代公民精神的一个很好的注解。

当今世界,和平、发展、合作,成为时代主题,开放、多元、交流、对话,成为时代的重要特征。在这种背景下,"和谐"越来越成为全人类追求的一种普遍价值目标。德国思想家马克斯·舍勒(1874—1928)指出:"适用于现时代的最普遍的公式,在我看来,似乎是各种势力的谐调,而这个时代是一个人类各种紧张关系将得到普遍缓和的时代"。这个时代,是一个"谐调的时代"。② 这种谐调包括,"对种族间紧张关系的谐调;在心理状态、自我意识、尘世和神之间,在各个巨大的文化群落之间的谐调;在男性和女性对人类社会管理的思维方式方面的谐调;在资本主义和社会主义之间的谐调,以及在社会的上层和底层之间的阶级论争、阶级条件和权力之间的谐调;在所谓文明的、半文明的和原始的民族之间关于权力分享方面的谐调;还有在相对原始的文明与高级的文明的心智之间的谐调;在其心智态势的评估中,青年与老年之间的相对谐调;在技术知识和文化成长之间的谐调;在体力劳动和精神劳动之间的谐调;在民族的经济利益和民族的精神与文化领域方面,对总体文化与人类文明所作出的贡献之间的谐调……这种谐调本身并不是我们'选择'得来的;它是不可逃避的命运"③。存在多个不同的主体

---

① 《梁漱溟全集》第一卷,山东人民出版社 2005 年版,第 365—367 页。
② [德] 马克斯·舍勒:《资本主义的未来》,罗悌伦译,生活·读书·新知三联书店 2003 年版,第 217 页。
③ [德] 马克斯·舍勒:《资本主义的未来》,罗悌伦译,生活·读书·新知三联书店 2003 年版,第 215—216 页。

才会有"和"的问题，存在差异性才会有"谐"的问题，因此，必须承认和尊重多样性和差异性，这并不意味着接纳混乱与无序，而应该"求同存异"，在不同之中寻求一致，在异见中寻求共识。在社会主义社会，各种差异从根本上说是能够相互兼容、相互协调的。由此，应弘扬仁爱宽容精神，提倡相互尊重、彼此信任、坦诚相待，确立双赢、多赢、共赢等意识。

三、塑造自主、自为、自美相统一的公民人格

一般地说，人格即人之为人的规格、人的做人的资格，它既指人的性格、气质、能力等特征的总和，也指个人的道德品质，还指人的能作为权利、义务的主体资格。在马克思看来，真正的人是作为历史主体、从事现实活动的人。因此，人格也就是作为活动主体的人表现出的自身品格，人格可以分为道德人格、心理人格、法律人格等，不过是哲学人格在人的不同活动领域中的具体表现。"公民人格"就是个体作为公民的主体资格。

现代公民人格同我国几千年封建专制主义文化所铸造的臣民人格、奴隶人格是根本对立的。陈独秀认为，中国封建道德的根本弊端在于它"损坏个人独立自主之人格"。他在1915年发表的《敬告青年》一文中，将"自主"列为启蒙的首要主题。鲁迅把树立自由意志、张扬个性人格作为拯救国民性的第一步。冯契指出：

> 我们所要培养的新人是一种平民化的自由人格，并不要求培养全智全能的圣人，也不承认有终极意义的觉悟和绝对意义的自由……这样的人格也体现类的本质和历史的联系，但是首

先要求成为自由的个性。①

在当代中国，随着社会结构从"身份社会"或"人治社会"向"契约社会"或"法治社会"的转型，个体的人格结构也从"臣民"向"公民"转换。培育现代公民人格，必须革除封建专制主义文化的影响。

对于公民来说，人格与主体是一体两面的关系。"一个人只有作为社会活动主体，才具有人格；一个人只有具备了独立的人格，才能成为真正的主体"②。人格是人的主体性的集中表现、凝结和升华，"人格作为主体性的体现，早已被认为是同创造、精神修养和克服时间地点的限制分不开的，而无人格则总是同消极被动、不自由、心胸狭隘和没有尊严联系在一起"③。没有完整自主人格的人，就会自认是工具，或被别人视为工具。完整自主的人格使人成就自己的主体资格，提升自己的生命质量，驾驭自己的人生方向，使人实现自我价值，获得健全个性，拥有做人尊严。从类意义上看，人和主体是一致的，人的形成即主体的形成，从而"人格是人作为主体的资格，也是人作为人的资格。人和人之间在人格上应当是平等的"。但是，"对于人类的每一个体来说，人和主体是不同的。有的人表现了主体性，具有人格，有的人没有主体性，丧失了人格"。④ 个体生命的存在方式可以是多种多样的，每个人都有各种各样的要求，这些要求可以是生理意义上的，也可以是精神意义上的。进而，一定的财富、权力、地位、健康、技能、学识等各种东西，对于人来说都是可贵的和可欲的。但是，无论

---

① 冯契：《人的自由和真善美》，华东师范大学出版社 1996 年版，第 309、320 页。

② 袁贵仁：《教育—哲学片论》，北京师范大学出版社 2002 年版，第 244 页。

③ [苏联] 科恩：《自我论》，佟景韩等译，生活·读书·新知三联书店 1988 年版，第 47 页。

④ 袁贵仁：《马克思的人学思想》，北京师范大学出版社 1996 年版，第 126—128 页。

是多么强大的要求或高尚的要求，如果离开了人格的要求，便没有任何价值；只有作为人格要求的一部分或者手段时，它们方可显现出自己的价值。因此，人生价值的最高境界必须以主体性人格的实现本身为目的。

自主性是公民人格的内核。公民人格的自主性有两个尺度，"第一个尺度描述个体的客观状况、生活环境，是指相对于外部强迫和外部控制的独立、自由，自决和自己支配生活的权利与可能。第二个尺度是对主观现实而言，是指能够合理利用自己的选择权利，有明确目标，坚忍不拔和进取心。自主的人能够认识并且善于确定自己的目标，不仅能够成功地控制外部环境，而且能够控制自己的冲动"①。公民人格的自主性体现为公民作为人的一种自我实现。对于人的自我实现问题，马斯洛通过其需要理论提出了一种心理主义的自我实现理论。他认为，自我实现是人的最高层次的需要，即自我完善的需要，这是人性能达到的最高境界。自我实现的人真正超越了狭隘的、个人中心主义的自我，他愿意献身于自己所认同的某种理想、某项事业和某个职业，追求存在的最高价值，追求理想或事业与真正人生享乐的统一。对此，冯友兰先生提出人生境界意义的四境界。在他看来，人生境界由低到高有自然境界（顺着本能或习惯做事）、功利境界（从利己出发为自己做事而不损害别人）、道德境界（具有道德意义的为社会的利益做事）、天地境界（为包括人与社会在内的整个宇宙的利益做事）四个层次。"自然境界、功利境界的人，是人现在就是的人；道德境界、天地境界的人，是人应该成为的人。前两者是自然的产物，后两者是精神的创造"②。自我实现的过程，是一个人的公民人格

① [苏联] 科恩：《自我论》，佟景韩等译，生活·读书·新知三联书店1988年版，第407页。

② 冯友兰：《中国哲学简史》，北京大学出版社1985年版，第389—391页。

不断养成的过程。

现代西方深层生态学提出了一种生态意义的公民人格思想。深层生态学用大写的"自我"（Self）替代传统的小写的"自我"（self）。挪威学者阿伦·奈斯（1912—2009）认为，对一个人来说，自我的成熟需要经历三个阶段，即从"本我"（ego）到社会的"自我"（self），从社会的自我到形而上的"自我"（Self）。他用"生态自我"（Ecological Self）来表达这种形而上的自我，以表明这种自我是与生态共同体关联中的自我，是一种"扩展的自我"（expanded Self）。这种扩展之所以可能，是因为人具有超越自我而体认整个世界、关心和维护所有存在物的能力。人必须不再把自己看成是分离的、狭隘的自我，而应超越个体和人类层面达致生态层面，保持对自然界的深切认同。只有在这种不断的超越中，人性才能得以不断完善和提升。阿伦·奈斯指出："所谓人性就是这样一种东西，随着它在各方面都变得成熟起来，我们就将不可避免地把自己认同于所有有生命的存在物，不管是美的丑的，大的小的，是有感觉的无感觉的。"① 随着人不断把自然存在物和整个生态世界纳入自己的生命进化的序列，个体在自我的存在与自然的存在之间建立起某种有意义的联系，人与自然之间的疏离感就会不断减少，个体会不断履行着自己对自然存在物的关爱。人具有了一种张载所说的"天地之塞，吾其体；天地之率，吾其性。民，吾同胞；物，吾与也"的道德自觉和道德体认，建构了一种生态意义的公民人格。

公民人格即公民所具有的提升自己的做人境界和成就自己的理想自我的品质，以及向善意愿、知善能力、为善勇气、履善行动等特性，它表现为自爱、自立、自尊、宽容、礼貌、谦逊、克制、文雅等人格特质。公民人格不只是公民规范的内化，它更是公民的精神空间的全面拓

---

① 转引自雷毅：《深层生态学思想研究》，清华大学出版社 2001 年版，第 46 页。

展和提升，是公民的精神世界的整体生长。在深层意义上，公民人格更表现为公民价值理想的内化和人格化，表现为一种"人格美"。公民人格是公民希望和追求的一种能够保证其在公共活动中的主体资格、主体地位和主体作用的人格，它是一种理想人格，需要人们自觉地培育、塑造和建构。

第七章 公共性生产：公民意识
提升的社会机制

关于公民意识的培养，总体上存在两种观点：一种观点可称为"建构论"，认为应把公民意识纳入意识形态构建工程，强化中国特色社会主义政治、经济、文化制度合理性、合法性的内化和认同；另一种观点可称为"自发形成论"，认为市场经济的发展与民主、法治实践的推进最终会促成公民意识的普遍形成。马克思说：

> 我的普遍意识不过是以现实共同体、社会存在物为生动形式的那个东西的理论形式。①

可见，对公民意识的形成来说，物质因素、价值因素、观念因素都很重要。公共性生产是公民意识教育的社会基础。表现为公共利益的保障、公共权力的维护、公共文化的建构、公共生活的拓展等四方面内容。

---

① 《马克思恩格斯文集》第 1 卷，人民出版社 2009 年版，第 188 页。

一、利益博弈与公共利益的保障

在现代社会，利益被"升格为普遍原则""升格为人类的纽带""升格为人的统治"。① 马克思指出："任何人如果不同时为了自己的某种需要和为了这种需要的器官而做事，他就什么也不能做。"② 美国学者阿瑟·奥肯（1928—1980）也说："我还没有找到一种反对自我利益的信念，来作为经济体的组织原则。首先，利己主义对于盲目忠诚某一领导人或国家所造成的更大危险是一种自卫。第二，当制度有利于个人并扩大了个人利益的范围时，自我利益便由一种进步的利己主义构成，这种利己主义产生出对家庭，对社区以及对国家的忠诚。第三，历史的镜鉴告诉我们，对个人自我利益倾向的竭力压制——在高贵如修道院中或低劣如法西斯专政之下——也曾经严重地限制了个人权利。"③ 在现代社会，自我利益或个人利益是人的行为的根本动机。

利己与利他、个人利益与共同利益的关系，是现代社会面对的重大问题之一。近代以来，西方许多思想家都致力于解读现代社会中"利他""共同利益"的形成之谜。有些思想家如沙夫茨伯里（Shaftesbury）、哈奇森（Francis Hutcheson，1694—1746）、巴特勒（Joseph Bulter）、休谟（Hume）以及作为伦理学家的斯密（Smith）等，侧重于从道德哲学角度探寻这一谜底。他们认为，人性中存在着一种内在共通感、同情感和道德感等，这些人性元素可以打通利己与利他、个人利益与共同利益之间的鸿沟，促使利他和共同利益取向的形成与发展。还有些思想家如

---

① 《马克思恩格斯文集》第 1 卷，人民出版社 2009 年版，第 94、105 页。

② 《马克思恩格斯全集》第 3 卷，人民出版社 1960 年版，第 342 页。

③ ［美］阿瑟·奥肯：《平等与效率》，王奔洲等译，华夏出版社 1999 年版，第 47—48 页。

洛克、孟德维尔以及作为经济学家的斯密等，则侧重于从经济学或社会历史哲学角度探寻利己与利他、个人利益与共同利益的关系之谜。他们认为，商业贸易史、劳动分工等足以解决利己与利他、个人利益与共同利益的矛盾。斯密提出"看不见的手"、孟德维尔提出"蜜蜂的寓言"等思想，都旨在表明，追求自利或个人利益是一种美德，因为个人通过对自我利益的追求能够对社会福利做出贡献。黑格尔、凯恩斯等思想家则从政治哲学或政治经济学角度，主张通过国家、政府、法治等"看得见的手"解决利己与利他、个人利益与共同利益的关系。

斯密把"看不见的手"即市场视为化解"利己"与"利他"之间冲突与矛盾的中介。他认为，利己是人的本性，是人的一切行为的动机和出发点。"利己心"是推动人们参与经济活动的根本动力，离开人自身利益的经济行为是难以持续的。但是，个体自身的力量又是有限的，在人的一切活动中，个体经常需要得到他人的帮助。但人们一般不会首先向他人无端地表示"利他心"，人们往往以自己的"利他心"去间接地满足自己的"利己心"。在斯密看来，"利己"是人的行为的出发点和归宿点，"利他"则是连接这一出发点和归宿点的桥梁。这个桥梁是建立在以互利原则为基础的市场交易行为当中的。在市场交易中，每个人要达到自己的目的，他既不能强迫自己的交易伙伴，也不能期望他的交易伙伴发善心，他只能借助于交易，将双方的"利己心"契合起来，使双方都能从交易中得到好处。斯密认为，在市场经济中，离开了"利他"的"利己"是难以实现的。"利己"必须在形式上表现为"利他"，只有这样，个人的经济期望和经济行为才可能被他人所接受。而只有当他人接受了个人的经济期望和经济行为，并采取了合作性的态度时，个人利己的目的才会真正实现。这也就是说，市场交易这只"看不见的手"，把人的自觉的"利己心"与不情愿的"利他心"连接到了一起。

马克思也肯定市场机制在融通个人利益与公共利益中的作用，他指出："任何利己主义都是在社会中靠社会来进行活动的。可见，它是以社会为前提，即以共同的目标、共同的需要、共同的生产资料等等为前提的。"① 在现代市场社会中：

> 表现为全部行为的动因的共同利益，虽然被双方承认为事实，但是这种共同利益本身不是动因，它可以说只是在自身反映的特殊利益背后，发生在同另一个人的个别利益相对立的个别利益背后……共同利益恰恰只存在于双方、多方以及各方的独立之中，共同利益就是自私利益的交换。一般利益就是各种自私利益的一般性。②

而且，"这种共同利益不是仅仅作为一种'普遍的东西'存在于观念之中，而首先是作为彼此有了分工的个人之间的相互依存关系存在于现实之中"③。在这个意义上来说，共同利益是由个人利益中带共通性的部分游离出来的整体利益。"公共"首先就是非排他的可共享性利益，即公共利益。现实的个人是社会关系中的具体的人。对每一个人来说，"只有维护公共秩序、公共安全、公共利益，才能有自己的利益"④。在现代社会，人们所有的主要不是"共同利益"，而是以个人利益及其诉求为形式的"相同利益"，这种相同利益之间不仅存在多元分割，而且常常相互排斥、相互冲突。鲍曼指出，个体利益及其自足性，在现代社会不断增强，这使得群体"失去了作为集体性主体的能力，几乎不能引

---

① 《马克思恩格斯文集》第1卷，人民出版社2009年版，第634页。
② 《马克思恩格斯全集》第30卷，人民出版社1995年版，第199页。
③ 《马克思恩格斯文集》第1卷，人民出版社2009年版，第536页。
④ 《马克思恩格斯全集》第2卷，人民出版社1957年版，第609页。

起一个持久的一致行动"①。更为严重的是，随着利益的分化和冲突，个体之间的联系与认同越来越脆弱，人们只是根据自己的利益或结盟，或敌对。

在我国，巩固和发展公有制经济，是保障全社会共同利益的物质基础。国有经济是国民经济的主导力量，国有企业是国有经济的基石。国有企业是全社会公共利益的重要载体，是保障全社会公共利益的重要力量。国有企业不是少数人的企业，国有企业的收益也不是少数人的福利，我国全体社会成员都有权共享国有企业的收益。改革开放以来，尤其是近年来，国有企业占全国企业的比重已经降到很低的程度。据 2014 年 12 月发布的全国第三次全国经济普查数据，2013 年末，全国第二产业和第三产业按登记注册类型分组的企业法人单位共有 820.8 万个。其中，在内资企业中，国有企业占全部企业法人单位总数的 1.4%，集体企业占 1.6%，私营企业占 68.3%；其余的是具有混合经济性质的股份合作企业、联营企业、有限责任公司、股份有限公司和其他企业等。从企业从业人员占比的角度看，国有企业的从业人员除在"交通运输、仓储和邮政业"占比达到 27.5% 之外，在其余公布数据的八个行业，只有两个行业分别占 9.1% 和 9.2%，一个行业占 6.3%，五个行业占比仅在 4.7% 和 3.1% 之间。国有企业的有关数量占比低到如此程度，显然已跌破了我国宪法关于公有制占主体地位、国有经济是国民经济主导力量的底线。② 如此下去，必然损害全体社会成员的公共利益和合法权益。2015 年 8 月，中共中央、国务院颁布的《关于深化国有企业改革的指导意见》指出国有企业存在的一

---

① ［英］齐格蒙特·鲍曼：《共同体》，欧阳景根译，江苏人民出版社 2003 年版，第 103 页。

② 何干强：《在深化改革中做强做优做大国有企业》，《马克思主义研究》2016 年第 2 期。

些突出问题，其中，一些企业管理混乱，内部人控制、利益输送、国有资产流失等问题突出。《意见》强调，要做优做大国有企业，提高国有企业的资本收益上缴公共财政的比例，提出到 2020 年把国有资本收益上缴公共财政的比例提高到 30%，并且将其中的更多部分用于保障和改善民生。在现实生活中，由制度所造成的公民权利不平等、贫富悬殊、官贵民贱、城乡差异、有权者恃强凌弱，本身就会滋生冷漠和自私。现在，由于二元社会结构、政策偏颇等，使得农民、进城务工人员等共同参与发展的公共平台受到严重挤压，乡村公共品的供给由于集体经济瓦解、公共资源匮乏等而严重不足。凡此种种，都严重影响了公民意识的健全发展。

公共利益与私人利益的关系，是人类社会中利益存在的两种基本形式。如何看待二者的关系以及如何协调二者的关系，是政治学面对的重大课题。二者不是彼此对立，而是相互协调的。私人性是公共性的前提，公共性是私人性的基础。每个个人都对自己的生存承担有不可取代的责任，他有权利为自己的生存谋取必要的利益。公的重要，不在于抹杀私人利益，而是在于它能代表众人之私，实现众人之私。背离众人之私的"公益"只能是一己之私。贺麟提出"假私济公"说，他指出："我们承认假公济私是最大的罪恶，但是我们要对之治以'假私济公'的宇宙大法。最繁荣的季节，是'欣欣物自私'的春天，最伟大的时代，也许是'欣欣人自私'的盛世，怎样成全个人的自私，而又所以促进社会进步，这样使为私与为公，相反而相成"。他进一步指出，近代伦理思想史上的一大转变，已经超出传统"灭人欲"式的道德信条，而是"趋向于一方面求人欲与天理的调和、求公与私的共济；而一方面又更进一步云设法假人欲以行天理，假自私以济大公。打一个比喻，中古时代的人，畏惧洪水猛兽，而现代的人则假洪水以作发电的动力，假猛兽以娱乐观众。情欲私心等，已不被视为可怕的洪水猛兽，而乃被认为可借以行天理济公众的材料。假如不能动员人类的欲望、情欲、利己心等，以作实现道德理想的工具与材料，则道德生活必然是空虚与贫乏，不是现代人所要求的充实丰富、洋溢着生命力的生活……近代的伦理思想家大都不过欲教人自私得坦白一点，自私得开明一点，自私得合理一点罢了"①。20世纪50、60年代兴起的公共选择理论认为，无行为主体的所谓公共利益或集体利益是不存在的。奥尔森认为，由具有相同利益的个人所形成的集团，不一定有进一步扩大这种集团利益的倾向。存在两种集体利益：一是相容性的集体利益，利益主体在追求这种利益时是相互包容的，利益主体之间是正和博弈；一是排他性集体利益，利益主体在追求这种利益时是相互排斥的，利益主体之间是零和博弈。与此对应，有"相容集团"与"排外集团"之分。②

托克维尔曾描述了美国的乡镇精神：在乡镇生活中，人们热爱自己的乡镇，关心自己的乡镇，把乡镇发生的每一件事情都与自己联系起来，最大多数人参与公共事务，"产生了遵守秩序的志趣，理解了权力和谐的优点，并对他们的义务的性质和权利范围终于形成明确的和切合实际的概念"③。他把对美国人品德的理解称为"正确理解的自我利益"。他观察到，美国人几乎经常将个人的幸福与同胞的幸福结合起来，但从不为显示自己的高尚而做出自我牺牲。社会中每个人都不否认自利行为，道德之所以能够生成则是因为人们发现，成为有德的人对包括自己在内的所有人都是有益的。这种精神"不要求人们发挥伟大的献身精

---

① 贺麟：《文化与人生》，商务印书馆2006年版，第65—67页。
② ［美］曼瑟尔·奥尔森：《集体行动的逻辑》，陈郁等译，上海人民出版社1995年版，第31页。
③ ［美］托克维尔：《论美国的民主》上卷，董果良译，商务印书馆1991年版，第76页。

神，只促使人们每天做出小小的牺牲。只靠这个原则还不足以养成有德的人，但它可使大批公民循规蹈矩、自我克制、温和稳健、深谋远虑和严于律己……'正确理解的利益'原则一旦完全支配道德世界，无疑不会出现太多的惊天动地的德行。但我也认为，到那时候，怙恶不悛的歹行也将极其稀少"①。

二、社会权力及其公共性的维护

亚里士多德说："凡是属于最多数人的公共事物常常是最少受人照顾的事物，人们关怀着自己的所有，而忽视公共的事物；对公共的一切，他至多只留心到其中对他个人多少有些相关的事物。"② 中国有句俗语"三个和尚没水喝"，说的也是同样的意思。由于公共物品很难通过私人活动得到有效供给，人类历史上的公共事物都是借助一定的组织来实现的，这些组织通过人们之间自愿或者强制性的合作，来实现一定地域和一定范围人群里公共物品的供给。部落、教会、家族、协会、政府等，都是供给公共物品的组织形式。在现代社会，政府是供给公共物品的最重要的组织形式，它与供给私人物品的市场，被视为现代社会两个最大的组织建构机制。

在人类历史进程中，权力是一种特殊的社会力量。尤其在进入阶级社会后，权力更是成为维持社会组织和社会秩序的最重要力量之一。在所有的社会权力中，人们更为关注和看重的权力是社会政治权力。就其性质而言，"原来意义上的政治权力，是一个阶级用以压迫另一个阶级

---

① ［美］托克维尔：《论美国的民主》下卷，董果良译，商务印书馆1991年版，第653页。

② ［古希腊］亚里士多德：《政治学》，吴寿彭译，商务印书馆1983年版，第43页。

的有组织的暴力"①。在以私有制为基础的阶级对立社会，权力总是被剥削阶级和少数人所攫有和掌控。权力反映统治阶级的意志，成为维护剥削阶级和少数人利益的工具。在《共产党宣言》中，马克思和恩格斯指出："现代的国家政权不过是管理整个资产阶级的共同事务的委员会罢了。"② 当然，在剥削阶级统治的社会，剥削阶级为了谋求自己阶级统治的合理性与合法性，为了保证自己的阶级统治能够被全社会所认同和接受，统治阶级也不得不在一定程度上考虑和顾及社会的公共利益，使国家权力履行一定程度的服务功能，在一定程度上显示其权力的公共性。在反对封建专制集权的历史进程中，早期资产阶级思想家大力倡导权力的公共性理念，对权力的公共性进行理论阐释和宣传，通过自然权利、社会契约论、主权在民、三权分立等学说，表达对权力公共性的关切和维护。

但是，历史地看，资本主义国家与公民身份有着内在的矛盾。资本主义生产方式最终导致的是社会不平等，而资本主义国家本质上是资产阶级利益的代言人和保护者，这就使得所谓平等主义的公民身份难以真正实现，这就形成了资本主义市场不平等与公民身份平等要求之间的冲突，即"当公民身份的平等原则从 17 世纪晚期开始以公民权利的面目发展时，资本主义社会不平等恰巧也发展于同一时期"③。18 世纪的公民权利以及 19 世纪发展起来的公民政治权利要求，虽然突破了传统的把平等仅仅理解为"平等的自然权利"的观念，而提出"平等的社会财富"的观念，还有 20 世纪发展起来的公民权利要求，进一步提出"平等的社会地位"的观念，但由于根本性的制度缺陷，以及阶级偏见和教

---

① 《马克思恩格斯文集》第 2 卷，人民出版社 2009 年版，第 53 页。
② 《马克思恩格斯文集》第 2 卷，人民出版社 2009 年版，第 33 页。
③ ［英］德里克·希特：《何谓公民身份》，郭忠华译，吉林出版集团有限责任公司 2007 年版，第 11 页。

育等的影响，① 这些平等实际上是一种原则的、形式的平等，而不是实质的、内容的平等。在资本主义社会，"个人的社会经济地位是进入公民身份地位的入场券，而不是获得公民身份之后的一系列权利"②。这表明，资本主义社会中，"在身份体系与契约体系之间，在社会正义与市场价格之间，存在着内在的冲突"③。如何协调政治民主的正式框架与作为经济体系的资本主义所带来的社会结果之间的关系，即形式平等与社会阶级持续分化之间的关系，是当代资本主义国家公民身份遭遇的核心问题之一。西方学者为此提出了各种方案，比较典型的如福利国家设想。一些学者认为，福利国家是一个能保护所有公民"从摇篮到坟墓"的社会，是一个人人可以感受到共同体的成员资格并从中得到慰藉与食物的社会。因而，基于社会权利的福利国家能够培育公民的一种积极的归宿感。同时，福利国家可以限制阶级分化对个人生活机会所带来的负面影响从而促进个人对共同体的忠诚感。但是，20 世纪后期以来，福利国家既因为未能创造出一个充分平等的社会而受到左派的批判，又因为破坏了自愿原则、多元化和自主性而遭到右派的攻击。

在社会主义社会，一切权力本质上都是公共权力，权力来源于最广大人民群众的根本利益和意志。作为一种组织起来的力量，权力归属于整个社会，服务于社会的整体利益，维护最大多数社会成员的利益。社会主义权力的公共性在制度上获得了保障，权力运作和行使具有以往任

---

① 现代公民权利体系之间确实也存在着矛盾，比如，公民政治权利要求平等地对待所有个体，但经济自由权的行使会导致不平等；公民社会权利具有模糊性，它倾向于给予而无须考虑道德义务，而政治权利则必须具有法律精确性，它在授予的同时还期望被授予者能够履行义务；等等。

② ［英］德里克·希特：《何谓公民身份》，郭忠华译，吉林出版集团有限责任公司2007 年版，第 162 页。

③ ［英］德里克·希特：《何谓公民身份》，郭忠华译，吉林出版集团有限责任公司2007 年版，第 14 页。

何社会的权力所不可能有的群众基础。列宁指出："社会主义将发展为共产主义，而对人们使用暴力，使一个人服从另一个人、使一部分居民服从另一部分居民的任何必要也将随之消失，因为人们将习惯于遵守公共生活的起码规则，而不需要暴力和服从。"① 他进一步指出，人们只有在共产主义社会中，才能"摆脱了资本主义奴隶制，摆脱了资本主义剥削制所造成的无数残暴、野蛮、荒谬和丑恶的现象，也就会逐渐习惯于遵守多少世纪以来人们就知道的、千百年来在一切行为守则上反复谈到的、起码的公共生活规则，而不需要暴力，不需要强制，不需要服从，不需要所谓国家这种实行强制的特殊机构"。② 当社会物质产品极大丰富，不需要以阶级作为个人利益代表的时候，作为阶级利益矛盾冲突结果的国家也会"自行消亡"。马克思指出："当阶级差别在发展进程中已经消失而全部生产集中在联合起来的个人的手里的时候，公共权力就失去政治性质"③，从而最终"把靠社会供养而又阻碍社会自由发展的国家这个寄生瘤迄今所夺去的一切力量，归还给社会机体"④。

但是，在其现实性上，社会主义政治权力在其实际运行中，也会在一定范围和一定程度上偏离其公共性。导致权力公共性缺失或丧失的原因很多，一是体制等方面的原因。由于党和国家领导体制、政府管理体制、社会治理机制等的不完善，加之市场经济体制的侵蚀，权力滥用、权力"寻租"及"官本位"意识等仍大量存在，使得权力成为一些领导者为自身谋利益的工具。权力腐败的本质是公共权力的变质，是"公权"向"私权"的蜕化，表现为以权谋私、化公为私、权钱交易等现象。二是传统文化和观念的影响。人们习惯于用传统社会中的思维方式来认识

---

① 《列宁选集》第 3 卷，人民出版社 1995 年版，第 185 页。
② 《列宁选集》第 3 卷，人民出版社 1995 年版，第 191 页。
③ 《马克思恩格斯文集》第 2 卷，人民出版社 2009 年版，第 53 页。
④ 《马克思恩格斯文集》第 3 卷，人民出版社 2009 年版，第 157 页。

权力，习惯于按照传统社会中权力运行的方式来运用权力，习惯于用权力所代表的公共力量来增强或炫耀掌握权力的行政人员的力量。在中国传统思想中，"公"是以政权来体现的，政权又以君主为代表，"普天之下，莫非王土；率土之滨，莫非王臣。"最终使公归为一人所有。王朝的兴衰成败，往往表现在这"公"是你拥有，还是我拥有，胜则为公，败则为私，孰公孰私，都是有权者的自称或他称。事实上，中国传统社会既缺乏公共性，又具有公共性色彩。之所以说公共性缺失，是因为在君主专制统治之下、在私天下的社会中，毫无公共生活、公共利益和公共精神可言。但是，中国传统社会的国家与社会是不相分离的，政治国家对社会实行全面严密的控制，帝王以天子的名义和国家代言人的形象君临天下，事实上充当了公共性的象征，公共利益、国家利益与君主私利融合。于是，人们"就产生了对国家以及一切同国家有关的事物的盲目崇拜。尤其是人们从小就习惯于认为，全社会的公共事务和公共利益只能像迄今为止那样，由国家和国家的地位优越的官吏来处理和维护，所以这种崇拜就更容易产生"①。三是人性的弱点。作为有欲望和需求的人，一旦掌握权力，就可能借助权力，把自我凌驾于权力之上。

在现代政治理念中，公共性是政府合法性的基础。卢梭指出，政府权力"完全是一种委托，是一种任用……只要主权者高兴，他就可以限制、改变和收回这种权力"②。政府权力的委托代理关系意味着，人民是权力的合法拥有者，公共职位对公众开放，公众享有对公共职位及其充任者的设置、选择、限制、更换等权利。这也决定了政府的基本职责在于，运用公共资源，凭借公共权力来提供公共物品、管理公共事务、增进公共利益。统治职能与管理职能是国家最基本的两大职能。由于国家

① 《马克思恩格斯文集》第3卷，人民出版社2009年版，第111页。
② ［法］卢梭：《社会契约论》，何兆武译，商务印书馆2003年版，第77页。

统治职能是在统治集团和被统治集团的关系中实现的，所以，虽然它表现出一定的现代公共性的内容，但本质上是与公共性相悖的。而在管理职能中，公共性则是其最为根本的特性，甚至可以断言，归咎于管理职能的是一个纯粹的公共性领域。政府的公共性即政府为公众服务、为公共利益服务的属性。政府代表社会的公共利益，维护社会的公平与正义。政府的公共性角色要求政府放弃其自身的利益诉求，以全社会和全体人民利益的视角来制定公共政策，实施公共管理。政府组织是掌握公共权力的实体，但这个实体不应该有自己独立的利益要求和政治愿望，也不能充当任何一个社会集体的利益要求和政治愿望的代表，它所体现出来的是整个社会的公共利益和政治要求，政府的组织机构、行为方式、运行机制、政策规范等，都必须体现公共性。但是，在人类历史发展的相当长时间里，政府行为的这种"公共性"却没有能够充分体现出来。社会主义国家政府的"公共性"应该体现得更充分更全面，并使之成为社会主义的制度优势之一。

但是，在我国，由于受历史文化传统和计划经济的影响，政府一直更多地具有管制型政府的色彩。我国的政府行政历来强调的是政府管理的权威性，而把政府的服务职能置于次要的地位，忽视公民个性化、人性化的需要，政府的角色定位是无限管制，政府的触角无处不在。王亚南在《中国官僚政治研究》一书中曾指出：

> 官僚政治是一种特权政治。在特权政治下的政治权力，不是被用来表达人民的意志、图谋人民的利益，反而是在"国家的"或"国民的"名义下被运用来管制人民、奴役人民，以达成权势者自私自利的目的。①

---

① 王亚南：《中国官僚政治研究》，商务印书馆 2010 年版，第 197 页。

管制型政府的特征，主要表现为命令行政、人情行政、经验行政和弱责行政，它会带来诸如政府主导、擅权专权、监督缺失和全能政府等弊端。管制型政府也不符合市场经济对政府职能定位的要求。

在现代社会，公民权利是公共权力的根基。确认和赋予公民权利就等于同时确定了政府的权力和责任范围。有效的公民权利都对应着政府某些方面的责任和义务，公民权利离不开政府权力的支持和保障。霍布斯最早阐述了现代国家的起源及本质。他设想了一个相对于政治社会的自然社会，在自然社会中，人们因欲望和需求而激烈纷争，人与人之间的关系处于类似于狼与狼的关系状态，是"一切人反对一切人的战争"状态。为了避免无序竞争所造成的两败俱伤，实现人们之间的和睦相处，人们便相互妥协，谋求达成契约。于是，每个人便让渡自己的一部分权利，并把大家所有的权利和力量托付给某一个人，或托付于一个能反映大家意志和利益的多人组成的集体。这就"好像是人人都向每一个其他的人说：我承认这个人或这个集体，并放弃我管理自己的权利，把它授予这人或这个集体，但条件是你也把自己的权利拿出来授予他，并且以同样的方式承认他的一切行为。这一点办到之后，像这样统一在一个人格之中的群体就称为国家，在拉丁文中称为城邦。这就是伟大的利维坦的诞生"①。洛克也认为，人们最初的生活状态呈现为一种自然状态，在这种状态，人们完全自由、平等、和平。但是，由于缺少法律和相应的权威机构，自然状态存在着严重的缺陷。因此，人类必须通过订立契约，联合成为一个共同体，以便能够安稳地享受他们的财产并且有更大的保障来防止外来的侵犯。② 卢梭认为，自由的人们最初生活在一个人人平等的自然状

---

① ［英］霍布斯：《利维坦》，黎思复、黎廷弼译，商务印书馆1997年版，第131—132页。

② 参见［英］洛克：《政府论》下篇，叶启芳等译，商务印书馆1964年版，第59页。

态中，但由于自然环境存在弊端，因此，自由的人们以平等的资格订立契约，把自己的全部权力转让给整个集体，同时又从集体重新获得了他"自己所丧失的一切东西的等价物以及更大的力量来保全自己的所有……每个人都以其自身及全部的力量共同置于公意的最高指导之下，并且我们在共同体中接纳每一个成员作为全体之不可分割的一部分"①。卢梭认为按照这一原则建立起来的主权就是"公意"，就是人民的共同意志，是指导国家和全体人民行动的最高准则，对公意的行使就是人民主权，主权应当和必然属于人民，是不可转让、不可分割、不可代表的，是绝对的、至高无上的和不可侵犯的。卢梭还认为，行政权力的受任者是由人民委任的，人民可以委任他们，但也可以撤换他们。因此，他们绝不是人民的主人，而是人民的官吏。对于这些官吏来说，不存在与人民订约的问题，而只有服从人民的问题。官吏们在承担国家所赋予他们的职务时，只不过是在履行人民赋予他们的义务。

社会契约论是近现代关于国家和政府的起源、产生和存在的合法性的最重要理论依据之一。在这一理论框架中，国家和政府是为了社会及其社会中的人们生存和发展的需要而产生和存在的，其存在对于社会的价值在于维护社会的公共利益、以民主和法治的方式治理社会，使社会成为一个"公序良俗"的共同体。卢梭在《社会契约论》中强调：

> 国家体制良好，则在公民的精神里，公共的事情也就愈重于私人的事情。私人的事情甚至于会大大减少的，因为整个的公共幸福就构成了很大一部分个人幸福……而在一个坏

---

① ［法］卢梭著：《社会契约论》，何兆武译，商务印书馆2003年版，第24—25页。

的国家里，人们只注意家务私事而对公共事业很少兴趣。只要有人谈到国家大事时说：这和我有甚么相干？这样的国家就算完了。①

马克思指出："国家不仅有按照既符合自己的理性、自己的普遍性和自己的尊严，也适合于被告公民的权利、生活条件和财产的方式来行事的手段，国家义不容辞的义务就是拥有这些手段并加以运用。"② 马克思在批评普鲁士林木盗窃法时指出："国家不应该把违反林木管理条例者只看作违法者、森林的敌人。难道每一个公民不都是通过一根根命脉同国家有着千丝万缕的联系吗？难道仅仅因为这个公民擅自割断了某一根命脉，国家就可以割断所有的命脉吗？可见，国家也应该把违反林木管理条例者看作一个人，一个和它心血相通的活的肢体，看作一个保卫祖国的士兵，一个法庭应倾听其声音的见证人，一个应当承担社会职能的集体的成员，一个备受崇敬的家长，而首先应该把它看作国家的一个公民。国家不能轻率地取笑自己某一成员的所有职能，因为每当国家把一个公民变成罪犯时，它都是截断自身的活的肢体。"③ 马克思认为，作为政治权利的公民权利，"只是与别人共同行使的权利。这种权利的内容就是参加共同体，确切地说，就是参加政治共同体，参加国家"④。参加政治共同体，参加国家，就是要求国家给予公民相应的利益保障，创造条件满足公民的各种合理需要，保障公民享有自由、平等、民主等权利。列宁指出："宪法，就是一张写满人民权利的纸。"⑤ 社会主义国家

① ［法］卢梭著：《社会契约论》，何兆武译，商务印书馆 2003 年版，第 73 页。
② 《马克思恩格斯全集》第 1 卷，人民出版社 1995 年版，第 261 页。
③ 《马克思恩格斯全集》第 1 卷，人民出版社 1995 年版，第 255 页。
④ 《马克思恩格斯全集》第 3 卷，人民出版社 2002 年版，第 181 页。
⑤ 《列宁全集》第 12 卷，人民出版社 1987 年版，第 50 页。

的一切权利都以人民权利为本。

邓小平指出：

> 制度好可以使坏人无法任意横行，制度不好可以使好人无法充分做好事，甚至会走向反面。①

这里所谓的"制度"，主要指那些并非由直接的道德规范组成的制度，即非伦理性的各种社会规范的组合。这些方面的制度好与不好，影响到人的好与坏；而这些方面的制度的好坏与否，取决于这种制度是否具有伦理的属性以及这种伦理具有何种性质。制度是人的合目性的活动的结果，是各种社会力量彼此作用、各种利益相互博弈的产物。制度体现一种公共理性和公共意志，它必然包含着一些基本的价值理念。所以，作为社会的一种规范形式，制度与价值有着内在的必然联系。通过对制度合理性与正义性的价值追问，制度伦理可以营造一种扬善抑恶的刚性的社会公共机制，以非道德化的制度间接作用于人的行为，培养人的主体意识和公共精神。罗尔斯认为，社会的公共道德要求优先于个人的道德合理性要求。这种公共道德不是一种社会性的道德理性，而是一种社会性的制度理性或政治理性，它是民主政治的合法性的依据。罗尔斯指出："在公平正义中，权利的优先性意味着，政治的正义原则给各种可允许的生活方式强加了种种限制，因而公民的要求则是，任何追求僭越这些限制的行为都是没有价值的。"② 但是，"在其普遍形式上，这种优先性意味着，可允许的善理念必须尊重该政治正义观念的限制，并在该政治正义观念的范围内发挥

---

① 《邓小平文选》第二卷，人民出版社 1994 年版，第 333 页。
② [美] 约翰·罗尔斯：《政治自由主义》，万俊人等译，译林出版社 2000 年版，第 184 页。

作用"①。罗尔斯认为，没有制度的公正，就没有正义感的产生。

> 一个人的职责和义务预先假定了一种对制度的道德观，因此，在对个人的要求能够提出之前，必须确定正义制度的内容。这就是说，在大多数情况里，有关职责和义务的原则应当在对于社会基本结构的原则确定之后再确定。②

在制度的正义下，包括公共意识的正义感才能形成，这种正义感又将对制度的正义提供观念上的稳固支持。

在现代社会，法治是维护公共权力公共性的最重要机制之一。因为，法治能够为社会"提供符合公共利益的机制。法治国家是一种具有根本性意义的公共价值机制"③。作为一种"公共价值机制"，法治为个体公共意识的养成和发展提供了丰富的价值理念。事实上，法律的制定、执行和实施过程都与立法者、执法者和司法者的价值取向、公共意识等密切相关。法律的制定、执行和实施过程在一定程度上就是公共意识的形成与不断被张扬的过程。

三、文化多样性与"公民文化"建设

公民意识本质上是一种公民价值观，公民身份具有文化特征，文化

---

① ［美］约翰·罗尔斯：《政治自由主义》，万俊人等译，译林出版社 2000 年版，第 187 页。

② ［美］约翰·罗尔斯：《政治自由主义》，万俊人等译，译林出版社 2000 年版，第 110 页。

③ ［德］米歇尔·鲍曼：《道德的市场》，肖君等译，中国社会科学出版社 2003 年版，第 34 页。

在公民意识的建构中具有非常重要的作用。英国学者斯蒂芬·卡尔伯格说:"文化的力量在现代公民身份的兴起中起了核心作用。"①

一般地说,文化即"人化",文化是人的本质的外化、对象化或物化,是人类在改造世界的对象性活动中所展现出来的人的本质力量及其成果。英国文化人类学家泰勒最早对文化概念进行了界定。他在《原始文化》一书中指出:"所谓文化或文明乃是包括知识、信仰、艺术、道德、法律、习惯以及其他人类作为社会成员而获得的种种能力、习性在内的一种复合整体。"②广义的文化指人类所创造的物质财富和精神财富的总和;中义的文化指人类所创造的精神财富的总和,即社会意识形态以及与之相适应的制度和组织机构;狭义的文化指社会意识形态或者说是社会观念形态。文化是共有的,它是一系列共有的概念、价值观和行为准则,它是使个人行为能力为集体所接受的共同标准。"文化的真正内容是投射、凝聚在劳动及其产品中的人的行为方式和价值观念。从根本上说,文化就是一系列有机组织起来的价值观念。只有抓住价值观念,才是抓住了文化的根本"。因此,"我们也可以说,所谓文化,说到底就是指一个社会中的价值观,是人们对于理想、信念、取向、态度所普遍持有的见解。中西文化的不同,古今文化的不同,一切文化的不同,最根本的是价值观的不同"。③任何一种文化,其核心都体现在它的精神及其价值取向层面。价值观是文化的核心。

梁启超针对中国历史上普遍存在的"愚民"政治,阐述了民智与权利的关系。"凡权利与智慧,相依者也。有一分之智慧,即有一分之权利;有百分之智慧,即有百分之权利,一毫不容假借。故欲求一国自

---

① [英]布赖恩·特纳:《公民身份与社会理论》,郭忠华、蒋红军译,吉林出版集团有限责任公司2007年版,第104页。

② [英]泰勒:《文化之定义》,顾晓鸣译,浙江人民出版社1987年版,第98页。

③ 《袁贵仁自选集》,学习出版社2007年版,第326、353—354页。

立，必使一国之人之智慧可治一国之事然后可"。在我国，人们文化水平和文化素质的落后，在一定程度上抑制了公民意识的觉醒和发展。列宁说："文盲是站在政治之外的，必须先教他们识字。不识字就不能有政治，不识字就只能有流言蜚语，传闻偏见，而没有政治。"①

当前，我国文化发展正处于转型时期。在这种转型过程中，文化发展呈现出多样、多元、多变的特点。本土文化、外来文化、先进文化、落后文化、主流文化、精英文化、大众文化等各种文化相互竞争，文化矛盾和文化冲突日益加剧。如何在多元文化中达成普遍的文化共识和文化融合，这是我国文化建设面临的重大任务之一。从实践意义上说，这种文化共识和文化融合的实现过程，就是公共文化的建设过程。这种公共文化的建设，是公民意识教育的基础，它涉及意识形态、公民文化、教育等各个方面的内容。

公民文化是现代文化的重要特性。美国政治学家加布里埃尔·A.阿尔蒙德等人提出公民文化概念。他们认为，每一种政治体系最终都表现为一个特定的政治行为模式，而特定的行为模式就构成特定政治体系的政治文化。"'政治文化'这个术语所指的就是特定的政治取向——对于政治体系及其各个部分的态度，对于在该系统中自我角色的态度"②。阿尔蒙德和维巴指出："公民文化是混合的政治文化。在这种文化中，有许多人在政治上相当积极，但也有许多人采取比较消极的臣民角色。更重要的是，即使那些扮演积极的公民角色的人，也没有排除臣民和村民的角色。参与者角色跟臣民和村民角色结合在一起"③。同时，阿尔蒙

---

① 《列宁全集》第35卷，人民出版社1992年版，第59页。
② ［美］加布里埃尔·A.阿尔蒙德、西德尼·维巴：《公民文化》，张明澍译，商务印书馆、人民出版社2014年版，第13页。
③ ［美］加布里埃尔·A.阿尔蒙德、西德尼·维巴：《公民文化》，张明澍译，商务印书馆、人民出版社2014年版，第340页。

德和维巴把公民文化分为十个主要方面：第一，个人对政治系统和政府输出活动的认知；第二，个人对政治系统的态度；第三，个人的党派信仰；第四，公民责任感；第五，公民能力感；第六，臣民能力感；第七，公民能力感和政治参与、政治忠诚的关系；第八，社会态度与公民合作的关系；第九，社会组织与公民能力的关系；第十，政治社会化与公民能力的关系。①

　　公民意识是公民文化的内核，公民文化彰显公民意识。加强公民文化建设，是培育公民意识、有效开展公民意识教育的重要途径。一般来说，教育是公共文化的重要内容之一，是开展公民意识教育的最重要的实践形式之一。在公民教育传统中，共和主义公民教育观强调教育的目标应放在公共领域上，以促进个体人格和潜能的发展为目标，侧重培养参与者和爱国公民；自由主义公民教育则强调教育的目标应放在私人领域上，以促进个体的自主和自由为目标，提升个体的民主素质。共和主义教育模式与自由主义教育模式之间的差别表明，公共教育目标与私人教育目标之间存在张力。公民教育是一个社会系统工程。"把公民教育过程看作是学校的责任，这一过程很大程度上与共同体相分离，也与个人终生作为公民的经验相隔绝，这种观点完全是一种虚假的看法"②。公民意识教育是一种成人的、终生的过程，教育的内容、方法和目标，随着社会结构和政治体制的不同而不同，但仍有着共同的东西。马克思认为，国家应通过公共教育，来培养和提升社会成员的公共理性和公共意识。他提出了公共教育的理想形态：

---

① 参见［美］加布里埃尔·A.阿尔蒙德、西德尼·维巴：《公民文化》，张明澍译，商务印书馆、人民出版社2014年版，第11—17页。

② ［英］德里克·希特：《何谓公民身份》，郭忠华译，吉林出版集团有限责任公司2007年版，第176页。

　　国家的真正的"公共教育"就在于国家的合乎理性的公共的存在。国家本身教育自己成员的办法是：使他们成为国家的成员；把个人的目的变成普遍的目的，把粗野的本能变成合乎道德的意向，把天然的独立性变成精神的自由；使个人以整体的生活为乐事，整体则以个人的信念为乐事。①

　　当然，教育与公民意识的相关性关系比较复杂。调查显示，② 受教育程度与公民类型关系较为复杂：受大专教育者公民比例 (40.4%) 高于平均比例 (35.5%)，而受大学以上教育者公民比例 (26.7%) 却远远低于平均比例，市民 (38.5%) 村民 (17.0%) 却高于平均比例（分别为 29.8%、15.2%），受过初中、小学教育者其村民和臣民比例并不像人们想象的那么高，而是接近平均水平。受过大学以上教育者，随着收入的增加，其市民类型的比例不断提高，当个人年收入到达 3 万元以上时，公民比例不断降低，市民比例不断升高，升至占总样本的 40% 以上。这说明随着我国社会经济水平的发展，新中产阶级的主要精力在于为获得较高的社会地位或改善自己的经济福利方式而奋斗，而不是通过参与影响政府决策来获得自己的社会地位和利益，从而导致了政治参与意识上的得分低。受高等教育以上公民主要居住于城市，社区自治并不像村民自治那样能够吸引社区居民的积极参与。而且，在我国经济全面发展之际，受高等教育者更热衷于参与经济发展，疏于政治生活参与，从而其参与意识也相对较低。政治效能感分数低，主要在于受高等教育者主要居住在城市，而我国城市实质上缺乏竞争性选举制度，因而在选举中的效能感自然较低。在初中及初中以下的样本主要分布在农村，村民自治制度

―――――――――

　　①　《马克思恩格斯全集》第 1 卷，人民出版社 1995 年版，第 217 页。

　　②　参见章秀英：《公民意识评价与培育机制》，中国社会科学出版社 2012 年版，第 113、126—128 页。

的运行培养了农民较高的参与意识尤其是投票意识。从而，使公民比例甚至高于平均数。

　　需要强调的是，中国传统优秀文化思想是当代中国公民文化建设的重要基础，是当代中国公民意识教育的重要精神资源。习近平指出："乡村文明是中华民族文明史的主体，村庄是这种文明的载体，耕读文明是我们的软实力。"①"农耕文化是我国农业的宝贵财富，是中华文化的重要组成部分，不仅不能丢，而且要不断发扬光大。"② 习近平强调："抛弃传统、丢掉根本，就等于割断了自己的精神命脉。博大精深的中华优秀传统文化是我们在世界文化激荡中站稳脚跟的根基。中华文化源远流长，积淀着中华民族最深层的精神追求，代表着中华民族独特的精神标识，为中华民族生生不息、发展壮大提供了丰厚滋养。"③2013年 12 月，习近平分别在中央城镇化工作会议和中央农村工作会议上发表讲话，他指出，文化是城市的灵魂，在中国特色新型城镇化建设中，要"让居民望得见山、看得见水、记得住乡愁"④。针对"空心村"问题，习近平指出："农村是我国传统文明的发源地，乡土文化的根不能断，农村不能成为荒芜的农村、留守的农村、记忆中的故园"⑤。乡愁和乡土文化都承载特定的价值观念，体现特定的乡土意识。在中国历史演进中，这种乡土意识的精华部分积淀和呈现为崇尚"天下兴亡、匹夫有责"的家国情怀、"仁爱共济、立己达人"的社会关爱、"正心笃志、崇德弘毅"的人格修养等价值追求，以及讲仁爱、重民本、守诚信、崇正义、尚和合、求大同等价值观念，这些都是我国公民意识教育的重要文

---

① 《十八大以来重要文献选编》（上），中央文献出版社 2014 年版，第 605 页。
② 《十八大以来重要文献选编》（上），中央文献出版社 2014 年版，第 678 页。
③ 《习近平谈治国理政》，外文出版社 2014 年版，第 164 页。
④ 《十八大以来重要文献选编》（上），中央文献出版社 2014 年版，第 603 页。
⑤ 《十八大以来重要文献选编》（上），中央文献出版社 2014 年版，第 682 页。

化思想资源。"记得住乡愁"是传承和创新传统文化的重要实践，是中国特色公民意识教育的重要一环。

四、生活世界的创造与公共生活空间的拓展

瑞士心理学家让·皮亚杰（1896—1980）指出："认识既不是起因于一个有自我意识的主体，也不是起因于业已形成的（从主体的角度看）、会把自己烙印在主体之上的客体；认识起因于主客体之间的相互作用，这种作用发生在主体和客体的中途，因而同时既包含着主体又包含着客体，但这是由于主客体之间的完全没有分化，而不是由于不同种类事物之间的相互作用"。所以，"关于认识的头一个问题就是中介物的建构问题：这些中介物作为身体本身和外界事物之间的接触点开始"。而"一开始起中介作用的并不是知觉，而是可塑性要大得多的活动本身"。① 必须从人的活动出发，探究人的意识的发生和发展。人的生活及其合理建构，是公民意识形成和发展的社会"中介物"。马克思恩格斯指出：

> 意识在任何时候都只能是被意识到了的存在，而人们的存在就是他们的现实生活过程……不是意识决定生活，而是生活决定意识。②

广义的"生活"是指人为了生存和发展而进行的各种活动，是人的

---

① ［瑞士］让·皮亚杰：《发生认识论原理》，王宪钿等译，商务印书馆1981年版，第21—22页。

② 《马克思恩格斯文集》第1卷，人民出版社2009年版，第525页。

生命的生成和展开过程，是人的一种存在形式，是人生的过程和体验，是与人的生存与发展直接同一的。它涵盖了人的活动的一切领域，如政治生活、经济生活、文化生活等。在这个意义上，人的活动即人的生活。马克思说：

> 人们在自己生活的社会生产中发生一定的、必然的、不以他们的意志为转移的关系，即同他们的物质生产力的一定发展阶段相适合的生产关系。这些生产关系的总和构成社会的经济结构，即有法律的和政治的上层建筑竖立其上并有一定的社会意识形式与之相适应的现实基础。物质生活的生产方式制约着整个社会生活、政治生活和精神生活的过程。①

物质生活资料的生产方式、交换方式及使用和消费方式等，形成人们的物质生活方式；人际关系、互动交往及风俗习惯等，形成人们的社会生活方式；宗教信仰、文化娱乐、知识生产和交流等，形成人们的文化生活方式。

狭义的生活特指人的衣食住行、饮食男女、人际交往、风俗习惯等日常生活，包括职业生活、家居生活、休闲娱乐生活、社交公共生活等。人的生命存在是日常生活的基点，而人的生命的实现则是日常生活的归宿。日常生活对于人的意识和精神世界具有非常重要的形塑意义。20世纪以来，生活世界成为思想家关注的重要论题之一。胡塞尔（1859—1938）的"生活世界"、维特根斯坦（1889—1951）的"生活形式"、海德格尔的"日常共在"观念、列斐伏尔（1901—1991）"日常生活"批判等，更多指向日常生活世界，凸显了日常生活世界之于理性世

---

① 《马克思恩格斯文集》第2卷，人民出版社2009年版，第591页。

界、科学世界的原发性和根基性意义，强调只有立足和回归日常生活世界，人所建构的意识世界、理性世界、科学世界等，才可获得本真性和价值性。胡塞尔说：

> 现存生活世界的存有意义是主体的构造，是经验的，前科学的生活的成果。世界的意义和世界存有的认定是在这种生活中自我形成的。——每一时期的世界都被每一时期的经验者实际地认定。至于"客观真的"世界，科学的世界，是在较高层次上的构成物，是用前科学的经验和思想为基础的，或者说，是以它的对意义和存有的认定的成果为基础的。①

日常生活决非传统主流观念所认为的那样，只是人的活动中的低级领域，而在很大程度上也是人的活动与创造性的汇聚地和策源地。列斐伏尔说：

> 日常生活是一切活动的汇聚处，是它们的纽带，它们的共同的根基。也只有在日常生活中，造成人类的和每一个人的存在的社会关系总和，才能以完整的形态与方式体现出来。在现实中发挥出整体作用的这些联系，也只有在日常生活中才能实现与体现出来，虽然通常是以某种总是局部的不完整的方式实现出来，这包括友谊，同志关系，爱，交往的需求以及游戏等等。②

---

①　［德］埃德蒙德·胡塞尔：《欧洲科学危机和超验现象学》，张庆熊译，上海译文出版社 1988 年版，第 81 页。

②　Henri Lefebvre, *Critique of everyday life*,volume 1,p.97. 转引自刘怀玉：《现代性的平庸与神奇：列斐伏尔日常生活批判哲学的文本学解读》，中央编译出版社 2006 年版，第 103 页。

　　私人生活领域与公共生活领域的分化，是现代人生活的基本特征。私人生活领域是以亲情与友情为基础的私人的或私人间的生活领域，这个领域也常常被称为"日常生活"领域，它包括充满亲情、爱情的家庭婚姻生活、充满友情的交友及其扩展的交往生活等。在这个领域内的活动，直接受私人或私人间的情趣爱好、情感友谊、习惯风俗等调节。在这个领域中，个人不受或不应受到别人的干涉，能够想和做他所中意的事情。伴随这个领域的是一种"隐私"观念，这种"隐私"观念"意味着个人与某些相对广泛的'公众'——包括国家——之间的一种消极关系，是对某些范围的个人思想或行为的不干涉或不侵犯。这种局面可以通过个人的退避或'公众'的宽容来实现。自由主义认为，保护这个领域是可取的，因为它本身是一项终极价值，是可以用来评价其他价值的价值，也是实现其他价值的手段"①。从某种意义上说，自由主义就是一种关于私人领域的边界在哪里、依据什么原则来划定这种边界、干涉从何而来以及如何加以制止的学说。自由主义预先假定人是这样的：他有着自己的生活，隐私对他来说是必不可少的，甚至是神圣的。对于一个人来说，私域是其人格自由和人格尊严的堡垒之一。私域对个体价值观的影响巨大，直接的、大量的家庭生活和交往生活是个体意识形成与发展的重要基础。

　　公共生活领域则是人与人相互作用的、人们共同生活的世界，它是由拥有自由权利的人们通过积极参与和有效"对话"发展起来的专门领域，包括社会的经济生活、政治生活、文化生活、社会生活等诸多领域。广义的"公域"包括国家政治生活在内，狭义的"公域"则不包括国家政治生活领域，而是指与国家政治生活相对立的领域，也就是民间

---

　　① ［英］史蒂文·卢克斯：《个人主义》，阎克文译，江苏人民出版社 2001 年版，第 61 页。

社会生活或市民社会生活领域。公共生活领域具有多元化特点，但这种多元化并不是简单的只有多个利益主体，而是指多个利益主体间相互平等的包容性、生活方式的开放性和价值评价体系的非单一性。多元化的公共生活领域是一个非排他性的生活世界，在这个生活世界中，所有人的身份都是平等的，并以一种理性的态度在经验生活中商谈、交流，构建其主体间关系。因而，"公域"实质上是相互矛盾和冲突着的私域的共同利益、共同愿望、共同需要所构成的领域。

公民意识深深地根植于社会公共生活之中，公共生活空间的不断拓展，是公民意识得以提升的现实基础。如果不曾有公共的经验，人们就不能具有公共的感觉。马克思指出：

> 人的个体生活和类生活不是各不相同的，尽管个体生活的存在方式是——必然是——类生活的较为特殊的或者较为普遍的方式，而类生活是较为特殊的或者较为普遍的个体生活。①

私人生活领域与公共生活领域的分化，使个体获得了自然个人、家庭成员、国家公民等不同的身份规定，这种不同规定获得了具体明确的社会制度保障和伦理秩序的维系，这有助于个体公共意识的发展。美国思想家阿佩尔指出："如果——关于纯粹主观的私人道德的观念包括这一点——个体的所谓'自由的'良知决断是先天的相互孤立的，并且如果它们在实践上并不服从任何共同规范，那么，在这个由现在引发了宏观作用的公共社会实践所组成的世界中，它们就很少有成功的希望。"②历史地看，在古罗马时代，"由于城市是每个市民自己的城市，市民是

---

① 《马克思恩格斯文集》第 1 卷，人民出版社 2009 年版，第 188 页。
② [美]阿佩尔：《哲学的改造》，黄勇编译，上海译文出版社 1997 年版，第 275 页。

自己城市的主人，城市反过来保障市民的生活，所以市民也自然希望为自己的城市付出，从而体现出一种强烈的公共意识，或者说一种城市精神来"①。中世纪晚期，一些城市中的市民像古代的希腊罗马公民一样，有了更多的自主权参与城市政治生活的选举和决策，他们对自己的城市都表现出"一种近乎热爱的感激之情。他们准备献身于城市的防务，同样他们总是准备将城市装点得比临近城市更加美丽"②。在现代社会，随着工业化、城市化、社会化的不断推进，人们生活环境的公共性日益扩张，人们之间的公共交往、公共生活和公共领域愈益扩展，参与公共生活的时间和机会也越来越多，人们更加体验着共同的社会化生活方式，生成一些共同性的公民意识，如自由、平等、责任、契约、法治等。

但是，现代社会生活存在着另一种值得注意的倾向。在现代社会，随着越来越多的陌生人在城市中聚集，看似建立了公共空间，实则在一定程度上也进一步消灭了已有的公共领域。譬如，巨大的写字楼容纳了成千上万的人，但人们相互之间或因单位不同而鲜有认识的机会，或因办公空间的分割使得一个单位的人相互间也难以形成有效交流的公共空间。现代社会越来越变成了一个舞台，人们在公共领域必须时刻像一个演员一样小心地演出，以免在陌生人面前丢脸。只有回到家里，在私人空间和私人领域，人们才会卸下演员面具，真实地生活。于是，私密性的私人生活成为人们追逐的主流生活方式，人们对公共生活产生了心理排斥倾向。微博、微信等自媒体填充了私密生活的空虚。人与人之间的关系被隔离，人们通过网络或者电话进行联系，每个人只和自己的手机、iPad 等"物"交流，人们沉迷于对自身的关注，注重自我的感受，不再关注、讨论和参与公共事务，公共空间、公共领域、公共规范等似乎

---

① 郭长刚：《城邦传统与城市精神》，《社会》2004 年第 1 期。
② ［比利时］亨利·皮雷纳：《中世纪的城市》，陈国樑译，商务印书馆 1985 年版，第 128—129 页。

成为与己无关的虚幻王国。美国学者理查德·桑内特（1943—　）指出，在现代社会，"我们试图生活在私人领域中，我们只要生活在这样一个由我们自己和亲朋好友构成的私人领域之中就够了……在人们看来，心理自身又仿佛有一种内在的生活。人们认为这种生活是非常珍贵、非常精致的花朵，如果暴露在社会各种残酷的现实中，它就会枯萎；只有被保护和隔离起来，它才会盛放。每个人的自我变成他首要的负担，认识自我变成了人们认识世界的目的，而不是手段"①。这种对私密生活的追求也引发了公共生活的私人化倾向，"这种对生活的心理想象造成的社会影响很大……这种想象是一种对社会的亲密憧憬。'亲密'意味着温暖、信任和敞开心扉。但正因为我们变得在所有的经验中都期待这些好的心理感受，正因为如此之多的有意义的社会生活都不能提供这些心理回报，外部的世界，也就是非人格的世界，似乎让我们大失所望，似乎变得无味而空洞"②。因而，"公共生活和亲密生活之间出现了混淆，人们正在用个人感情的语言来理解公共的事务，而公共的事务只有通过一些非人格的规则才能得到正确的对待"③。在这种情形中，"每个人都变得极其自恋，所有的人类关系中无不渗透着自恋的因素……自恋就是不断追问'这个人、那件事对我有什么意义'。人们总是不断地提出别人和外界的行动跟自己有什么关系的问题，所以很难清晰地理解其他人以及他人所做的事情"④。这种自恋倾向不利于公民意识尤其是公民公共意识

---

① ［美］理查德·桑内特：《公共人的衰落》，李继宏译，上海译文出版社2008年版，第4页。

② ［美］理查德·桑内特：《公共人的衰落》，李继宏译，上海译文出版社2008年版，第5页。

③ ［美］理查德·桑内特：《公共人的衰落》，李继宏译，上海译文出版社2008年版，第6页。

④ ［美］理查德·桑内特：《公共人的衰落》，李继宏译，上海译文出版社2008年版，第9页。

的发展。

20 世纪晚期，正是针对现代社会公共生活和公共领域出现的衰退迹象，社群主义关注和强调"共同体"及其对于公民意识的构成意义和塑造作用。美国社群主义代表人物迈克尔·J. 桑德尔（1953— ）指出："共同体所描述的，不只是他们作为公民拥有什么，而且还有他们是什么；不是他们所选择的关系（如同在一个志愿组织中），而是他们发现的依附；不只是一种属性，而且还是他们身份认同的构成部分。"[①]但是，共同体的这些意义和作用被自由主义有意无意遮蔽了。

> 对自由主义的个人主义来说，社会共同体只不过是一个活动场所，在这里，每个个人寻求着他自己的自我选择的好生活的观念，而政治机构的存在，则提供了使这种自我确定的活动能够进行的制度性尺度。政府和法律是，或应当是，在相互匹敌的好生活的观念面前保持中立，因此，虽然政府的任务就在于促进法律的遵守，而就自由主义的观点而言，政府的合法性功能里毫不包括灌输任何一种道德观的内容。[②]

美国学者阿米泰·伊兹欧尼认为，共同体有三个特征，一是人们能够相互彼此影响的关系网，二是共享的一系列共同的价值观、道德规范和意义，三是高度的回应性。他强调第三个特征："'回应性'是共同体的主要特征。如果共同体所促进的价值及其结构（财富的分配、权力的运用、制度的形成以及社会化的机制）不能反映其成员的需要，或者只

---

① ［美］迈克尔·J. 桑德尔：《自由主义与正义的局限》，万俊人等译，译林出版社2001 年版，第 181—182 页。
② ［美］麦金太尔：《德性之后》，龚群等译，中国社会科学出版社 1995 年版，第246 页。

反映部分成员的需要，那么共同体的秩序事实上就是强制性的而没有得到真正的支持。从长远看来，强制性的秩序是不稳定的，并会威胁到个体成员和亚群体的自主"。回应性特征"排除了那些对其成员实施压迫的社会实体——那些只回应某些成员或亚群体而不是所有人的共同体，是不完全的共同体；那些回应成员虚假而非真实需要的共同体，也不是真正的共同体"。"只有一个能够回应其所有成员'真实需要'的共同体——不仅在社会的核心，共享价值的实质内容方面，而且在其社会形式上都如此——才可以将秩序的惩罚措施与自主所面临的危险降到最低。我称这样一个共同体为'真正的共同体'，而其他所有共同体为'不完整的共同体'或'扭曲的共同体'。虽然一个完全'真正的共同体'很可能是乌托邦式的幻想，但这种幻想却能指导社会行为者通过个人和集体努力而接近它"。为此，他强调，人不应当"去适应社会角色，而应当使社会秩序更多地回应成员的真实需要"。"一个真正共同体的秩序是建立在这样一种社会结构之上的：它不断地重构自身以回应其成员的真实需要，而不是仅仅（或主要）靠对成员进行社会化使之接受共同体的要求，或者采取控制的过程"。①

社区是共同体的重要形式之一。"社区"一词源于拉丁语，意思是共同的东西和亲密的伙伴关系。社区产生于人类聚族而居时期，随着人类社会的发展而发展。斐迪南·滕尼斯所说的与社会相对的共同体概念，实际上就是社区。社区是指有一定地理区域，有一定数量人口，居民之间有共同的意识和利益，并有着密切社会交往的社会群体。根据社会学的有关理论，构成社区的因素主要有五个：一定关系的人群，一定的地域，各方面的生活服务设施，自己特有的文化，居民对社区有一种

---

① ［美］阿米泰·伊兹欧尼：《回应性共同体：一种共同体主义的视角》，载李义天主编：《共同体与政治团结》，社会科学文献出版社 2011 年版，第 36—54 页。

情感和心理认同感。社区是人类社会的结构形式之一。亚里士多德把友谊分为三种：来源于相互利用的友谊、来源于相互愉悦的友谊、来源于对善的共同关注的友谊。第三种友谊才是真正的友谊，它为家庭中夫妻之间、城邦中公民之间的关系提供了一种范式。亚里士多德认为，城邦共同体是友谊的联结。这种友谊体现在对善的共同认可与追求上。这种共同性是构成任何共同体的最主要的因素和实质所在，不管这个共同体是一个家庭还是一个城市。"这种共同体涉及到生活的全部，不是这个那个的善，而是人的善本身。今天友谊已降低到私人生活的范围内，因而与过去相比，显得苍白无力，也不足为怪了……在大多数情况下，'友谊'已经成了一种情感的名称，而不是一种社会和政治关系的名称"①。

近代以前的中国社会几乎没有公共生活，也没有私人生活，只有传统意义上的家庭生活、家族生活或宗族生活。或者说，家族生活既是私人生活，又是公共生活。但家族生活只能培养出家族意识、宗法意识，这种意识遏制个体独立人格的成长，它对于家族血缘关系以外的领域具有排斥力。公共生活建立在个体独立人格基础上，没有私人生活领域的存在，就不可能有公共生活，家族生活中是不存在私人领域的。列宁指出，在以私有制为基础的社会，"产生违反公共生活规则的极端行动的根本社会原因是群众受剥削和群众贫困"②。"在这种社会中，一小撮人掠夺人民，侮辱人民。在这种社会中，贫困驱使成千上万的人走上流氓无赖、卖身投靠、尔虞我诈、丧失人格的道路。在这种社会中，必然使劳动者养成这样一种心理：为了逃避剥削，就是欺骗也行；为了躲避和摆脱令人厌恶的工作，就是少干一分钟也行；为了不挨饿，为了使自己

---

① ［美］麦金太尔：《德性之后》，龚群等译，中国社会科学出版社 1995 年版，第 197 页。

② 《列宁专题文集·论社会主义》，人民出版社 2009 年版，第 31 页。

和亲人吃饱肚子，就是不择手段，不惜任何代价，哪怕捞到一块面包也行"①。这个"社会依据的原则是：不是你掠夺别人，就是别人掠夺你；不是你给别人做工，就是别人给你做工；你不是奴隶主，就是奴隶。可见，凡是在这个社会里教养出来的人，可以说从吃母亲奶的时候起就接受了这种心理、习惯和观点——不是奴隶主，就是奴隶，或者是小私有者、小职员、小官吏、知识分子，总之，是一个只关心自己而不顾别人的人"②。

改革开放前我国的社会管理体制，总体上是一种"单位式"的管理体制，在城市是各种企事业单位的管理，农村则是人民公社的管理。在这种管理体制中，人也成为"单位人"（城市企事业单位成员和农村公社社员）。人们的社会身份总是和他们所处的单位联系在一起，人们的社会身份往往是透过单位身份折射出来的。单位身份的主要作用是使人们在社会上的行为具有合法性，给予人们在社会上行为的资格。当前，在我国，城乡社区正在成为人们最基本的社会生活共同体。因此，加强城乡社区建设，对于化解社会矛盾具有重要意义。改革开放以来，由于社会管理体制的不断改革，住房、医疗、养老、就业、子女养育等人们的切身利益问题发生了巨大变革，"单位"的地位和功能发生了显著变化，单位体制逐步解体，从过去的"单位人"向"社会人"转化。成为"社会人"的第一步，往往就是成为"社区人"。社区既是公民日常生活的环境，又是公民精神生活的家园。社区一头连着千家万户，一头连着国家政府，是政府与个体公民之间的联系纽带。因而，"社区"在人们生活中的地位与作用日益增长。正是在这个意义上，近年来，我们更加注重社区建设。

---

① 《列宁专题文集·论社会主义》，人民出版社 2009 年版，第 58 页。
② 《列宁专题文集·论无产阶级政党》，人民出版社 2009 年版，第 287—288 页。

农民的公民意识教育，是当代中国社会面临的突出问题之一。1990
年 3 月，邓小平提出中国农业发展要实现"两个飞跃"："第一个飞跃，
是废除人民公社，实行家庭联产承包为主的责任制。这是一个很大的前
进，要长期坚持不变。第二个飞跃，是适应科学种田和生产社会化的需
要，发展适度规模经营，发展集体经济。这是又一个很大的前进，当然
这是很长的过程。"[1] 改革开放以来，家庭联产承包责任制的推行，使得
原来的农村集体经济大部分解体。进入 21 世纪，农村税费改革以来的
一系列政策措施，既取消了农民对国家承担的义务，又改变了国家对农
村治理的逻辑。其中很重要的一个变化是，在农村改革和发展中，农民
对国家的依赖增强，自上而下的建设逻辑日益凸显，而自下而上把农民
组织起来进行公共建设的能力有所弱化。在农村社区建设中，必须以重
建农村集体经济为基础，建构权利与责任相称的农民生活共同体，使农
民学会在基层群众自治组织中实行自我服务、自我教育和自我管理，培
育农民的集体意识和公共意识。只有这样，才能使农民不断成为具有文
明素养的社会主义公民。[2] 乡村社区重建的问题，根本上说，就是如何
运用公共资源重建乡村社区公共性的三个维度——认同感、安全感和凝
聚力的问题。这种公共资源有三类：公共自然资源、公共经济资源、基
于个人组成的群体在进行集体行动时互动的公共社会资源，包括伦理道
德、信任互助、合作理解等知识型资源，也包括规范、规则、组织等制
度型资源。[3]

---

[1] 《邓小平文选》第三卷，人民出版社 1993 年版，第 355 页。

[2] 上海社会科学院社会学研究所课题组：《论新形势下农村建设中组织起来的重要
意义》，《马克思主义研究》2013 年第 3 期。

[3] 黄平、王晓毅主编：《公共性重建——社区建设的实践与思考》上，社会科学文
献出版社 2011 年版，第 12—13、208—209 页。

参考文献

《马克思恩格斯文集》第 1—10 卷，人民出版社 2009 年版。

梁启超：《新民说》，中州古籍出版社 1998 年版。

晏阳初：《平民教育概论》，高等教育出版社 2010 年版。

《梁漱溟全集》第 1—8 卷，山东人民出版社 2005 年版。

费孝通：《乡土中国 生育制度》，北京大学出版社 2005 年版。

王亚南：《中国官僚政治研究》，商务印书馆 2010 年版。

胡晓风等编：《陶行知教育文集》，四川教育出版社 2007 年版。

袁贵仁：《价值观的理论与实践——价值观若干问题的思考》，北京师范大学出版社 2006 年版。

李德顺：《价值论》，中国人民大学出版社 2013 年版。

孙伟平主编：《当代中国社会价值观调研报告》，中国社会科学出版社 2013 年版。

樊浩等：《中国大众意识形态报告》，中国社会科学出版社 2012 年版。

王浩斌：《市民社会的乌托邦——马克思主义的社会历史哲学阐释》，江苏人民出版社 2011 年版。

李志：《马克思的个人概念》，人民出版社 2014 年版。

刘森林：《追寻主体》，社会科学文献出版社 2008 年版。

郭台辉、余慧元：《历史中的公民概念》，天津人民出版社 2013 年版。

郭忠华：《公民身份的核心问题》，中央编译出版社 2016 年版。

章秀英：《公民意识评价与培育机制》，中国社会科学出版社 2012 年版。

陈永森：《告别臣民的尝试——清末民初的公民意识与公民行为》，中国人民大学出版社 2004 年版。

袁祖社:《社会理性的生成与培育——中国市民社会的价值理想与实践逻辑》,中国社会科学出版社 2011 年版。

沈芝:《行会与市民社会》,中国社会科学出版社 2009 年版。

郭忠华、刘训练编:《公民身份与社会阶级》,江苏人民出版社 2007 年版。

尚红娟:《台湾地区公民教育发展中"文化认同"变迁之研究 (1945—2008)》,上海人民出版社 2014 年版。

郭湛等主编:《社会公共性研究》,人民出版社 2009 年版。

孔繁斌:《公共性的再生产》,江苏人民出版社 2008 年版。

刘泽华等:《公私观念与中国社会》,中国人民大学出版社 2003 年版。

李义天主编:《共同体与政治团结》,社会科学文献出版社 2011 年版。

李汉林:《中国单位社会》,上海人民出版社 2004 年版。

王寅生编订:《中国的西方形象》,团结出版社 2015 年版。

高力克:《自由与国家:现代中国政治思想史论》,浙江大学出版社 2016 年版。

徐贲:《颓废与沉默:透视犬儒文化》,东方出版社 2015 年版。

[古希腊] 亚里士多德:《政治学》,吴寿彭译,商务印书馆 1965 年版。

[法] 卢梭:《社会契约论》,何兆武译,商务印书馆 2003 年版。

[德] 黑格尔:《法哲学原理》,范扬、张企泰译,商务印书馆 1961 年版。

[美] 李丹:《理解农民中国》,张天虹等译,江苏人民出版社 2009 年版。

[美] 苏黛瑞:《在中国城市中争取公民权》,王春光、单丽卿译,浙江人民出版社 2009 年版。

[日]《何谓"市民社会"——基本概念的变迁史》,赵平等译,南京大学出版社 2014 年版。

[英] 德里克·希特:《何谓公民身份》,郭忠华译,吉林出版集团有限责任公司 2009 年版。

[英] 露丝·里斯特:《公民身份:女性主义的视角》,夏宏译,吉林出版集团有限责任公司 2010 年版。

[英] 德里克·希特:《公民身份——世界史、政治学与教育学中的公民理想》,郭台辉、余慧元译,吉林出版集团有限责任公司 2010 年版。

[美] 基思·福克斯:《公民身份》,郭忠华译,吉林出版集团有限责任公司 2009 年版。

[英] 巴特·范·斯廷博根:《公民身份的条件》,郭台辉译,吉林出版集团有限责任公司 2007 年版。

〔英〕莫里斯·罗奇:《重新思考公民身份——现代社会中的福利、意识形态和变迁》,郭忠华等译,吉林出版集团有限责任公司 2010 年版。

〔美〕彼得·雷森伯格:《西方公民身份传统——从柏拉图至卢梭》,郭台辉译,吉林出版集团有限责任公司 2009 年版。

〔英〕布赖恩·特纳:《公民身份与社会理论》,郭忠华、蒋红军译,吉林出版集团有限责任公司 2007 年版。

〔英〕尼克·史蒂文森:《文化与公民身份》,陈志杰译,吉林出版集团有限责任公司 2007 年版。

〔德〕塞缪尔·普芬道夫:《人和公民的自然法义务》,鞠成伟译,商务印书馆 2010 年版。

〔美〕加布里埃尔·A.阿尔蒙德等:《公民文化》,徐湘林等译,东方出版社 2008 年版。

〔美〕加布里埃尔·A.阿尔蒙德等:《重访公民文化》,李国强等译,东方出版社 2014 年版。

〔美〕菲利克斯·格罗斯:《公民与国家——民族、部族和族属身份》,王建娥、魏强译,新华出版社 2003 年版。

〔英〕恩靳·伊辛等主编:《公民权手册》,王小章译,浙江人民出版社 2007 年版。

〔德〕奥特弗利德·赫德:《经济公民、国家公民和世界公民——全球化时代中的政治伦理学》,沈国琴等译,上海译文出版社 2010 年版。

〔德〕哈贝马斯:《公共领域的结构转型》,曹卫东等译,学林出版社 1999 年版。

〔美〕理查德·桑内特:《公共人的衰落》,李继宏译,上海译文出版社 2008 年版。

〔美〕提摩太·贝维斯:《犬儒主义与后现代性》,胡继华译,上海人民出版社 2008 年版。

〔比利时〕亨利·皮雷纳:《中世纪的城市》,陈国樑译,商务印书馆 2006 年版。

主题索引

后　记

　　笔者关注和研究公民意识及其教育问题已经有十多年了。2001 年 9 月至 2004 年 6 月，笔者在北京师范大学攻读博士学位，研究方向为马克思主义关于人的学说。由于对伦理学和当代中国道德建设问题颇有兴趣，博士论文选题定位于从人学角度探究当代中国道德建设问题，最终确定的博士论文题目是《德性的自由根基——现代道德困境的人学解读》。博士论文以《德性重建的自由根基——现代道德困境的人学解读》为书名，于 2006 年由河南人民出版社出版。在进一步的研究中，笔者认识到，公民身份是现代人最重要的社会身份之一，是认识和理解现代人生存方式和精神世界的一个很重要的切入点。从公民道德和公民意识角度深化人学和道德建设问题研究，既有重要理论和现实意义，又是我的学术兴趣和爱好所在。

　　2004 年 7 月，笔者到郑州大学工作时，正值郑州大学公民教育研究中心被确立为教育部人文社会科学重点研究基地。由此感到，这是一个可资利用的良好科研平台。承蒙郑州大学公民教育研究中心同仁的抬爱、鼓励和帮助，很快便参与和融入该中心。就这样，与公民道德、公民意识等问题结缘相伴，有关公民道德、公民意识等问题的研究，成为笔者在郑州大学工作期间科研的主攻方向和研究领域之一。

　　2012 年 6 月，笔者获批主持国家社科基金项目"社会主义核心价值体系视域中的公民意识教育研究"（12BKS054）。2016 年结项，结项成果被评为良好。本书是这个课题结项成果的修改、充实和完善。笔者的博士生和硕士生张晓芳、林子、黄鹏、彭帮姣等在课题结项成果和书稿校对中付出了辛勤劳动，谢谢同学们。

　　在郑州大学工作和生活 12 年，得到许多领导、同事和朋友的关心、提携与帮助，他们是师长，是同事，是朋友，更是亲人，我们彼此心心相印，有着难得的缘分、情感和友谊。大恩不言谢。但还是想利用本书出版的机会，向关心、支持和帮助笔者的各位师长、同事和朋友表示由衷感激和感谢。

　　2016 年 9 月，笔者到陕西师范大学工作。一年多来，承蒙陕西师范大学哲学与政府管理学院各位领导、老师和同仁的关心、支持与帮助，得以顺利步入新的工作和生活轨道。本书的出版得到学院各位领导、同仁的关心和大力支持，获得陕西师范大学一流学科建设项目资助。在此，向学院领导和同仁表示诚挚感谢。

　　人民出版社刘伟先生为本书的出版付出了大量心血和汗水，在此向刘编辑表示由衷感谢。

寇东亮

2017 年 11 月于西安

责任编辑：刘　伟
责任校对：吕　飞
版式设计：吴　桐

图书在版编目（CIP）数据

三维公民意识论／寇东亮　著．—北京：人民出版社，2019.3
ISBN 978－7－01－020198－6

I.①三…　II.①寇…　III.①公民教育－研究－中国　IV.① D648.3

中国版本图书馆 CIP 数据核字（2018）第 282281 号

三维公民意识论
SANWEI GONGMIN YISHILUN

寇东亮　著

人民出版社 出版发行
（100706　北京市东城区隆福寺街 99 号）

北京厚诚则铭印刷科技有限公司印刷　新华书店经销

2019 年 3 月第 1 版　2019 年 3 月北京第 1 次印刷
开本：710 毫米 ×1000 毫米 1/16　印张：21
字数：264 千字

ISBN 978－7－01－020198－6　定价：66.00 元

邮购地址 100706　北京市东城区隆福寺街 99 号
人民东方图书销售中心　电话（010）65250042　65289539